海派之源

教育渊薮

The Source of Modern Education

徐家汇源景区 编

复旦大学出版社

《海派之源·教育渊薮》编辑委员会

主　任：
　　李天纲　宋浩杰
编　委：
　　刘道恒　朱　虹　周天祺　朱旌华　张晓依
编　辑：
　　傅　亮　袁　洁
撰稿人：
　　张晓依　徐锦华　杨　磊　杨明明　王启元
　　潘致远　李　强　雷舒宁　陆丹妮　邓　岚
　　陈嘉仁　张舒萌　王　皓　莫　为　张怡雯
　　郭登杰　任　轶　程若枫　蓝天晴
朗　读：
　　梁　辉

南洋公学师范院、外院、中院师生合影

(图片来源:《三个世纪的跨越——从南洋公学到上海交通大学》,盛懿等,上海交通大学出版社,2021年出版)

第三次泛太平洋学术会议中国出席代表全体合影
前排由左至右:任鸿隽、秦汾、胡先骕、翁文灏(中国第一位地质学博士,"震旦三文"之一)。
后排由左至右:薛德焴、竺可桢、王一林、魏碧寿、陈焕庸、沈宗瀚

杜威博士及夫人参观上海申报馆合影
前排由左至右：史量才、杜威夫人、杜威。后排由左至右：
胡适、蒋梦麟(南洋公学校友、后担任北大校长)、陶行知、张作平

《乐歌教本》中徐汇公学校歌

1941年，徐汇中学师生合影
前排中坐张家树

序

十分欣喜地得知研究近代徐家汇百年教育发展史的新书《海派之源·教育渊薮》即将面世,更因能为之作序而倍感荣幸。

习近平总书记指出:"中华优秀传统文化是中华民族的精神命脉";上海市委书记陈吉宁同志也指示:徐汇区要在文化发展中坚持守正创新,更好彰显海派文化的主体性,大力提高城区发展的文化含量和影响力,不断提升文化软实力。在上海市委全面部署"全力以赴举旗帜、聚民心、育新人、兴文化、展形象,推动信仰信念坚如磐石、舆论引导话语响亮、文化发展生机勃勃,打造文化自信自强的上海样本,建设习近平文化思想最佳实践地"的新时代,《海派之源·教育渊薮》这本好书可谓生逢其时,如约而至!

上海作为近代中国最早开放的城市之一,是中西文化交流的枢纽、近代科学文明的首要之处,在近代新文化运动、中国共产党成立、社会主义建设以及对外开放的伟大历史进程中,沉淀了丰厚的历史文化资源。在徐家汇策源兴起的海派文化,代表着上海海纳百川、融汇中西的文化特质,也是上海区别于全国其它大型城市的标志性文化特色。

目前,徐家汇仍然保留着较为完整的近代中西文化交流历史遗物和遗产,教育就是其中耀眼闪亮的一个不可或缺的篇章,在一百多年中,一些近现代科学知识与我国传统文化相结合的培养人才之所相继于此建设,使徐家汇地区成为近现代培养人才的教学重镇与中心。习近平总书记提出:中华优秀传统文化是中华民族的"根"和"魂",在长期的历史传承发展中,中华文明能够以我为主,以高度的文化自觉和坚定的文化自信保持鲜明的文化特性。每次文化融入,都促进了中华文化的重构与新生,并始终展现中国特色、中国风格、中国气派。他强调"着力赓续中华文脉、推动中华优秀传统文化创造性转化和创新性发展"。纵观徐家汇近代百年教育历史,正生动印证了"以我为主""重构与新生""创造性转化""创新性发展"理念,堪称卓越的经典。在徐家汇百年教育图谱中,既有包括徐汇中学、市四中学、类思小学等在内的基础教育,以土山湾孤儿工艺院为代表的职业技术教育,汇师中学(原徐汇师范学校,后并入徐汇中学)所代表的中等专业学校,也有特殊教育范畴内上海最早开办的聋哑学校,以及以震旦学院、南洋公学为代表的高等教育学校,可谓办学早、门类全、科目新、质量高。其中,涌现出马相伯、李问渔、陆伯都、周湘、徐咏青、张充仁、徐宝庆等大批人才,其融汇中西、兼容并包的办学理念,成就了徐汇深厚的百年教育底蕴。

所谓"渊薮",就是聚集、根源,作为中国近代教育发展的重要场所之一,徐家汇近代百年的教育,名副其实;而通读全书,便会觉得《海派之源·教育渊薮》实至名归、当之无愧!在书中,我们看到了海纳百川的上海如何学习、吸收、融汇西方先进的教育理念,也看到了近代中国有识之士为奋发图强而积极投身教育启蒙与振兴事业的奉献精神,更看到了胸怀文化自信与爱国情怀的几代中国优秀知识分子的骨气、锐气、智慧、风度。所谓的聚集,正是理想与追求的聚集;所谓的根源,正是大气与睿智的根源。

在今年上海市两会上,有政协委员提出"关于整合文化资源,推动上海文旅融合发展的提案",建议以徐汇源为抓手,加快整合上海海派文化资源,从这些在近代中西文化交流中具有标志性意义的文化资源中,充分研究和宣传启迪近代中国人逻辑化、理性化思维的重大影响。其实,在这一点上,徐家汇街道和上海首个都市开放型景区——徐家汇源,早已先行一步,自 2010 年景区创建始,相继原创推出以徐光启"最早看西方"为主题的原创舞台剧、中西文化交流演出、音乐导赏会、文化讲坛等深度文化体验活动,以导赏、演绎、讲述、互动、参观等立体串联形式,开启阅读、领略、探寻徐家汇源"海派文化策源地"的游程,开创了全民寻访红色地标,共同参与阅读老建筑,体验城市精神,凸显城市软实力的生动呈现平台。为深入挖掘徐家汇文化底蕴,以更为鲜明的文化标识度,打好"海派之源"品牌名片,传承海派文化遗产,弘扬城市品格精神,自2018年起,已经在徐汇区文旅局、徐家汇街道组织下,由徐家汇源景区实施开展《海派之源》系列图书出版工作,目前已经出版包括《徐家汇源》《近代巡礼》《红色基因》《人文记忆》《星火赵巷》共5部专著,沪上众多文化、历史学者精心挖掘并参与撰写,主题涵盖了海派文化策源历史、近代上海发展史料、徐家汇人文记忆、红色基因的动人篇章以及徐家汇赵巷的革命星火,为徐家汇源景区中外游客对"海派之源"的感知与体验,提供全面而丰富的系列读本同时,围绕书籍开展导赏、导读、延伸宣讲,深入发现、发掘、发扬徐汇海派之源魅力。相信即将出版的《海派之源·教育渊薮》,会以"海派之源"教育领域的精彩故事,积极响应两会提案与时代呼声,为徐家汇历史文化的呈现,再次增添浓墨重彩的一笔!

目前,徐汇区正在积极贯彻落实上海市委的部署,全力做好中心城区高质量发展大文章,加快规划和整合上海的文化旅游资源,全面展示上海文化内涵,打造上海文化旅游新高地。在徐汇区对标全球城市中心区大视野和高标准,"建设新徐汇、奋进新征程"的实践中,充分认知、激活、重塑软实力,用好用活红色文化、海派文化、江南文化优质资源,打造高转化率、高辨识度、高集聚度的海派文化价值链和供应链,文脉传承更富创新力,文化交流更具传播力,文化赋能发展更强驱动力,将文化软实力转化为城区发展核心竞争力,努力推动徐汇成为社会主义国际文化大都市和世界著名旅游城市的重要承载区。其中,"徐家汇源"作为海派之源品牌建设重点任务之一,任重道远。

由衷感谢徐汇区教育局对本书的大力支持和关怀,也感谢徐家汇街道、徐家汇源景区的精心组织,感谢李天纲、宋浩杰两位专家及年轻作者们的辛勤编撰,使近代徐家汇百年教育史终于以较为完整的面目渊薮成集!《海派之源·教育渊薮》呈现了徐家汇近代百年教育文化的遗产与脉络,显示了海派之源品牌建设的历史"深度",希望编者、作者、读者以及徐汇区广大教育工作者、文旅工作者共同努力,通过这本好书,了解、感知、感悟徐家汇海纳百川、开拓创新、融会贯通的历史成就,齐心协力,共襄海派文化和上海的创新"高度"、成果"浓度",让拥有良好传统的教育,在"建设新徐汇"征程中发挥重要的基点作用!

2024 年春

（作者为上海市中小学幼儿教师奖励基金会第五届理事会副理事长,曾任徐汇区教育局副局长、局长,上海市教育委员会副秘书长、副主任,上海市教师学研究会第二任会长。）

前　言
徐家汇教育：独领风骚一百年

今年四月初，复旦大学知名教授李天纲和徐家汇街道相关领导邀我参与《教育渊薮》一书的编辑并为该书撰写前言。天纲教授是我最尊敬和崇拜的学者，他是我挚友更是我良师。二十余年如一日，天纲教授无私奉献，为徐汇区文化建设付出了大量心血，成绩斐然，众口皆碑。徐家汇历史文脉深厚，徐家汇街道和徐家汇源景区负责人也肩负使命，不辞辛劳，为之奋斗十多年，做了大量史料挖掘、文物保护、著书宣讲工作，在社会上影响广远。他们邀我写前言，我虽拙文陋笔，但绝不敢推诿，连续数天，查找资料，翻阅笔记，断断续续才落笔成文。

此文未必有当，但也是我对天纲教授和徐家汇街道表示的深深敬意！

徐汇，是一块宝地，徐家汇更是这块宝地中的福地，徐家汇人杰地灵。

百年前，徐家汇就已经成为中西方文化会通的重要门户，"至天主教之入中国，上海徐家汇，亦其根据地之一。中西文化之沟通，该处曾有极珍贵之贡献"。弹丸之地的徐家汇，却拥有全国重点文物保护单位3处（其中交通大学1处，内含建筑及纪念设施16座），拥有上海市文物保护单位1处（7栋建筑），徐汇区文物保护单位2处；拥有国家级非物质文化遗产项目1项，市级非物质文化遗产项目2项；中国20世纪建筑遗产名录1处；徐家汇源还是国家AAAA级旅游景区。在中国的版图内，难以再找到类似徐家汇地区的这种辉煌。

习近平总书记指出："中华文明的包容性，从根本上决定了中华民族交往交流交融的历史取向，决定了中国各宗教信仰多元并存的和谐格局，决定了中华文化对世界文明兼收并蓄的开放胸怀。"从十九世纪中叶开始，灌输知识、输送文明,也是把人群分成不同阶层的教育便在徐家汇这块福地中首开先河,翻开了中西教育融合新的篇章,并在这块先有人杰后再地灵的福地中不断发展和壮大。同时,徐家汇百年教育又不断反哺、滋养徐家汇丰沃的土地。"西学东渐""中学西传",中西融合中不断累积形成的海派文化在这块平台上对流、传导,进而辐射全国并迈出国门。

徐家汇是海派文化的重要渊源,资源尤为丰厚的徐家汇百年教育更是海派文化中举足轻重的组成部分。

徐家汇百年教育内涵极其丰富,涵盖有:中小学教育、职业技术教育、特殊教育、高等教育、成人教育以及宗教教育,其中有公立学校、教会学校和民办私立学校,各类教育和各种学校犹如百花园中的花卉,争奇斗艳。

中小学教育有徐汇公学,创办于1850年,历时173年;有市四中学前身,创办于1867年的经言小学,先后改名为崇德女校、徐汇女子中学,1952年又与1904年创办的启明女校合并改名为汇明女子中学,1953年改名为市立第四女中,1968年开始招收男生后又改名为今天的上海市第四中学,历时156年;有设在圣母院内创办于1866年的慈母堂小学,1953年改公立时并入蒲西路小学;汇师小学创办于1884年,当时设在徐家汇天文台,称读经班,1910年改名为类思小学,1920年成为类思师范学校(后改名为徐汇师范学校)的附属小学,1932年改名为汇师小学,1940年徐汇中学小学部也并入汇师小学,校名沿用至今;崇德女校内的小学部在1934年改为徐汇女子小学,1953年改为上海市蒲东路小学,后改名漕溪北路小学,1992年并入汇南街小学(今光启小学)。若瑟院的小学校始为读经班,创办于1873年,后为初小,直到1953年改名汇南街小学。2002年"汇南街小学"与"天钥桥路小学"合并成立"光启小学"。

徐家汇职业技术教育更具特色。土山湾孤儿院创办于1864年,为解决孤儿谋生,院内还成立工艺院,创办西洋美术(前身是创办于1852年的徐家汇美术学校)、木工制作、印书发行、五金冶金、彩绘玻璃等工场,工艺院还设小学,称慈云小学。小学初小四年、高小二年、实习班二年、学徒三年;圣母院设女工作坊,作坊内的女工大多来自本院长大的孤儿,她们在院内初小或高小毕业后,按其天赋分配至刺绣、花边、缝纫、绒线、洗衣和修补等各个部门。20世纪30年代时,"女工共五百余人,其出品刺绣花边等为各界所欢迎,近年出洋甚巨"。

中等专业学校有创办于1920年的类思师范学校。成立之初,附近的类思小学为其附属小学。1925年改为徐汇师范学校。1932年,在中国教育当局关于师范教育不许民办的规定后,徐汇师范学校改制为中学,取名汇师中学,附属小学也改名为汇师小学。1941年,汇师中学并入徐汇中学。

特殊教育有创办于1891年的聋哑学校。学校设在徐家汇圣母院,圣母院修女任教师,专门教授学生哑语笔写,颇有成效,经过三四年后,哑童就可与他人交流说话,听者都能了解。学校为上海开办最早的聋哑学校。

据文献记载:在1911年统计中,徐汇区域内有中学5所,其中公立1所,私立1所,教会3所。有小学16所,其中公立2所,私立5所,民办公助2所,教会7所。教会办的3所中学和7所小学都在徐家汇区域内。从中可窥,徐家汇的教育优势显而易见,师资力量、学科内容、学校设备也远超周边地区。

除教会办学以外,私人办学也是持续不断。1907年创办在法华二十八保十六图民宅的塘子泾小学堂,两年后停办;兴业小学,1910年创办在徐家汇镇,1915年,改名为法华乡第二初级小学;校址设在徐家汇西宅,创办于1913年的汇西初级小学;还有1933年创办的汇西小学分校以及新业小学。汇西小学分校设址在徐家汇前胡家宅张家祠堂,新业小学校址设在徐镇路三合里16号。1956年改公立时,两校合并,取名为徐镇路第一小学。

近代著名实业家、教育家盛宣怀秉持"自强首在储才,储才必先兴学"的信念,于1896年在徐家汇这块土地上创办了南洋公学。南洋公学设有师范、小学、中学和大学,学校教育体系完整,首开我国小、中、大教育体系之先河,南洋公学就是今天的交通大学,其历史一直延续至今。1903 年,徐汇公学第一届学生,后又任徐汇公学校长的马相伯以徐家汇老天文台为校舍,创办了震旦学院,1908 年震旦学院迁至卢家湾,1928 年更名震旦大学,1952 年改为上海第二医学院。1905 年,马相伯又和一批震旦退学学生四处奔波筹措,创办了复旦公学,马相伯任首任校长,复旦公学即为今天享誉海内外的复旦大学。

成人教育有创建中华职业教育社的黄炎培和旅日爱国华侨领袖叶鸿英在 1933 年创办的上海县漕河泾农学团,农学团利用业余时间在土山湾创办平民学校,招收附近乡民,教他们读书识字、学习文化;1934 年,大中华橡胶厂办的职工子弟小学附设工人业余学校,开国语、常识、算术三科,每天学习二小时。

徐家汇宗教教育更是远东翘楚。1847 年,徐家汇耶稣会总院建筑竣工,内设初学院和文学院。学生经神修、外文考试合格后可入初学院学习,初学院课程念完升至文学院,文学院毕业的学生,可继续深造成为神父,也可做办事修士;1848 年,耶稣会神学院在徐家汇建立。神学院招收学生都是高中学生,不少学生来自徐汇公学,另外的功能是作为教育中心承担全国和亚洲耶稣会士的进修,是一座耶稣会的远东神学院,神学院毕业的学生后多成为神父;1867 年,小修道院从张家楼迁至徐家汇天文台南面,小修道院是修士专读高等拉丁文和修辞学的机构;1877 年,大修道院从董家渡搬迁至徐家汇,院址在徐汇公学始胎堂之旁。大修道院是专门培养神父的机构;1867 年,圣母院建筑在徐家汇耶稣会总院对面建立,圣母院培养一批修女,称为"姆姆",帮助传教、管理学校和慈善机构;献堂会在 1869 年初建,吸收对象是一些守贞姑娘,以后是女青年。宗旨是培养为本堂神父做助手的修女,或为教师,或帮助管理育婴堂收留的婴儿;1933 年,将徐汇公学高中部的部分拉丁生划出另设备修院。备修院是培养青年学生进入修院的机构。

纵观种种,可以归纳出徐家汇百年教育的若干个特点:
一是新式教育首开先河。在徐家汇这块沃土上,有天主教在上海开办最早的新式学堂;有先后三所高等学府在这里创建;有开中国近代师范教育先河的师范学校;有享誉海内外的男子和女子职业技术学校;有开启中国女子学校之先河,真正让中国女子正式走入学堂、与男子享有平等教育权利的经言小学;有上海最早的残疾人聋哑学校……

曾创造上海乃至中国教育史上无数"第一"的徐家汇,是中国新式教育的滥觞。

二是教育门类覆盖齐全。从教育学历上来讲,有大学、中学和小学甚至幼稚园,有大、中、小全系列,有中小学一体化,有附属小学……形式多种各样。

从教育类别上来讲,有高等教育、基础教育、中等专业教育、职业技术教育,还有特殊教育、成人教育和宗教教育,类别可谓完整齐全。

从学生性别上来讲,有专招男生的徐汇公学,也有专招女生的崇德、启明女校,也有后期男女混合招生的学校。

从学校性质上来讲,有公立学校、私立学校,也有教会学校。

所有这些名目繁多的教育机构,夯实了徐家汇百年教育的厚实基础,也铸造了徐家汇的教育高地绵延百年,赓续至今。

三是新型学科独领风骚。徐汇公学很早就开始编撰学校课本,时称"汇学课本",包括西方科学、哲学、宗教、历史、地理、法语、英语、拉丁语、音乐、体育、美术等课本,其中开设的外文、音乐、美术、科学、体育课在当时的中国教育界都处于领先地位。徐汇公学是最早实行西洋音乐教育的学校,是上海乃至全国较早拥有物理、化学、生物等学科的实验室的学校。

土山湾孤儿工艺院引入了西画、音乐、木雕、泥塑、印刷、装订、照相、冶金、木工、彩绘玻璃制作等技艺,中国近代不少新工艺、新技术、新事物等技术皆发源于此。

启明女校的学生大多是富家"千金",学校授有法文、英文、音乐、图画等科目。

经言小学注重中西文化的嫁接,在学科上除经言、教义外,还有"四书"、书法、医药、手工、算术、历史、地理、博物、体育、音乐、钢琴和图画等课程,其中学校特别重视医药,在教育形式上,一般都用双语教学。

……

四是教育质量无出其右。关于教育质量,曾毕业于震旦大学的美术界泰斗徐悲鸿在1943年《时事新报》"新艺术运动之回顾与前瞻"文中高度评价:"……土山湾亦有习画之所,盖中国西洋画之摇篮也。其中陶冶出之人物,如周湘,乃在上海最早设立美术学(校)之人。张聿光,徐咏青诸先生,俱有名于社会。"1911年的《民立报》刊登文章,作者奋笔疾呼:"……我又看教堂里办的贫儿院,所授各科皆以工艺为本。现在统计学生有三四千人。皆能以手工自活,我们所办的小学不如他。我又参观教堂贫儿院的油画室、水彩画室、木工、金工、革工诸陈列室,皆是十余岁学生做的。我们所办的中学堂不如他。他们一教堂只有十几个教士,就实做普及教育。我们中国的大教育家何止千百,至今商量不出普及办法,我为中国教育家羞死。"1920年,徐汇公学举行建校70周年纪念庆典,北洋政府总统徐世昌赠"名媲汤南"横匾。1922年,时任民国大总统黎元洪为启明女校题匾曰"砥德砺行"。徐家汇的教育质量广受社会各界欢迎,赞誉声不绝于耳。

不同文化之间的交流已经多次证明是人类文明发展的里程碑。西方教育的传入,促进了徐家汇教育的蓬勃发展,也涌现出了一批批享誉国内外的中国近代教育家、科学家、美术家和艺术家。与此同时,传入徐家汇的新技术、新事物、新工艺与本土文化的融合也为上海乃至全国近代化发展输送了大批人才。翻阅徐家汇历史,就会有一大批如雷贯耳的人物从我们脑海掠过。其中有从徐汇公学走出的马相伯,他先后创办震旦和复旦又参与辅仁大学的筹建;在从民国元老于右任、教育家蔡元培等人的履历中可看出他们在徐家汇接受教育的经历;土山湾画馆曾被称为"中国西洋画摇篮"的重要贡献者——刘德斋,也毕业于徐汇公学;张聿光、徐咏青离开土山湾画馆后创办多所美术学校,桃李布满天下;而晚年的杨绛即使已经走到了"人生边上",依然不忘八十年前那段在启明女校学习的日子;甚至在《丁丁历险记·蓝莲花》中,我们都能在细微之处看到那个属于张充仁的土山湾工艺院;"海派黄杨木雕"被评为国家级非物质文化遗产保护名录项目的传承人、工艺美术大师徐宝庆,当回想起孩提时的经历两眼仍炯炯发光……即使成为社会名人后,这些人都难以忘怀徐家汇的沃土曾经给予他们的培养和教育。他们笔下关于徐家汇教育的描述,无疑能让我们隔空感受到他们当年所受的教育和度过的美好时光。

习近平总书记谆谆教导我们:"我们要共同倡导世界文明多样性,坚持文明平等、互鉴、对话、包容,以文明交流超越文明隔阂、文明互鉴超越文明冲突、文明包容超越文明优越。"徐汇教育秉持四百年前中西文化会通的先驱徐光启"欲求超胜,必须会通,会通之前,先须翻译"精神,首从徐家汇起步,在百年悠悠岁月中犹如一盏灯,灯光虽微弱,但仍照亮这些学生的心灵。今天,我们徜徉在古老建筑的校园中,遥想百年前徐家汇教育史上曾经活跃过的人们和发生过的真实故事,它们确实值得我们不断地回味、阅读和讲述。

《海派之源·教育渊薮》一书由天纲教授担纲,张晓依、徐锦华等一批年轻学者参与。他们查阅资料、翻译文献,锲而不舍,洋洋洒洒,近百篇文章,数十万文字,专写徐家汇教育。时间自19世纪中叶开始,止于1949年,跨度100年。这是迄今为止有关徐家汇教育史料中最为完整的一部著述,为我们留下了珍贵的记忆,泽润桑梓,利在千秋。

惟愿此书的出版,能让更多的读者了解徐家汇教育的百年历史!

2023年11月

目 录

序 ·· 李俊修　001
前言
　徐家汇教育:独领风骚一百年 ················· 宋浩杰　001

学校与机构

震旦学院
　天主教在华所办第一所高等学府 ············· 王启元　003
复旦公学
　从恢复震旦到旦复旦兮 ······················· 王启元　007
南洋公学
　国人自办新式高等教育学堂的先锋 ············ 杨明明　012
徐汇公学
　西洋办学第一校 ····························· 杨明明　017
徐汇女子中学(崇德女校)
　百年女子教育先声 ··························· 杨　磊　023
启明女子中学
　徐家汇女子教育的并蒂莲 ···················· 杨　磊　027
汇师小学(类思小学)
　赓续百年,师泽绵长 ························· 杨　磊　032

光启小学（汇南街小学）
　　年轻的百年老校·· 李　强　张晓依　036
慈云小学（慈母堂小学）
　　昔日孤儿的知识乐园·· 张怡雯　041
徐家汇美术学校
　　范廷佐的事业·· 张晓依　045
土山湾孤儿院的工场
　　海派百年工艺的摇篮·· 张晓依　049
圣母院女工工场
　　中西女工技艺的相遇·· 陈嘉仁　张晓依　055
圣母院聋哑学堂
　　沪上第一所听障教育机构·· 潘致远　061
善牧院（善牧院小学）
　　"困境"女孩的避风港·· 潘致远　065
徐汇师范学校（类思师范）
　　徐家汇的杏坛春晖·· 杨　磊　068
小修院
　　中西交融之"圣心"··· 杨　磊　072
大修院
　　慈母之心育国风·· 杨　磊　077
初学院
　　修身守正立心·· 杨　磊　081
文学院
　　寒窗苦读香自来·· 杨　磊　085
神学院
　　徐家汇最早的"国际学校"··· 杨　磊　089
圣若瑟院
　　从初学走向成熟·· 陈嘉仁　093

圣诞女校
 献堂会的摇篮························ 陈嘉仁 098
徐汇女子小学（漕溪北路小学）
 同是那颗启明的星····················· 张晓依 103
徐家汇地区的私立学校
 璀璨的点点繁星······················ 张晓依 105
徐家汇地区的成人教育
 看，那道光！························ 张晓依 109

教程与教材

《法兰文字》
 徐汇公学早期自编法文教材典范············ 雷舒宁 115
《拉丁文通》
 马相伯编写的拉丁文教材················ 雷舒宁 119
《致知浅说》
 出自徐家汇的西方哲学教材··············· 李 强 122
《博物进阶》
 中西合璧的自然科学教材················ 邓 岚 125
《中国文化教程》
 面向欧洲人的中国文化课················ 陆丹妮 130
《乐歌教本》与《方言西乐问答》
 上海音乐教育的早期实践················ 张晓依 134
"土山湾版画集"
 美育反哺宗教························ 莫 为 138
《绘事浅说》与《铅笔习画帖》
 中国人最早编写的西方美术教材············ 张舒萌 142
《气学通诠》
 中国最早的大学气象学教材··············· 王 皓 146

《报风要则》
  近代中国早期的台风预报手册 …………………… 王　皓　150
《蒙学课本》
  中国人自编小学教科书的开端 …………………… 雷舒宁　154
"汇学课本"
  徐汇公学采用教材 …………………………………… 雷舒宁　158
《风琴小谱》
  一本被书名耽误的音乐教科书 …………………… 郭登杰　162
《松江方言练习课本》
  将法式语言科学秩序引入吴语方言 ……………… 莫　为　166
震旦与复旦的哲学课程 ……………………………… 王启元　169
震旦大学的医学教育 ………………………………… 任　轶　173
徐汇公学的博雅教育课程 …………………………… 李　强　178

校长、教师与校友

盛宣怀
  南洋公学的创始人 …………………………………… 陆丹妮　185
张元济
  从南洋公学走出的"现代出版第一人" …………… 徐锦华　189
唐文治
  推行"尚实"教育的"近现代吟诵第一人" ………… 张晓依　194
南从周
  被作为"反派"的震旦创始人 ……………………… 张晓依　198
黄炎培
  近代中国职业教育第一人 …………………………… 陆丹妮　202
李叔同
  从贵公子到佛教大师 ………………………………… 徐锦华　206

邹韬奋
　　用笔尖捍卫民主的新闻出版家 ………………… 杨明明　210
蒋梦麟
　　徐家汇走出的北大校长 …………………………… 陆丹妮　214
马相伯
　　最伟大的教育家 …………………………………… 王启元　217
邵力子
　　承业徐汇，力学报国 ……………………………… 潘致远　221
李问渔
　　办报育人，著作等身 ………………………………… 邓　岚　225
于右任
　　从震旦寓客到复旦元老 …………………………… 潘致远　231
项　骧
　　爱国忧民创震旦的"洋状元" ………… 蓝天晴　程若枫　236
胡敦复
　　自立兴学，数理先驱 ……………………………… 潘致远　240
蔡元培
　　但开风气不为师 …………………………………… 郭登杰　244
南格禄
　　近代徐家汇文化教育事业的奠基者 ……………… 李　强　247
晁德莅
　　徐汇公学的"创造伟人" ………………………… 邓　岚　251
张家树
　　徐汇中学首任中国籍校长 ………………………… 杨　磊　255
翁文灏
　　中国第一位地质学博士 …………………………… 陆丹妮　259
傅　雷
　　法国文学中译巨匠 ………………………………… 雷舒宁　263

杨绛
　　民国最后一位女"先生"·················· 杨明明　266
朱志尧
　　上下求索的民族实业家·················· 杨　磊　270
佘宾王
　　南洋和震旦的外籍教师·················· 杨　磊　274
徐宗泽
　　公教教育的时评家····················· 张怡雯　277
潘谷声
　　从徐汇公学的神童到关切教育的神父·········· 邓　岚　280
圣心修女与保禄修女
　　海那边来的女老师····················· 张晓依　284
多明我修女
　　在华工作五十载的西洋女教师··············· 陈嘉仁　288
李秀芳
　　近代江南修院教育的首位负责人············· 李　强　292
金文祺
　　抗战期间舍生忘死的江南本地神父············ 李　强　296
马义谷
　　教画画的"马二神父"··················· 张晓依　301
徐咏青
　　土山湾里走出的水彩画家················· 张舒萌　304
刘德斋
　　中国近代杰出的"贫民"美术教育家··········· 张舒萌　307
张充仁
　　融贯中西的艺术家····················· 潘致远　311
震旦学院及震旦大学的校园生活
　　抵触与交融························ 张晓依　315

徐汇公学的校园生活
　　三育并重促多彩发展 ············· 杨明明　321

大事记与沿革

徐家汇百年教育大事记(1850—1949年) ············· 327
近代徐家汇学校校名沿革 ············· 333

诗歌
　　日晷的觉醒 ············· 傅　亮　342

后记 ············· 李天纲　345

学校与机构

震旦学院
天主教在华所办第一所高等学府

王启元

震旦学院(Aurora College)是 20 世纪初叶马相伯先生创立的一所新式学堂,是中国教育史上的重要话题。1902 年 12 月 31 日,发起人马相伯等发布《震旦学院章程》,次年农历二月初一(即 1903 年 2 月 27 日)正式开学,直至 1952 年院系调整时停办,其中经历多次政府更替及两次世界大战等国际局势变化,亲历了中国近代化的整个过程。学界尤为关注震旦创校与中国近代著名教育家马相伯的关系,因其与日后创办复旦公学有关。

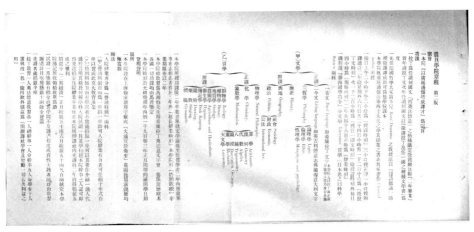

1902 年 12 月 30 日,《翻译世界》第二期所刊《震旦学院章程》

近年来,学界也注意到梁启超、马相伯与震旦间有过密切而微妙的关系。根据目前文献显示,震旦学院的诞生确实与维新派以及戊戌变法有着千丝万缕的联系。当时晚清的维新派对于西学已十分推崇,戊戌新政中的 1898 年 7 月,梁

1903年，震旦学院初成立时之师生合影
左一孔明道神父，右一佘宾王神父，第五排中留胡须者为马相伯先生

启超通过北京的法国公使请求倪怀纶主教，请马相伯在北京创办译学馆，最终因为变法失败被搁置。彼时马相伯已经回到上海隐居，并曾希望译学馆办到徐家汇。虽然1898年未能推进办学，但1900年马相伯捐出个人资产，呼吁教会出面在徐家汇创办新学，至1902年南洋公学学潮后，徐家汇办学的契机已经重新出现。

1901年秋，蔡元培出任南洋公学总教习，从此时常来马相伯隐居的土山湾孤儿院请教拉丁文，并逐渐带领公学学生一起听课，就有后来著名的"二十四门徒"。1902年南洋公学的"墨水瓶"事件引发大规模学潮，蔡元培因袒护学生辞职。出走的一部分学生汇聚于马相伯门下，请求从学，马相伯应允，并请于耶稣会，借徐家汇天文台旧舍为教室。成立新校，马相伯因印度古称中国为"震旦"，遂命名震旦学院。当时已迁居日本的梁启超把震旦学院的章程刊载于其自办的《新民丛报》中，并评价震旦为"中国研究泰西真学问之机关"。

但马相伯创办震旦不久，震旦校园再次发生学潮，并直接导致创校校长马相

1903年,震旦学院所在的徐家汇老天文台

伯出走。关于1905年复旦从震旦中分离并重新建校的风波,学界虽然有所关注,但常以民族主义矛盾笼统描述,较多从民族主义角度关注建校早期马相伯与耶稣会的博弈,其中诸多细节与因由近期才被研究界逐步揭示。震旦办学第二年(1904年),南从周(Félix Perrin)神父被任命为学校的教务长,这时学校已经有了100名学生,学校为学生们设置了两年的课程规划,将教授其法文、英文以及拉丁文和哲学等诸多学科。马相伯支持学生们希望主修英文的要求,与耶稣会发生冲突,并导致最终的分裂。1905年3月初,马相伯宣布退出学校,与一众学生出走,另立他校,也就是未来的复旦。从震旦到复旦的主要原因是马相伯与南从周之间关于学校课程设置的看法不同,最终的导火索是"英法文"之争。震旦建立的初衷其实本为"译学馆",因此正如李天纲提出震旦学院带有"译学馆""译社"性质,即马相伯和梁启超等人在"戊戌变法"时期商议的"Akademie(学院)",并非常规大学;因此震旦创校时,其实注重的是拉丁文教学。同时,《震旦学院章程》中"本院以广延通儒,培成译才为宗旨",学业二年,"首年读拉丁文,次

年任读何国文,以能译拉丁文及任一国之种种文学书为度。"然而,之后在实际教学中逐渐发现拉丁文并不适用于日常生活,于是逐渐调整。根据张若谷的《马相伯先生年谱》记载,早在震旦成立的第二年,课程设置就调整为"所定课目,大致为四:曰语文学,曰象数学,曰格致学,曰致知学。语文一科,以拉丁文溯其源,仍分习英、法、德诸现代语,以应世用"。由此可见,虽然拉丁文教学没有废除,但英语、法语等"现代语"的比重明显增强。

马相伯出走后的震旦历经短暂的混乱,但很快在地方政要如上海道台袁树勋及校董张謇等的斡旋下,终于得以重组,并继续办学。在当时人眼里,风波之后复课的震旦学院成为一所法国政府全权支持的法国学堂,甚至类似于"法国文化中心";法租界当局的确加大了对震旦的投入,使之迅速发展成为上海重要的新式学堂。彼时的马相伯并没有受出走的影响,同样关注震旦的发展。1908年马相伯捐资为震旦购买卢家湾土地,创建新校舍。震旦迁往卢家湾之后,预科和本科学制都得到保留。预科学制三年,课程仿效法国高中水平。通过各门考试的学生可以获得一张类似法国高中毕业文凭。法租界当局对于早期震旦学院(大学)投入也逐年加大,1915年公董局通过了一笔为期三年支付60 000两银子的巨额补贴(约合300 000法郎),以便将佘山的天文台和徐家汇的博物院迁往震旦附近。自1913年起,法国外交部给予震旦的津贴也逐年递增,这些都使得震旦学科教育发展迅速进入轨道。

民国元年1912年6月,震旦学院在行第一次本科毕业考试之际,恳请马相伯向教育部请愿立案,旋得批复。1914年,南道煌(Georges Fournier)把震旦本科分成三科:法政文学科(3年)、算术工学科(3年)、博物医药科(4年),奠定了震旦医、法、理工三学院的基础。国民政府时期的1928年,震旦升格为大学。1937年抗战全面爆发,震旦在租界坚持办学,直至抗战胜利。中华人民共和国成立后,各教会陆续退出学校,并停止拨款,1951年8月,震旦女子文理学院并入震旦,次年院系大调整,震旦停办,其文理工商各院系划拨给华东各高校,医学院在震旦原址,与圣约翰医学院、同德医学院一起组成上海第二医学院(今为上海交通大学医学院)。

复旦公学

从恢复震旦到旦复旦兮

王启元

　　复旦公学是马相伯带领一众师生出走震旦之后,创办的新式公共学堂,后升格为大学,一直办学至今。1902年,马相伯倾其家产,借徐家汇天文台余屋为校舍,创办震旦学院。1905年春,于右任、邵力子等130名学生愤然脱离震旦,支持马相伯在吴淞复校,一开始他们是想重新办一所"震旦",之后短时间也用过"新震旦"的校名,后因徐家汇震旦继续办学,新学取"恢复震旦"之意,改名复旦。复旦创校的校址,据马相伯说是问时任两江总督周馥借来的,周馥还答应再给70亩地用于建设新校园,1905年时创校仓促,遂先设在吴淞提镇行辕中授课。提镇行辕建筑在淞沪铁路吴淞站边。1905年9月14日(农历八月十六),复旦公学在上海吴淞提镇行辕正式开学。复旦公学开学的时候,淞沪铁路为学校开学长鸣汽笛,以示致敬。

　　复旦公学,一开始主要还是依靠淮军系人帮忙。马相伯之前所有钱捐给了教会办震旦,彼时已没钱助学;但他的兄长马建勋早期是淮军系统内的中层,马相伯本人也在山东淮军系内做过事。周馥应该与马相伯有交情,听说马相伯又办了学校,表示要支持。当时这些士大夫非常开通,觉得没有必要对之前的震旦有什么为难,上海有两所学校挺好,所以有非常多的有识之士帮忙捐赠。周馥拨了行辕房舍,启动经费也筹集了一点。南通大商人张謇,则给当时的震旦和复旦都捐了不少。早期在吴淞帮助马相伯创办复旦的名流中,有著名的翻译家严复,以及近代重要教育家袁希涛。袁希涛是宝山本地人,今天推测,复旦在吴淞落脚与袁的努力有一定关系。袁希涛虽然在日后的中国高等教育界叱咤风云,如恢复同济、任教育部代理部长,但他在复旦的经历并不顺利。1905年冬仅办学半

复旦大学校门
（李公祠校园）

年的复旦就经历第一次变故。袁希涛主持的校董会就因为马相伯赴日公干，希望改组学校，停办半年，引起学生大哗。最后袁希涛出走，复旦由校董陈三立等支持。晚清名流陈三立当时寓居上海虹口，由其出面召集闽赣籍大佬，勉强支持局面。此一时期，闽籍严复两次出任复旦校长。据学者张仲民考证，陈寅恪大约就是1905年冬复旦危机前后插班入校的，一直在校读书至1910年赴欧洲。与陈寅恪一起插班的有一位同学，身子瘦小，从另一所新式澄衷学堂（即今上海虹口区澄衷中学）来，他就是日后著名的气象学家竺可桢。竺可桢在澄衷的同学胡适之，有个好朋友在吴淞复旦公学上班，胡先生在日记里记载了一次从澄衷赴当日吴淞复旦校区的印象：复旦"地址甚大，骤观之，南洋公学不是过也"，南洋公学

复旦公学校园菊花展

复旦公学校园一隅

即日后交通大学;但复旦"校规太宽,上课时间亦少,非苦学生也。"在年轻的胡先生眼里,新兴的复旦公学竟有与南洋公学不相上下的气派,似乎预言了两者在未来百余年间的爱恨纠葛,不失为学界的未卜先知。而自打清末起,复旦那松散的学风,竟然也注定植入了学校的基因当中,流传百年而至今不变;沧海桑田之间,如是莫能言之妙者。

1912年辛亥革命后,吴淞复旦校园被光复军所占,复旦被迫暂时停办,马相伯出面在无锡惠山中李鹤章祠堂勉强办学两月,因其地颇近烟花,不宜办学,暑期后又迁回上海,来到徐家汇李公祠,这些地方都是由于马相伯动用淮军系资源达成的。马找到淮军系出身的江苏都督庄蕴宽想办法,拨出了被光复军占着的李公祠给了复旦,然后复旦就留在这里,从1912年到1922年办了整整10年。1917年北洋政府学制改革,复旦从公学也从高等教育预备学校,升格为私立大学,都是在李公祠办学时期完成。复旦在此地建立很多重要专业学科,比如最有代表性的商科、法科专业。这些重大变革都是在李公祠办学时期完成的。

复旦公学校园园林

把复旦在李公祠办大办强，基本上就是靠当时的校长李登辉(1873—1947)，他是印尼华侨，回复旦教书的时候他是不会说中国话的。他一生只在复旦教书，是那个时代少有的职业教育学家。1918年起他就开始在南洋募捐，为复旦寻求永久校址，最后在江湾建起了全新的复旦校园(今复旦大学邯郸校区西)。1922年春复旦整体搬到江湾，李公祠成为复旦附属中学。

复旦在江湾办学经历1932年"一二八"炮火的冲击，校园被损毁，仍坚持办学至1937年的八一三淞沪会战，后被迫内迁。辗转江西牯岭，再至重庆北碚，艰难办学。而李登辉校长在上海开办复旦补习所，维持无法西迁的学生的学习生活，直至抗战胜利。复旦渝校在1941年改为国立大学，1946年光复回沪，在江湾老校区与沪校重新组成国立复旦，1949年后依旧使用复旦校名。李公祠在民国复旦附中校舍长期办学，直至中华人民共和国成立后更名复旦中学。

南洋公学

国人自办新式高等教育学堂的先锋

杨明明

1896年底创办于上海徐家汇的南洋公学,系中国近代历史上最早由国人自办的新式高等教育学堂之一,兼具师范、小学、中学和大学一整套教育体系,也是今上海交通大学和西安交通大学等学校的前身。

甲午战争后,中国社会愈加积贫积弱。面对此状,曾任清廷大理寺少卿的盛宣怀进一步认识到兴办新式教育、培养多方位人才乃是救国之根本。秉持着"自强首在储才,储才必先兴学"的理念,盛宣怀奏书光绪帝建议效仿西方设立高等学堂。获批后,南洋公学在上海成立。

关于南洋公学名称由来,一说清末时常用"南洋"概指江苏及其以南的沿海地区,南洋公学选址于中西交会的上海,故以"南洋"指代;另一说则出自《南洋公学章程》,其中所述"西国以学堂经费,半由商民所捐,半由官助者为公学。今上

1898年,南洋公学师范院、外院、中院师生合影

1899年建成的南洋公学中院

海学堂之设,皆招商、电报两局众商所捐,故定名曰南洋公学"。

盛宣怀筹建南洋公学的初衷,是希望打造一所专门培养商务、外交、行政和法律等方面良才的新式学校,因此在组建师资队伍时也煞费苦心。南洋公学正式建成后,盛宣怀亲任督办,聘请何嗣焜为公学总理(校长),同时延请美国传教士福开森(John Calvin Ferguson)和上海教育界名流张焕纶,分别任公学的西文和中文总教习,聘翻译家伍光建、李维格及多位外籍教师任中西教习。

南洋公学"分立四院",先后设置师范院、外院、中院及上院,自下而上形成一套完整的教育体系,为中国后续广泛设立新式小学、中学、大学提供了建设性办学经验和范例。公学创办之初,因科考之风存续,严重缺乏与新式教育配套的师资和生源,盛宣怀认为"师范、小学尤为学堂一事先务中之先务",遂在南洋公学首开师范院和外院。

1897年春,南洋公学师范院首招40名20～35岁师范生,并于4月8日正式授课,标志着中国师范教育的开端。师范生主修数学、格致、科学教育等课程,兼为外院生授课,教学相长。至1903年停办,师范院为社会培养了大量优秀人才,如参与编写《蒙学课本》的著名教育家陈懋治、沈叔逵,以及李大钊的启蒙恩师、革命烈士白毓崑等,皆为师范院毕业生。

继师范院后，南洋公学于1897年秋和1898年春相继开办外院和中院。其中，外院作为中院预科而设，招收8～18岁学生，分级学习中西文、算术、绘画、体操等课程，毕业后升入中院。1900年外院停办后，次年新设南洋公学附属小学（今上海交通大学附属小学与南洋模范中学前身），继续培育基础教育阶段学生。1902年公学内发生"墨水瓶事件"后，由于师范院、特班遭裁撤，中院生继而成为南洋公学主力。又因上院缓办，中院生毕业后优异者即被派遣出国留学。

1899年，南洋公学公费派遣雷奋、杨荫杭等六名师范生和中院生赴日留学，引领清末海外留学教育之风。到1905年初，公学共派40多名学生和教员赴日本和欧美进修。留学生们学成归来后，在不同领域担任要职，为推动民族工业和科技的进步、外交司法制度的建立、财政经济制度的建设等方面做出了极大的贡献。

除设置普通教育体系的"四院"外，南洋公学还设有特班、铁路班、东文学堂等速成或附设班系，全方位为社会培养优质人才。其中，1901年开办的特班由

1904年左右，南洋公学留学比利时师生合影

蔡元培任总教习，黄炎培、李叔同、邵力子等著名教育家和社会活动家都曾在特班就读。

此外，为编译教材和学习国外进步书籍，1899年南洋公学正式成立附属译书院，延请张元济任主管事兼总校。后因经费拮据，1903年译书院被撤销。南洋公学译书院存在时间虽短，却是我国首个下设于高等学堂的翻译出版机构，前后共编译出版图书几十种，包括严复译著《原富》(*An Inquiry into the Nature and Causes of the Wealth of Nations*)等，为编写高质教材、宣传进步思想及开启民智起到重要作用。

在学校管理方面，南洋公学不仅注重学生的文化课程训练，同样鼓励学生课外进行各项体育锻炼，如童子军培训、体操、球类和田径运动等，使学生在学习之余能强身健体。1901年，南洋公学组织足球队，并常与圣约翰大学足球队进行比赛，激烈程度轰动沪上。同时，公学师生也有丰富的文艺活动，公学早期各院定有院歌，用以自励自勉，如师范院的《警醒歌》和外院的《四勉歌》，体现了公学优良笃学的传统与学风。在话剧排演方面，南洋公学也有较早历史，在1899年吴稚晖做师范生时的日记中，曾记有"（学生）纷纷聚戏"，表明当时校内已兴剧

1920年代，南洋公学技击部成员技艺表演

演，1901年公学学生自编自演的《戊戌政变纪事》《经国美谈》《义和团》，受到师生广泛喜爱，李叔同即曾在《黄天霸》中饰演主角。

开端于清末的南洋公学，在中华人民共和国成立前，随着革命政权的变更而几经易名。1905年，南洋公学划归商部，改名为商部上海高等实业学堂；1906年，改交邮传部管理，改名为邮传部上海高等实业学堂；1911年，因校长唐文治力拥革命，公学改称南洋大学堂；1912年，南洋公学改隶北京国民政府交通部，又更名为交通部上海工业专门学校。后又经过几次改组合并及西迁等变动，南洋公学逐步演变为现在的上海交通大学和西安交通大学。

南洋公学的开办，一举创下中国近代教育史上的诸多第一，如中国第一所公立小学校和师范学校，中国人第一次自编中小学教科书等，对中国近代学校教育制度的建立起到了示范作用。更为重要的是，在其持续发展中，无论是最早期的南洋公学还是现今的交通大学，乃至其原先附属的中小学教育机构，都在为国家培养经世致用的栋梁方面立下了汗马功劳，南洋公学校友如中国民主革命领袖蔡锷、社会活动家黄炎培、新闻出版家邹韬奋、教育家蒋梦麟、科学家钱学森、数学家吴文俊、土木工程学家茅以升等，他们都为推动中国近现代事业的发展立下了不朽的功勋。

徐汇公学
西洋办学第一校

杨明明

地处上海中心城区西南的徐家汇,是近代上海特色历史建筑与多元人文的汇集地。它源起于明末文渊阁大学士兼礼部尚书徐光启,又自上海开埠后得力于新一代来华耶稣会士的努力,至 20 世纪 30 年代,徐家汇地区已建有 21 所涵盖教会办事机构、文化教育机构、科技机构及社会慈善机构等事业机构,其中就包括今上海市徐汇中学的前身——被誉为"西学东渐第一校"的徐汇公学。徐汇公学的历史可追溯到 1850 年,170 余年来它勇为先导,见证着近代以来上海教育的发展与变迁,造就了上海乃至全国教育史上的诸多辉煌。

1921 年 6 月 29 日,徐汇公学中院乙部全体师生合影

1930年,徐汇公学学校足球队合影

徐汇公学是近代上海最早的西式教会学校之一,最初因收容教友及难民子弟而筹建。1849年江南积雨为患,民不聊生,传教士们应教友及难民请求,收养其孩童并施以教育。1850年,在法国耶稣会士南格禄(Claude Gotteland)的筹备下,学校正式创办,名圣依纳爵公学(le Collège Saint Ignace),因地处徐家汇,又称徐家汇公学或徐汇公学。学校草创之初,仅是一个临时收容所性质的读经班,几间茅草屋充当校舍,由一位教徒老先生教授难童读书识字。到1852年,学生人数从最初的12名增至44名。

后续的二三十年,是学校的初创阶段,徐汇公学在时任理学(校长)晁德莅(Angelo Zottoli)及马相伯等人的主持下,虽历经战乱与天灾的磨难,仍在顽强奋进中起步并取得卓越发展。受天主教"文化适应"策略的影响,此阶段公学定位于"纯粹中国学校,国文授课",新生主要向学校聘请的清朝举人学习国文,包括读古文、练字和作文,课程内容与中国传统教育基本相当。当时科举制度尚存,想要走科考仕途的学生亦可自主选择参加县试,至1875年,徐汇公学学生中共有20余人考中秀才。同时,公学尝试对学力有余的学生加入西学的传授:"时学生所习功课,新生则专读国文,其来校较久,程度较优者,兼习法文、图画、音乐等科。"马相伯与其弟马建忠就属于较早入公学求学的学子,他们除精通国文外,还熟习法文、拉丁文、数学、物理、自然科学等知识,是公学早期学子中学贯中西的优秀代表。

20 世纪初,学校进入了新的阶段,为适应戊戌新政对西方科学与实业的提倡,以及同时期外语随大量外籍人员来沪的盛行,徐汇公学在学科和课程设置上做了重要调整,"学生除中文外,可于英、法二种文字中,任择一种学习。其程度较高者,即以法语或英语教授算术、物理、地理、历史等科"。自此,学生所习课程更趋丰富合理与西化。徐汇公学除拥有像马相伯、蒋邑虚、潘谷声等历任有远见卓识的校领导外,师资队伍也在不断发展精进,初期仅有几名教授国文的清举人教师,随着教授西学的孙位安(Antoine Saimpeyre)、郑壁尔(Octave Piel)等耶稣会士教员及张家树等海归华籍教员的加入,软件条件也日益完善,为之后公学成为沪上名校打下了深厚的基础。

徐汇公学倡导"三育并重",除注重文化课与德智教育外,还在音乐与体育等方面极具特色:是中国最早教授西洋音乐的学校,其组织的西洋管弦乐队,是中国第一个学校乐队;也是上海乃至全国最早开展足球等运动的学校之一,学校每逢大型足球比赛,常引起"万人空巷,观者如潮"的盛况;校园内戏剧表演活动风行,学生们尤以出色的外语话剧表演在沪上名闻遐迩。同时,学校常组织学生到各处观摩以开拓视野、亲近生活,学生也常自发组建摄影社、音乐会等社团活动,课余生活极为丰富。

徐汇公学在中国近现代教育史上的另一个优秀示范是,很早就编有几十种涵盖多学科的教材"汇学课本"("汇学"是师生对学校的亲切简称,揭示了其"古今传承,汇学东西"的办学宗旨),如国文教材有《古文拾级》等;世界历史教材有《世界历史课本》等;自然科学教材有《透视学撮要》《地理撮要》等;外语教材有《英文捷诀》(*A Method of Learning to Read, Write and Speak English*)、《法文初范》(*Grammaire Française Élémentaire*)等;音乐教材有《徐汇公学音乐课本》《风琴小谱》等,对近代中国教科书编纂与中学课程设置都具有里程碑意义。同时,徐汇公学还创办《汇学杂志》(*En Famille*)等刊物,以促进学生表达思想,

1924年6月28日,徐汇公学高小学生毕业证书

培养爱校情怀。

在组织管理上,徐汇公学沿用法国公学组织制度——分院制,根据教内与教外、寄宿与走读,将学生划分为上、中、下三院,各院又划分不同班级。各院设有独立自修室、寝室与膳堂,学生每日完成课业后,回归自己所属院系,由相应的主任、监学严格管理。此后的徐汇公学又经历了增设备修院(拉丁院)、与汇师中学和汇师小学合并、取消分院制等调整,逐步建立起更系统连贯的教学体系,公学毕业生还有到震旦大学及海外院校深造的机会,使徐汇公学更加声名远扬。

随着学生人数的增多和办学规模的扩大,徐汇公学校舍也曾多次扩建。如1878年增建原"老校舍"(1991年老校舍拆除,原址现为尚学楼),1880年新建原"西校舍"(2000年拆除,在原址新建重德楼),1905年新开辟公学大操场,使公学的硬件设施逐步完善。1918年,另一栋时称"新校舍"的崇思楼在徐汇公学落成。该楼因外观宏伟典雅且设施先进完善,而享誉沪上。2009年,崇思楼修缮工程启动,工程因充分尊重并延续崇思楼既有的风格、特色和保护利用价值而荣膺"2011年度全国十大文物维修工程"。如今崇思楼已庄严肃立一百多个年头,依然是汇学师生的骄傲。徐汇公学内部还设有汇学书库,曾为天主堂藏书楼六大书库之一,藏书多而富有特色,藏有如《古文集评二编》等中文古籍,以及《法文中国坤舆志》(*Géographie de l'Empire de Chine*)等外文图书。

1918 年落成的徐汇公学"新校舍"崇思楼

发展过程中,徐汇公学在办学性质上也应教育部政策不断作出调整。1932 年,徐汇公学易名"徐汇中学",改为私立,学制改为三三制(初高中各三年),由张家树任首届校长。

1937 年,中日战争的战火蔓延至上海,公学师生在炮火连天、深受威胁的恶劣环境下,依然不屈不挠地坚持立场,缩衣节食,支援前线,并在校外操场搭建收容所接纳难民,赈济救灾,极力维护校园免遭日军损坏。1945 年春,日寇占领学校部分校舍,公学初中部学生一度迁至慈云小学上课。日寇战败投降后,全校师生热烈庆祝复校。公学在困难的条件下坚持办学,体现了公学师生团结爱国荣校的可贵精神。

1953 年,徐汇中学改为公立,定名"上海市徐汇中学",由此进入一个新阶段,开始招收女生,并于 1955 年始招华侨学生,新生源的加入为学校更添风采。170 多年来,徐汇公学共为社会培育学生 60 000 多名,其中,仅在 1932 年转为私立徐汇中学前的公学阶段就有近6 000名,可谓人才济济,桃李芬芳。

除上海徐汇中学外,中国宝岛台湾还有一所徐汇中学。中国台湾徐汇中学由1949年前后远赴台湾的上海徐汇中学校友创办于1963年,两校同气连枝,2000年上海徐汇中学150周年校庆时,实现了两校的首次握手,架起了海峡两岸学子友谊的桥梁。

2010年,徐汇中学校史纪念馆(汇学博物馆)于学校160周年校庆时正式落成,承载起徐汇中学教育的悠久历史和厚重底蕴。

徐汇公学在人文、艺术、科学等方面的教育均衡且有特色地发展,使得群贤毕至,如著名教育家马相伯、李问渔、潘谷声,地质学家翁文灏,翻译家傅雷,雕塑大师张充仁等都是杰出校友。从最初的徐汇公学到现今的上海市徐汇中学,始终秉承"崇尚科学,爱国荣校,个体发展"的优良传统,鼓励学生高质发展,持续为上海及全国的特色中学教育树立典范。

徐汇女子中学(崇德女校)

百年女子教育先声

杨 磊

女子教育是中国社会文明进步的重要标志之一。徐汇女子中学(Pensionnat du Sen-mou-yeu)开创了徐家汇地区女子教育的先声。这所女校经过几十年的发展,涵盖初、中两级的教育体制,脱胎出多所女子教育机构,是徐家汇地区各所女校名副其实的"母校",为这里的"百年教育"谱写了一曲柔美的篇章。

1867年末,两位拯亡会修女:保禄修女(Mère St. Paul)与圣心修女(Mère Sacré-Coeur)受邀前来上海办学,此时的徐家汇虽已在17年前开创了招收男生的徐汇公学,可是女子教育机构不仅在此仍是一片空白,即便放眼整个中国,也是寥寥无几。当她们在徐家汇东南面的王家堂(原址位于今南丹东路天钥桥路)学习中文和中国风俗之后,就开始着手筹办一所招收教内女生的经言小学。一年之后,拯亡会的圣母院和校舍在徐家汇落成,这所当时已有百余名学生的女校也正式迁入新址,时称圣母院寄宿学校。此后,尽管这所女校的中文名称多次改变,但是其法文校名却一直沿用不变。与硬件的提升相适应的是学业上的改进:"以'四书'、书法为主科,另附医科……此外注重手工,如中西裁缝、刺绣、扎花等。"自此,这所原以念经识字为主的初级学校,跃而起成为教授义学课程和职业技能并重的中级学校。女校成立30年后的1897年,徐家汇圣母院分成大、小两部:大圣母院转为培育有志加入献堂会修道的学生,并于1913年正式更名圣诞女校(Ecole Apostolique de la Nativité);小圣母院则保留原状,继续发展普通女子教育。

1898年,《益闻录》主编李问渔神父取"德行前进"的寓意为女校题名:崇德女校。为了使其在分为两部之后更趋适应社会的需要,李问渔和蒋邑虚两位神

1947年,徐汇女子中学中小学全体合影

父一起尽心竭力地为女校谋划各项事务,重修课程安排。"除国文外,增加算术、史地、博物、体育、音乐等科。年级高者,可加读西文,学习钢琴、图画等。且为增广学生知识,时有旅行之举,有时率领学生出外参观工厂、慈善机构……为使学生有竞争心,按时举行月试、期考。学期结束,举行给奖典礼。"凡此种种不难看出,在这两位神父的擘画下,这所女校向现代化又迈进了一大步。1904年,圣母院将女子教育推广至教外女子,创办启明女子中学。民国伊始,女校按照教育部新政,将学制改编为四三四:即初级小学四年、高级小学三年和中学四年。到了女校成立50周年时(1917年),学生人数已增至300名之众。1923—1924年间,分别隶属于中学部和小学部的两座新校舍相继拔地而起,可容纳寄宿生400余人。1927年,教育部再立新章,改为小学六年制,中学三三制,自此成立高中部。女校在上海市教育局举行的第一次会考中成绩优良,因此在次年1934年7月核准立案。由于广东浸信会创立的"崇德女中"先人一步,天主教会的"崇德女中"只得更名为"徐汇女子中学",小学部更名为"徐汇女子小学",借以纪念徐光启。

1930年代,徐汇女子中学校舍

1938年,因当时震旦大学开始招收女生,女校针对希望攻读震旦大学的学生,特别开办法文预科班。1944年,第一位中国籍校长张良宝修女接任,一个新的发展时期由此开创。诚如惠济良(Auguste Haouisée)主教在徐汇女子中学建校80周年之际发表的演说所言:"妇女应以思想和心灵的品质而成为女王。在人际关系中更胜一筹,在言行举止上出类拔萃。她的善良首先应当表现在宽恕的力量上,将自己的一生慷慨奉

徐汇女子中学全体祝贺徐宗泽神父(本名良辰)

献给为他人的服务之中。在这苦难的世界中，毕生播撒信、望、爱的种子。"

徐汇女子中学（原址位于今尊园和中金大厦位置）位于圣母院范围内，与圣母院共用一扇大门，因此又被称为内学堂。校舍平面呈"H"形，南北两楼高三层，底层为外廊式设计，顶层加建气楼。南校舍底层作为教室，二层设有图画室和病房，三层为师生宿舍；北校舍底层同为教室和自修室，二层是音乐室、习琴室，并且附设有小教堂，三层也是宿舍。一座"玻璃大礼堂"（四面都是玻璃门）将南北校舍联通起来，外形蔚为壮观，是整个圣母院中体量最大的一幢建筑。

1944年，诸丽明毕业证明书

1952年起，徐汇女子中学先后与多所学校合并：启明女子中学和淮海中学等，校名也经历了汇明女子中学、上海市第四女子中学、上海市第四中学。与此同时，徐汇女子小学也在同期更名为蒲东路小学。此后相继又与汇南街第二小学和陈家宅小学并校，成立漕溪北路小学，正式与中学部分离。时至今日，徐汇女子中学的旧校舍已经消失在了高楼大厦之中，但是徐家汇历史上的这些女校重又殊途同归。经言小学、崇德女校、徐汇女子中学和启明女子中学的名字都被一一镌刻在了上海市第四中学的大门上。

启明女子中学

徐家汇女子教育的并蒂莲

杨 磊

在《听杨绛谈往事》中,有一所"教育好,能为学生打好中文外文基础,管理严、校风正"的学校:启明女子中学(Ecole de l'Etoile du Matin)。这所先后培养过杨家三姐妹(大姐杨寿康、三姐杨闰康和杨绛)的女校也是徐家汇地区百年教育的一个缩影。

20世纪初,虽然经过拯亡会修女几十年来的不懈努力,崇德女校(即徐汇女

1916年,启明女子中学校舍

子中学的前身)早已在欧洲语言、音乐、素描等课程上声名远扬,然而当时的上海还没有一所天主教学校向那些希望深入学业的教外女学生敞开大门。时任务本女校(今上海市第二中学前身)经理的吴怀疚有着非常开放的思想,他致力于中国教育事业的发展,极力希望派遣优秀女学生、甚至是学校女教师前往当时的崇德女校学习现代教学方法。1904年2月,吴怀疚亲自带领30名女学生,在震旦学院学生的引见下拜访拯亡会修女。几个月之后,他的梦想终于成真,每天下午1点半到4点半,务本女校的四名女学生都会按时来到徐家汇圣母院,学习素描、乐理、音乐和女红。而崇德女校让出的两间教室和一间小寝室便成为启明女子中学的肇始。第一学期结束时,共有学生11人。

李问渔神父为这所新创立的女校取名"启明",并且借助于担任震旦学院总教习的丰富经验,草拟了学校的章程。开创初期,每名寄宿生的学费约为150法郎,如果辅修各类附加课程(如外语、乐器、绘画、素描等)则需要约350法郎。相较于仅招收教友的崇德女校,启明的校规相对更为宽松。即便如此,学生的装扮仍需保持朴素:胸配象征启明星的金星,身着优雅的蓝色镶边亮灰色制服,只有在离校的日子,他们才被允许化妆打扮一番。

1940年代,启明女子中学学生合影

启明女校的学制为七年。由于大部分的女学生都来自文人家庭,因此中文教育更为深入。每天三小时的常规中文课程贯穿始终。在后三年中,还会学习经典名著和文学课程。每天还有一小时的数学、物理、自然科学、历史和地理课,当学生达到一定的法文或英文水平时,自然科学和历史课就会改用外文授课。最初的两年间,每天安排一小时或一个半小时的法文课和英文课,经过一段时间之后,课程增加到每天两小时。到第六年时,那些充分掌握了其中一门外文的学生还可以辅修另一门。七年学业结束,学生如果将来打算成为老师,她们可以留校深造一年或二年,继续专研教育学、实践、专业历史,以及法国或英国文学,这些课程都是为她们将来选择职业所预备的。

另一方面,学校非常注重绘画、音乐和女红等美育课程,借此培养情操、陶冶性情。绘画课程以静物和人像素描为起点,为期共18个月。随后学生可以根据自己的兴趣,选择中国画、水彩画、油画或照片临摹中的一种。但是,她们如果希望取得全科艺术证书,就得学习全部四种门类的绘画。音乐教学包括以现代方法教授的钢琴和小提琴弹奏技巧。每周有两次针对所有学生的乐理基础课,而初级课每周则有四次,每次半小时。女红分为欧式缝纫、中式刺绣和中式剪裁三类,从最简单的折边到最新潮的针脚、刺绣和花边等。除此之外,每周一次的道德课也是不可或缺的。

民国伊始,女校按照教育部新政,将学制改编为四三四:即初级小学四年、高级小学三年和中学四年。随着教学方法的日臻完善,学生的毕业证书上都被特别标注了学习的各种科目:法文、英文、素描和绘画等。只有通过刻苦的学习才能取得相应的证书,毕业生因此很快就得到上海各界人士的认可。同时,一幢足以容纳全部学生的校舍也变得必不可少。1917年4月,新校舍(原址位于今上海市第四中学启明楼)落成启用。楼高两层,局部三层,顶层加建气楼,呈东西向一字排开。大楼的顶端装置了一颗硕大的启明星,在大功率电灯的照耀下闪亮夜空。校舍南面是面积广大的操场和草坪,此外还附设有一幢独立的健身房,这在当时的校园中都可以算是现代化的设施。当时校园四周还分布着树林和池塘,空气宜人,环境舒畅。五年之后的1922年9月,校舍再次扩充增建,整幢大楼加高为四层。此后,校园格局基本维持不变,保留至今。

1940年代，启明女子中学健身房

1940年代，启明女子中学课堂

1927年，教育部再立新章，改为小学六年制，中学三三制，启明女校自此成立高中部。1931年，启明女校与崇德女校一同向教育局备案，中学部和小学部分别命名为启明女子中学和启明女子小学。1946年,小学部停办。

1952年,启明女子中学与徐汇女子中学合并,成立汇明女子中学。同年年底改为公立,称上海市第四女子中学。1968年更名为上海市第四中学,兼收男生。

启明女子中学与徐汇女子中学可谓是徐家汇地区女子教育的一朵并蒂莲。这两所分别面向教外和教内学生的女校,不仅都出于圣母院寄宿学校一脉,最终更是同归入市四中学一校。其中的变迁,勾勒出徐家汇教育事业演进的历史画卷。

汇师小学(类思小学)

赓续百年,师泽绵长

杨 磊

汇师小学是一所历史悠久的小学校,在其百余年的历史中曾几易其名,经历了经言小学、类思小学、徐汇师范学校附属小学、汇师中学附属第一小学和汇师小学几个时期,见证了徐家汇地区教育事业的发展变迁。

经言小学是天主教会附设于教堂或教会机构的启蒙教育组织,因其组织结构简单,教学内容浅显,几乎遍及传教区各地。根据1869—1870年度的统计数据记载,整个江南传教区拥有学校360所,在校学生约5 000人。而当时除了

1918年,汇师小学校舍

1927年,汇师小学学生合影

徐汇公学尚属完备之外,其余的学校大多只是经言小学的水平。这样的学校通常由神父、修女或贞女负责组织,兼聘一二教友担任教学。课本则使用天主教会传统的经本,学生在读经的同时学习认字。此后经过一段时期的发展,经言小学逐渐具备一定的规模,转变为堂区的小学校,年级也从初小扩充至高小。到了民国,经由教育局立案,这些学校大多转制成为正式的私立小学。

汇师小学同样也经历了上述的发展过程,而其校名更是多次更迭。1870年代,附属于徐家汇会院的经言小学成立。学校由会院中的耶稣会士担任教师,招收徐家汇地区的教友子弟入学,是一所男校。1921年,传教区在徐家汇开办类思师范学校(Ecole Normale Saint Aloysius),以满足小学校的师资需求。与此同时,在此求学的师范生亟需一所小学校作为他们的实习场所。因此到1924年,与徐汇公学的小学校一起改由类思师范管理,并且随之更名为类思小学。时至1926年,类思师范改称徐汇师范学校,小学同时改名为徐汇师范学校附属小学。此后,国民政府禁止开设私立师范学校,徐汇师范随即停办,改组为汇师中学继续教学,师范附属小学则改称汇师中学附属小学,并在1933年以汇师中学附属第一小学的校名正式登记立案。次年,教育局要求"私立中学之附属小学应采用专有名称",学校以汇师小学的名称修正备案。1940年,汇师中学因战事严峻被迫停办,学校与徐汇中学小学部合并,再次划归徐汇中学,隶属于同一位院长管理。

汇师小学在校名和隶属不断变换的同时,校舍也因此迁移扩充。设立之初,经言小学位于徐家汇老堂(今位于上海教区主教府西南侧位置)前的几间余屋之中。1917年10月,学校第一次扩充校舍,将天文台旧舍(今位于徐家汇书院位置)北面的小池塘填平,建造了一幢七开间的平房。平日用作课堂,节庆时又可充作礼堂使用。第二年,小修院新舍落成,类思小学于当年9月开学之际,迁入他们留下的天文台旧舍。等到1940年汇师中学因时局不靖关闭之后,原属于中学的假四层校舍又划归小学使用。至此,汇师小学的各项硬件设施达至完善。南北两部分校园各有两幢校舍和一块操场,占地面积超过11亩,各类房屋共84间,图书室、阅览室、陈列室和卫生室等一应俱全。

学校教授的课程包括国语、算术、常识、音乐、图画、英语、自然、地理、历史和公民等科目。采用的教材除国语科目由土山湾印书馆出版之外,其余均来自商务印书馆、世界书局、国光书店、儿童书局和上海音乐教育协进会等沪上各类知名出版书局。此外,学校的组织也较为健全,设有校长和主任各一人,由主任统辖教务、训育和事务三处,以及招生、升学就业指导和经济稽核三个委员会。而三个处下又细分为三至九个股。时至今日,这样的组织系统也可谓完备。经过立案之后,学校对于行政设施、训教方法更为注重。1934年,汇师小学将校务会议改组成更具民主协商机制的教育研究会,"以研究改进校务及教学训育等事项为宗旨"。研究会由校长和全体教职员工组成,每月举行一次会议。

学生的课余活动非常适应儿童活泼的心理:足球比赛、抽瓜瓜摸彩游戏、看电影、郊外散步、讲故事、唱歌和参观博物馆等,各类文体娱乐无一不足。学生由此锻炼体魄,增强团结,培养奉献精神。1937年淞沪会战爆发,徐家汇地区聚集起了数以千计的难民。汇师小学的学生在邻近的难民收容所中组织各种服务,有的教授难童识字,有的为难民搬运饭菜,还有的利用节省的钱款购买糖果分送。1943年,学校迎来了首位文学博士校长:张伯达,他当时执掌徐汇中学,兼管汇师小学。到任后他重视教学质量,严格制度规范,令学校面貌焕然一新。当

1936年，汇师中小学教职员欢送校长杨维时合影

时正值国难之时，他勉励学生："你们来念书，不要得了些学问就满足，还该在这里学习怎样做人，怎样做一个有人格的人，为国家社会谋福利的人。"

汇师小学给予学生的是一种全人教育。这不仅在当时国难深重之际显得难能可贵，而且即使在当下的时代也是知易行难。正是怀着这样的教育理念，徐家汇地区的教育事业才能在这百年的历史长河中历久弥新。

光启小学（汇南街小学）

年轻的百年老校

李　强　张晓依

在徐家汇的南部，还有一所年轻的"百年老校"。说它年轻是因为它 2002 年刚成立，与徐家汇悠久的历史相比，它还只是一个"朝气蓬勃的年轻人"。但它却是名副其实的"百年老校"：它的前身由三所学校组成，其中两所学校都有超过百年的历史，还有一所也有 70 多年的历史。今天，这所学校还有一个响当当的名字："光启小学"，说起它的故事，还要从徐家汇地区最早的小学"经言小学"开始说起。

其实，"经言小学"从来不是一个固定的学校名称，而是泛指那些教授儿童教理并教授识字的学校。从今天的角度看，早期的"经言小学"远算不上一个正规的学校。在徐家汇的历史上，曾存在过不止一所"经言小学"，这类小学中的老师通常由初学修女、贞女或拯亡会寄宿学校女生充任，招收的对象既有教友子女，也有面对社会招生。比如今天的上海市第四中学，最早便可以追溯到位于今天王家堂的"经言小学"。

今天，我们所说的光启小学，它的前身之一其实是另一所"经言小学"：根据《徐汇区教育史略》《徐汇地名志》等现有文献的记录，这所学校的前身"经言小学"于 1873 年由拯亡会初学院（Noviciat des Auxiliatrices du Purgatoire）"若瑟院"成立。但各处对于该校早期的历史均语焉不详，不仅将徐家汇的"若瑟院"历史与在洋泾浜地区同名的拯亡会分院"若瑟院"多处杂糅，而且两个同名机构在两地分别办的学校：徐家汇的"经言小学"与在洋泾浜办的若瑟学校（原址今为上海市黄浦区业余大学四川南路校区）历史也多处含混。

当我们终于有机会翻阅远在巴黎的拯亡会档案，顺着真实的历史上溯，发现

崇德女校(光启小学前身之一)学生上课情景

这所"经言小学"的"创办者"——拯亡会的初学院确实在1870年创办于徐家汇圣母院,而圣母院中也有"经言小学"存在的记录,但当时,这个初学院的名字并不叫"若瑟院",拯亡会之后也因种种原因停办了初学院,1890年初学院恢复之后,又先后迁往洋泾浜的"若瑟院"和虹口,最后又于1894年后再次迁回徐家汇。

根据拯亡会档案的记载,初学院以及"若瑟院"这个名字最终与徐家汇的"经言小学"三者联系在一起的年份,已经是1921年。那一年,拯亡会的初学院终于在徐家汇搬入了固定的地点:在接手了宋家老夫人捐赠的"宋氏山庄"之后,初学院以长眠于此的宋家小儿子宋永康的圣名若瑟,将自身正式定名为"圣若瑟院"(Jardin St. Joseph/Seng Za-sè yeu,此时与之前所述洋泾浜的"若瑟院"非同一地点)。同年,"圣若瑟院"又将两所"经言小学"开办在此,一所是对社会招生的经言小学(l'Ecole Externe Enfantine,直译为外学堂),一所是对教友子女招生的经言小学(l'Ecole Pie X,直译为庇护十世学校),学校的层次均为初等小学(大致为今小学一至四年级阶段)。这两所小学位于旧汇南街 41 号(原址今为亚都国际名园)的"圣若瑟院"内。

1953 年后,这两所学校由教育局接办,改名为汇南街小学,并于 20 世纪 80 年代迁入今址。这也是今天"光启小学"的前身之一。

20 世纪 90 年代初,若瑟院小学原址曾为徐汇区卫生学校
(《鼎·徐家汇今昔》1992 年第 12 卷第 70 期)

"光启小学"的另一个前身——漕溪北路小学则与我们之前在第一段中所说的那所"经言小学"有关,即原漕溪北路小学。这所"经言小学"迁入徐家汇圣母院并成为寄宿学校的一部分之后,1898 年后发展成中小学合制的崇德女校。民国初年,女校便根据当时教育部的新政,将学制改编为四三四:即初小四年、高小三年和中学四年。还分别于 1923 年和 1924 年为中学和小学部建起了新的教学楼。未料,1934 年,崇德女校在跟当时的教育局立案时,由于与之前已立案的另一所"崇德女中"重名,只能将中学部更名为"徐汇女子中学"(原址今为尊园),小

学部更名为"徐汇女子小学"(原址今为中金国际广场)。

1926年,参与辅祭的经言小学(庇护十世学校)学生

1953年,"徐汇女子小学"更名为蒲东路小学,后又更名为漕溪北路小学,彻底与原"徐汇女子中学"分立,校址依然位于原址。1992年,该校与汇南街小学合并,之后其位于漕溪北路上的原址作为上海市第四中学的分部,直到2000年前后拆迁建造中金广场。

"光启小学"的第三个前身——原天钥桥路小学则情况更为复杂。该校位于徐汇区天钥桥路171弄内(原址今为上海市第四中学东部),相比起之前的汇南街小学和漕溪北路小学的百年历史,这所学校的历史显得短得多,该校是在1956年由三所私立小学:"培才小学"(1940年创办)、"达仁小学"(1949年创办)和"恩光小学"(1949年创办),加上当时的公立天钥桥儿童晚班合并成立的公立小学。根据《徐汇区志·教育篇》的记录,1956年上海市教育局创办上海第五师范学校后,1960—1963年,该校曾作为该校附属小学并更名为"上海第五师范学校附属小学",之后上海第五师范学校(原校舍后为淮海中学使用,现为民居)并入上海第四师范学校后,学校恢复原名天钥桥路小学。

2002年5月,徐汇区教育局撤销汇南街小学和天钥桥路小学,设立公办义务制小学,再次为纪念徐光启这位在徐汇历史上至关重要的人物,将之命名为"光启小学",成为徐家汇最年轻的"百年老校"。

慈云小学（慈母堂小学）

昔日孤儿的知识乐园

张怡雯

  土山湾孤儿院职业教育的特色是半工半读。土山湾孤儿院和徐家汇圣母院收养的男女孤儿，以及入堂学艺的孩子，在正式进入工场车间学习之前，还必须经过一个文化课程的学习阶段。这一阶段在孩子们6～12岁左右。

  慈云小学的前身是附属于土山湾孤儿院的慈母堂小学。作为孤儿院教习文化课程的附属学校，小学堂自1864年土山湾孤儿院成立时起就已存在。然而，直到民国年间，随着学校教学制度的正规化，慈云小学这一校名才在20世纪40年代正式出现。慈云小学以孤儿院一侧、横跨肇嘉浜上的慈云桥为名。此桥最早由马历耀（Leo Mariot）修士于1872年始修建，桥西即土山湾孤儿院，桥东为土山湾居民的生活区五埭头。该桥桥墩原为木质，不堪风雨侵蚀。1902年，此桥由教徒实业家朱志尧出资重修，桥埭改为石制，桥身改为铁制，建成后成为南市第一座水泥钢架建造的桥梁。至今，由慈云桥而得名的慈云街依然存在。

  根据1941年5月19—23日《申报》上连载的《孤儿的乐园》一文记载，慈云小学位于土山湾孤儿院的第二进。经过大门、竹篱门和广场，再穿过腰门，即可看到"慈云小学"的牌。作为孤儿院的学校部分，慈云小学位于一座二层楼的大洋房内。这座楼原为马相伯先生的起居处，今为土山湾博物馆所在地。此时，该楼的一二两层，都用作孤儿的教室，第三层作为寝室。此楼之后是为一大操场。

  土山湾孤儿院成立之初，慈母堂小学校舍并不大，孤儿们学习的课程十分简单，以中国私塾的传统课程，即"四书""五经"为主，此外增加法语和教会的教理课程。到20世纪20年代，随着学校教学制度的正规化，该小学也逐渐顺应潮流，设置了简单的数理化课程。不过其教学深度与正规学校仍有差距，其目的以

慈云桥

打基础和修身为主。当时,孤儿读书所用的书籍(主要是土山湾印书馆印制的教材),连同其他生活所需,均由孤儿院供给。

1941年,慈云小学实行整理改组后,采用学年升级秋季始业的单轨制。孩子们一般在慈云小学读六年左右的课程,其中初级小学四年、高级小学二年。初小四年的学科设计,和普通学校一样,教授中文、算术、历史、地理和法语,目的是使学生习得基本的常识,为今后的职业生涯打下文化基础。此外,一部分(40名)成绩名列前茅的孤儿,被选去汇师小学寄读,早出晚归,以孤儿院为家。

高级小学毕业后,学生年龄在13岁左右,其中成绩较好的可继续升学,成绩一般的分派到自设的各工场学艺,成为学徒。分派的原则是依据孩子们各自的天赋秉性——根据土山湾老人鄞舟林的回忆:"他们认为你看起来比较斯文些的,就分配你去南面的图画间和花玻璃间,还有靠东面的排字间,其他的就分到印刷间、装订间,还有发行所。"在此阶段,学徒仍然半工半读,做工的同时继续学

慈云小学所使用的课本

习各种知识。几年后满师，学徒可自谋生路，也可以选择留下成为正式工人。

慈云小学的建成，曾得到沪上名流人士的资助。1899年马相伯自京返沪，寓居徐家汇。不久，他将胞兄马建勋传给他的松江泗泾3000亩良田和上海卢家湾、董家渡地产等全部捐给教会，用于教育事业。上述慈云小学所在的三层洋楼，即由马相伯出资建成。该楼建成后，马相伯就一直住在三楼靠西的五间房间里，之后一直寓居于此，一住就是十几年。

值得一提的是，出身土山湾孤儿院的多位工艺美术大师，幼年均受教于慈云小学或其前身。以画月份牌闻名的水彩画家徐咏青，自幼失去父母，由继母和祖母带大，后被送入土山湾孤儿工艺院，早年就曾在慈云小学读书。1893年自慈云小学毕业后，他正式进入隶属于孤儿院的画馆，追随画馆主任刘德斋学画。由此观之，慈云小学以孤儿院附设小学而作育英才，可谓人才辈出。

慈云小学于1953年改为公立，并入蒲西路小学，也就是今天的汇师小学。而慈云小学的原址蒲汇塘路55号，则于1956年由徐虹路小学（前身为丽荫小学和光济国民小学）迁入，并同样改名为蒲西路小学直至2001年并入汇师小学。

1940年3月19日,土山湾孤儿工艺院全院在慈云小学校舍前合影

土山湾孤儿院内设小学(慈母堂小学)学生参加乐队活动

徐家汇美术学校

范廷佐的事业

张晓依

说起油画传入中国，土山湾是一个绕不过去的地名；说起土山湾画馆，范廷佐（Juan Ferrer）同样是绕不过去的人物。这个西班牙人只活了39岁，但是对于土山湾画馆以及海派美术来说，却开创了一个伟大的事业。

范廷佐，1817年3月8日出生于今天西班牙首都马德里附近埃斯科里亚（El Escoria）的一个加泰罗尼亚雕塑家家庭。1847年，范廷佐被派往中国，在之后的近10年里，他的工作职责几乎从来没有变过：在分配给他的，位于徐家汇老堂的"艺术工作室"中从事绘画和雕塑事业。

他先后制作了董家渡教堂的雕塑和浮雕，并亲手设计了徐家汇天主堂老堂（原址位于今"圣爱广场"）。除了两座教堂之外，徐家汇藏书楼内还有两件范廷佐的作品：一幅是木雕"耶稣会十二圣人像"，耶稣会士在首任会长圣依纳爵前发愿；另一幅是石膏泥雕"圣依纳爵皈依图"。这两件作品均作于19世纪50年代，历经一个半世纪，依然栩栩如生。

19世纪50年代初，范廷佐自画像

而他一生中在教育上的功绩同样不容小觑，那就是创建了土山湾画馆的前身——徐家汇美术学校。

1847年，意大利那不勒斯马氏（Massa）兄弟中的老二马义谷（Nicola Massa）奉命来到徐家汇参与督造耶稣会住院，恰巧遇到刚来中国不久的范廷佐

范廷佐遗作：石膏泥雕"圣依纳爵皈依图"　　范廷佐遗作：木雕"耶稣会十二圣人像"
（现藏于上海图书馆徐家汇藏书楼）

修士，长期以来马氏五兄弟一直是范廷佐心目中的偶像，于是两人一见如故，马义谷修士恰巧之前在那不勒斯有过专业学习油画的经历，与范廷佐一拍即合。在那两年的时间里，江南地区所有教堂的雕塑和圣像几乎都是出自两人之手。他们的作品引来越来越多人的称赞……两人的"艺术工作室"吸引了越来越多的人参观，越来越多的教堂，甚至其他在上海的西方人都提出向他们订画，甚至还有人提出跟他们学习。

当时两人只是谦卑地继续做着长上安排下的任务：一个继续拿着刻刀，一个依然拿着油画棒。但是长上见到"艺术工作室"如此受欢迎，觉得应该有更大的发展……

1851年，法籍耶稣会士郎怀仁（André Languillat）担任徐家汇住院院长，他也十分欣赏范廷佐的作品。他交给范廷佐一个任务：在传教区内培养一批和他一样的艺术家。之后还亲自派了一批学生到范廷佐的"艺术工作室"学习：由范廷佐教他们学习雕塑，马义谷教他们学习油画。范廷佐和马神父的教学方式十分简单,就是老师在前面画,学生在后面学。在这一批最早的学生中,就包括后来成为土山湾画馆主任的陆伯都。虽然这样的教学方法十分简单,后来土山湾的教学课程当时尚未成型,但是范廷佐修士在对中国学徒们的教育上,用耐心和精妙来形容是绝不为过的:总是重复一遍又一遍,看到学生有做得不好的地方也严格要求。

1852年,学校正式开学,并很快成为在上海欧洲人最喜爱的远足目的地之一。学校开始运作不久之后,马义谷就因为工作调动离开徐家汇了。这个学校只剩下范廷佐一个人,范廷佐忙里忙外十分辛苦,在最初的那几年中,就取得了显著的成效。范廷佐的杰作,学生们的学习成绩,都吸引了大批中外人士前来参观。

其中范廷佐还有一个杰出的编外学生,那就是英国驻沪领事阿礼国(Rutherford Alcock)。繁忙的领事工作之余,阿礼国先生喜欢跟范廷佐学习雕塑,尤其是1853年3月他的妻子去世之后,他将对亡妻的

范廷佐遗作:木雕边的签名及
制作年份1852年字样
(现藏于上海图书馆徐家汇藏书楼)

思念之情寄情于雕塑中,直到1855年4月离开上海去广州任职。

一天,领事先生亲自动手塑一尊半身像,范廷佐就站在他身后打量着他,之后就用一块黄杨木为他雕刻了一尊半身像。这半身像雕成之后,租界里的人见了无不赞赏称奇。

除了艺术上的成就之外,范廷佐修士为人低调谦逊。当时与范廷佐有往来的人,无不称赞他谦逊的德行。1855年,范廷佐终于在自己设计的徐家汇圣堂里发了末愿,同时他的职位上也有了微调:"官宣"他"艺术教师"一职。这对他来说,无疑是一种褒奖。

1854—1856这三年对于江南传教区来说是一段悲伤的时光。短短三年时间,仅在徐家汇住院中,就有10位年轻的神父、修士辞世,其中范廷佐也没能逃

过这个劫难。他本来就患有肺结核,这年年底又得了痢疾。最终于1856年12月31日离开人世。

1870年,范廷佐的继任者陆伯都正式同意将范廷佐"艺术工作室"中存留的作品和工具搬到土山湾孤儿院,同时他在徐家汇的美术与雕塑学校也迁到土山湾孤儿院,分别成为土山湾孤儿院图画间(土山湾画馆)与木工工场内的"雕花间"。与范廷佐同样谦逊的陆伯都依然将恩师称为土山湾画馆的创始人,因为范廷佐用他的画笔开启了一个伟大的事业……

土山湾孤儿院的工场

海派百年工艺的摇篮

张晓依

土山湾孤儿院被誉为中国历史上早期的职业学校之一,其在近代中国较早探索了职业教育的模式。

土山湾孤儿院成立于1864年,前身为蔡家湾的孤儿院。早在蔡家湾时期,意大利籍院长夏显德(Francesco Giaquinto)就在孤儿院内开始了职业教育的探索。学生们首先是学习阅读和书写,之后便是以半工半读的形式在工场学习

20世纪初,土山湾孤儿院大门

各类技术。

孤儿院迁入土山湾之后,不仅承续了蔡家湾的工场,还在此基础上成立了"雕刻、镀金、油漆、绘画工场"。这些工场来自徐家汇的美术学校,该校由西班牙籍范廷佐(Juan Ferrer)成立于1852年,校内主要教授雕刻、素描、油画等课程。在土山湾建立的同时,范廷佐的学生陆伯都与刘必振也把他们的工场和学校迁到了土山湾,并在具有良好天赋的孤儿中间招收新生。

至19世纪末20世纪初,土山湾孤儿院内各工场逐渐定型:主要分为四个工场,即在孤儿院北部培养木工、油漆工、雕工的木工工场,培养五金工的五金工场;在孤儿院南部培养画工的画馆,培养印刷、排字和照相工人的印书馆。

土山湾孤儿院的招生对象除了从圣母院内转来的男性孤儿之外,还有不少社会上父母一方或双方去世的孩子,甚至有一些穷人家庭的孩子也会经人介绍来土山湾学习技艺。

孤儿13岁左右,根据院方分配开始职业教育。根据土山湾孤儿们回忆,院方通常会选择较为安静的孩子进南部的画馆和印书馆(即"南楼")学习;那些较为顽皮的孩子,则进入北部的木工和五金工场(即"北楼")学习。

20世纪初,土山湾孤儿院门口及慈云桥

1864年，土山湾孤儿院最早建成的一排房屋

20世纪30年代，土山湾孤儿院内南北楼之间的操场

之后半工半读的学制一般为六年。根据张伟老师的考证，以画馆为例，新入

画馆的学生仅练习画线条就要半年,从直线、横线、斜线一直到弧线、圆圈,要能用粗细、深浅、疏密等不同的线条画出物体的形状,特别是要画出物体的质感来。等线条画熟了,才开始画石膏几何模型,临摹宗教名画,学习钩稿、放大。其间,老师会带领学生到龙华、外滩、洋泾浜等处写生,也会请一些外面的画师进馆教授国画。到第五年开始学水彩,有出息的,最后一年才让学油画,并练习画人体模特。六年期间,学生还要学习算术、历史、宗教等基础知识,并练习体操和唱歌。一年考试两次,前三名有奖励,颁奖时会请孤儿院中的神父、修士到场,十分隆重。经过这样的严格训练,第六年毕业时才是一个合格的画师,对各种美术工作都能应付自如;至于是否能够成为一名真正的画家,就要看学生自己的天赋和机遇了。值得一提的是,画馆每一阶段的考试都是"双向选择"的过程,被淘汰的孩子会进入其他工场学习,也可能进入社会工作。因此可以说,能在土山湾画馆学习油画的,都是其中的佼佼者。

除了学习和做工之外,土山湾孤儿院的校园生活也值得一提。在校园里,有两个最重要的社团,那便是乐队和足球队。

早在孤儿院迁来土山湾时就有乐队和足球队,当时在徐汇公学中负责乐队的兰廷玉(François Ravary)正好负责孤儿们的迁移及安置事宜,加上当时孤儿院与徐汇公学为统一管理,便将一部分土山湾的孤儿们也纳入了徐汇公学的乐队中。

1903 年,在出生于上海的澳门土生葡人叶肇昌(Francesco-Xavier Diniz)指挥下,土山湾乐队(正式名称为"圣若瑟音乐班",法语名为 Fanfare de St. Joseph)正式成立。叶肇昌和张秉衡(石漱)还为乐队的孩子们用上海方言撰写了教材《方言西乐问答》。

虽然土山湾乐队自始至终都只是学校的业余社团,但由于演奏水平较高,无论是徐汇公学的毕业典礼,还是 1911 年法国飞行家环龙(René Vallon)的飞行表演、广慈医院(今瑞金医院)春节期间的演出、法商电车公司的演出、佘山开堂仪式,甚至是教友家里的喜庆大事,都会邀请土山湾乐队出马"撑场面"。每当中外贵宾莅临徐家汇,土山湾乐队就会站在最醒目的位置为他们表演助兴。

除乐队外，土山湾还有一个非常重要的社团就是足球队。早在20世纪初，土山湾的孤儿们便玩起了足球。

那是1901年的冬天，后来担任过徐家汇住院院长法籍耶稣会士顾洪义（Joseph Ducoux）神父刚来中国，还在神学院读书，当时的神学院规定，学生有"散心时间"（即今天的休息时间）。而顾洪义因为特别喜欢土山湾的孩子，就经常利用"散心时间"，来土山湾和孩子们玩耍，还把自己欧洲带来的"皮球"（足球）拿来和孩子们一起踢，同时也把足球这项欧洲人的运动带到了土山湾。这便是土山湾孤儿院足球队的起源。

土山湾是男孩子们的天下，好动是男孩子们的天性。所以足球迅速成为土山湾课余工余最广泛的运动。

在土山湾，有一支响当当的足球队：汇南足球队。因为土山湾位于徐家汇以南而得名。这支足球队曾经打败徐汇公学、圣芳济学院、震旦大学等老牌劲旅，夺得1929年第一届天主教学校体育联合会杯冠军。其实，土山湾的足球队在历史上曾有过多个名字：慈云职业学校足球队，土山湾足球队等。

在那个娱乐生活贫乏的时代，踢足球可以说是这些孤儿们的最大乐趣。在20世纪30年代土山湾孤儿院地图的最西端，清晰地标注着一个足球场。这个足球场便是孤儿们当年踢球最快乐的地方。

土山湾的孩子们毕业之后，大多在院方介绍下去社会上工作，也有人留在土山湾做工人，甚至有张充仁这样有机会出国留学的孩子。土山湾孤儿院的教学方式除画馆有专门教材外，其他工场多采用工人带教的方式，负责工场的中外修士也会参与教学。

土山湾孤儿在整个学习过程中，除免学费之外，吃、穿、用、住在孤儿院内，均为免费。自学徒开始，土山湾的孤儿们就有少量津贴，但以记账方式记入，在满师或是毕业时一次性支取。除此之外，每年的圣诞节、春节等契机，孤儿院内也会举办联欢会和抽奖，夏季也会有歇夏的活动。学生毕业后如继续留在土山湾工作，则开始有固定收入。

1906年7月,土山湾孤儿院体操运动会场景

至1960年前后终结,土山湾孤儿院在中国历史上存在约百年时间,为近代上海社会的发展培养和输送了大量人才,其教学成果也在各类博览会上屡获嘉奖,其职业教育的模式也为之后的中国职业教育提供了启示。

圣母院女工工场

中西女工技艺的相遇

陈嘉仁　张晓依

徐家汇圣母院是由耶稣会士从法国请来的拯亡会修女的在沪总院，总院名下包含会院、初学院（若瑟院和圣诞女校）、天主教女校（徐汇女子中学和启明女子中学）、育婴堂、聋哑学校以及女工工场，其中女工工场又分为刺绣间、花边间、裁缝作、汰衣裳作等。

除文化课外，圣母院会为中西孤女提供手工课和中西裁缝课。盖因江南

1930年代，圣母院女工工场广告

"田多高壤,宜植木棉",所以江南妇女们捻纱织布很是在行。在当时,女子多少会些手工,缝补衣物或外出谋份散活儿贴补家用。《徐汇女子中学七十周年纪念》纪念册中,提及有教授女童看绣花图纸的专门课程。圣母院中年龄稍长的孤女会学纺纱、织布、裁剪,那些特别手巧的女孩会学做刺绣和蕾丝花边。

1895 年,有一位富家太太恳请拯亡会的修女帮她修补贵重的织物,在此之前,沪上无人能令她满意,出人意料的是这项委托被圣母院中的女童圆满完成了。同年,一位传教士偶得了一匹极薄的丝绸,委托圣母院制作一件礼仪所需的教会服饰(church vestment),圣母院又交出了一件大获好评的作品,由此院长修女萌生了办女工工场的想法。

1896 年,洋泾浜的西洋孤女安妮特(Annette)十分擅长制作蕾丝,修女请她到圣母院教孩子这项手艺。后来耶稣会士送了圣母院一部年久失修的羊毛纺织机,但这难不倒圣母院的女子们,她们齐心协力,用它成功制作出西式羊毛袜。圣母院工作坊出品的各类织物广受沪上富太太的追捧,随即圣母院获得了大量订单。

19 世纪 80 年代,织布厂、丝织厂和棉纺厂在沪上遍地开花,上海纺织业进入到一个日趋工业化的过程中,新型雇佣关系逐渐被下层社会接受。1909 年,多明我修女(Mère St. Dominique)决定扩大圣母院工作坊的规模,建了三栋楼作为女工工场:一幢为刺绣所,用来制作和展示教会服饰,同时设有食堂和休息室;第二幢为花边间和裁缝作,设有参观室,供世界各地的顾客在此选择、定制和购买各类蕾丝花边的女士成衣,还可挑选各类针织长袜及运动衫。最后一幢楼是汰衣裳作(洗衣间),为周围的教堂和教会学校的纺织装饰品提供缝纫和针织修补、浣洗熨烫等。

1900 年的巴黎万国博览会是圣母院作品向世界的首展。1924 年,她们的作品被送到梵蒂冈的博览会参展(Esposizione Missionaria Vaticana),结果不出意外地又获奖了。此后,圣母院女工工场盛名享誉中外。

在徐家汇,被遗弃的孤儿无论性别,统一由圣母院内的育婴堂接手。根据当时的记录,在 19 世纪末,圣母院接收的孤儿男女性别比例为 1∶15。男孩、女孩一起经过"小毛头间"和"大毛头间"抚养之后,在6岁左右,男孩去邻近的土山湾孤儿院,而女孩则进入圣母院孤女院的"小班"读书。

圣母院早在王家堂的时代,就开始教授孤女们识字。在搬到徐家汇圣母院之后,女孩子们会先后进入"小班"和"大班"学习。其中"小班"相当于土山湾孤儿院内的慈云小学,圣母院的"小班"通常为40~60个女孩,她们此时开始读书。除了教理课之外,还有国文课,由献堂会先生教她们读书认字,使她们能写书信和叙述一篇讲道的摘要,同时也按照她们的年龄做些工作。这一阶段,孤儿和孤女们都使用《圣教杂志》社编辑、土山湾印书馆出版的教材。在孩子们完成这一阶段的教育之后,他们的学历相当于高小毕业。

将近13岁的时候,男孩和女孩们都会进入到第二个阶段:那就是半工半读的阶段。此时圣母院的女孩们则会进"大班",即同样位于圣母院内的女工工场,修女们也会根据她们的天分安排到不同的工场,在工场里她们学习一些技艺,如纺纱、织布、裁剪、洗衣、做饭、种花、除草等;有的也学刺绣、做花边等。同样经过时代的沿革,圣母院内的女工工场最终形成了以缝制刺绣(包括中式和西式)、花边为主的职业教育体系。此外,圣母院还承担着为传教士们制衣、洗衣等中国传统观念中认为是女性职能的工作。

和土山湾孤儿院固定六年的学制相比,圣母院内女工工场的学制无疑自由许多。其中刺绣间的学制最长为三年,第一年没有任何报酬,第二年开始有奖金和津贴,第三年就有正式的工资。而花边间的学制仅为两周,两周内没有任何报酬,两周之后至两个月没有正式工资,两个月之后有正常工资。

在满师之后,女孩子们大多留在圣母院内的女工工场里继续做工,闲暇时期还会在浦东高桥等地的绒绣厂做兼职。

据《上海徐家汇圣母院育婴堂概况》统计,圣母院工场最繁华的时候,女工多至六七百人。为确保出嫁后的孤女有可谋生的工作,并在工作时无后顾之忧,圣母院另为工作妇女的子女设立托儿所,并给工作的母亲们一天两次哺育孩子的时间。

相比沪上其他的纺织工场,圣母院还有一个独到的优势。修女们会负责接待通过邮轮来沪的欧美游客,其中不乏富裕人士,当他们来圣母院参观时,也是推销工场作品的最佳时机。这一纪念品销售渠道帮助扩大圣母院女工工场的海外市场。

1930年,圣母院工场照

通常圣母院的孤女会与土山湾的孤儿适配,他们教育背景、身份背景接近,从小习得的手艺足以让他们成家。婚后教会会分配给他们租住,租住的房子位于汇南街的五埭头、底田里等地,男方仍去土山湾孤儿院的工场工作,女方也依旧到圣母院的女工工场做工。1906年左右,圣母院女工的工资为五到六个银圆,年末还会有一笔年终奖,这样的收入水平在徐家汇虽然能大致温饱无虞,但生活仍然十分清贫,故而这样的家庭有了子女后,不少家庭还是会送子女去土山湾孤儿院等处学习手艺。

1900年，巴黎万国博览会获奖证书

1924年，参展作品

圣母院女工工场：中西女工技艺的相遇

在圣母院中,中外技艺相结合并且系统地发展成为产业,为当时妇女从事纺织活动谋生提供了一种可能性。同时在圣母院女工工场中她们也能发挥所长,使中外不同的技艺在这里相遇。

圣母院聋哑学堂
沪上第一所听障教育机构

潘致远

圣母院聋哑学堂开设于1893年至1952年间,是上海第一所专为听障人群创办的特殊教育机构,在中国大陆范围内仅次于1887年由美北长老会(Presbyterian Church in the United States of America)在山东烟台创办的启喑学馆。

清末,圣母院聋哑学堂课堂

20世纪初,圣母院聋哑生在学习手势、识字

学堂位于徐家汇圣母院内(今漕溪北路201号,当时范围包括漕溪北路、肇嘉浜路、天钥桥路、南丹东路所围地块内),即拯亡会(Helpers of the Holy Souls)在沪总院。拯亡会于1856年创建于法国巴黎,1867年来到上海。聋哑学堂是院中开办的一系列教育和慈善机构之一,由拯亡会修女和圣母献堂会的中国籍贞女共同服务。献堂会于1855年成立于上海,旨在培养协助堂区事务的本国贞女。

1893年,拯亡会法国玛赛尔修女(Mère St. Marcel)为解决教导上海圣母院中收养的聋哑孤儿问题,在欧洲专修聋哑教育方法,获得资质后来沪开办学堂,即对院中旧有哑女进行训练。之后土山湾孤儿院和拯亡会初学院——若瑟院育婴堂的聋哑男生也前来受教,与哑女学生分班;同时面向社会招生,收取学费。学生人数在20人左右,最多时达40余人,年龄从幼儿至青年不等。以小班教学,每位教师教四人左右,主要由拯亡会和献堂会贞女担任教职,此外尚有若干称为"阿姊"的助教协助。玛赛尔修女于1895年患霍乱逝世后,献堂会朱贞姑接任教习之职,在院服务、指导长达几十年。

19世纪西欧的聋哑教育有两种主要方法:一重读唇喉动作、一重使用规律

20世纪初,聋哑学生向来访者用手语表示感谢

手式。1861年法国人格罗塞兰(Augustin Grosselin)又创"手势拟音法"(phonomimy),即用一套对应读音的特殊手势以辅助学习发音。圣母院聋哑学堂综合发展当时的各种技术,配合到学习中文上,使聋哑儿童们不仅能用手势和同病者交谈,并教他们能和任何人正常说话。

教学过程大致如下。

1. 学习单个法文字母的发音以及每个音对应的手势。该阶段又细分若干步骤:第一步是教会哑生使用喉部肌肉,从练习吹气开始,用点着的蜡烛、或一张纸掌握重吹轻嘘的方法;第二步是从元音到辅音,逐个学习单个发音和每个音对应的手势,使之同时掌握两种交谈方式。教授发音时,教师让学生把手放在她的喉咙上,或拿一张纸放在嘴唇前面吹气做示范,让他们感受发音时声带的颤动、辨别近似音;学生模拟发音时,教师也把手放在他们的喉咙上,不断反复矫正,令其掌握正确发音方式。

2. 用单音拼读出中文字,同步开始识字,辅以图像帮助联想记忆。

3. 练习造句、作文，与一般小学相同。

经过三四年的训练，聋童就可与他人说话；五六年后，有些学生仅通过察看对方嘴唇之动作，无须用手势即可与常人交谈。据当时到院中参观的记者观察，教师向学生做手势或做唇喉活动动作，学生即可理解其意并做出回应；亦可对来访者进行问候，或以清晰发音进行日常答问。

毕业的聋哑学生或在圣母院的各部门里工作：在该院每一工场几乎都有聋哑女子；或回归别的工场，例如来自土山湾的聋哑孤儿即回归土山湾工艺院。圣母院中的哑女由院方代为择配，嫁时置备妆奁一份；不愿嫁者留院中服务，直至养老送终，其中一些人在聋哑学堂担任教师。

学堂教师不仅帮助学生减少与平常人交际时的隔阂、培训他们的生存技能，还注重以日常事务和生活经验启发学生的道德观念、培养品性，进一步引导他们关注和帮助他人。例如在学堂中，年长者帮助年幼者、老学生照顾新学生；又如为了帮助周边难民，聋哑学生们一度曾节省出几个星期的零钱用以购买食物，济穷苦者之所急需。

善牧院（善牧院小学）

"困境"女孩的避风港

潘致远

善牧院（Good Shepherd Convent），1933年10月由法国善牧总院所派修女创办于贝当路910号（今衡山路910号），至1955年停办。

善牧会（Sisters of Good Shepherd）于1835年创立于法国昂热（Angers），旨在教养和保护误入歧途或无家可归的青年妇女，截止20世纪40年代在全球各地已设有350多个机构，1万余名修女看护超过10万名女孩和妇女。善牧会上海分院中建有寄宿的三层宿舍楼，与会院楼经走廊联通，另有建筑师邬达克（L. E. Hudec）设计的小圣堂，饰有土山湾制彩绘玻璃。在院服务修女计10余人，包括三位中国籍修女，其中两位中国籍修女分别毕业于徐汇女中和圣心女中。

院中开设寄宿学校，面向社会招生，不限身份，收容人数最多时约200人，教学及生活各项事务分属专人负责，包括教育、生活、衣物、膳食和医务等方面。学校分为两个部门，分别称为"汇光女校"和"慈光（音译）特殊学校"。

汇光女校（又称善牧会小学）为一般小学，接收八至十四岁的女童，设有一至六年级，每班十几人。学生出身有贫有富，对其中家境富裕者收取一定费用。英

1930年代，善牧院中的宿舍楼

1930年代，善牧会会院楼

文课程由外籍教师授课，中文课程除驻校教师外，还由震旦女子文理学院的学生实习讲授。在实习老师授课期间，驻校教师会前往震旦女子文理学院学习社会服务课程。课余时间学生可在院中音乐室、读书室、工作室、游戏场、菜地花园中参与不同活动，依据个人兴趣学习技能。

善牧会院里有大片的空地，民国上海市教育局局长来访时对于这片供学生玩耍的空间尤为满意，孩子们有时会在空地上组织野餐。离院外出的活动包括前往佘山一日郊游，参观山上的天文台，以及应其他修会机构邀请参加的活动，例如观赏慈幼会（Salesians of Don Bosco）修士和学生们排练的音乐舞台剧，或是前往圣心会院（Sacred Heart Convent，霞飞路620号，今淮海中路622弄7号）参观、野餐和游戏。

慈光特殊学校为"问题女孩"专门设立，只招收12岁以上由环境原因造成的困境儿童，或由个人性情导致的问题儿童，为她们提供指导和矫正，以穷苦人为多。大部分学生就读于高小一、二年级（即五、六年级），但也为小学以上的高年级学生开设特殊班级。上课时间为上午八点至下午三点，有中文课和英文课。业余活动有声乐、钢琴、手风琴、绘画、刺绣、编织、制裙，依据每个孩子的性情进行安排，家政和卫生是必修课。每个女孩的特殊问题会得到关照和引导。日常言行举止、举手投足有各种规矩，顽皮或是犯错的孩子不会被责骂，但会有温和而有效的方法敦促她们改正。超过学龄的女青年或妇女主要在工作室接受职业培训和训练，兼学伦理和家政课讲座。生产部门有手工、编织、刺绣、美术、油画、制衣等，出售手工艺品的收入用以部分维持院内运转之需。

两部门之间容留人员均行分隔，不相混合。学校宗旨在于指导女孩受到相当的学识与技能教育，年长者专习实践工作，以期将来离院能够维持自己生活;如有愿意终身留院者,亦悉听自便。大部分收容者离院后进入家庭或进入社会工作。

太平洋战争爆发后,善牧会修女被日军要求前往徐家汇圣母院接受拘留和管理,在善牧会修女请求下,得到许可兼职教书以赚取日常开销费用。1942年10月至1943年6月在善牧院内短暂开办幼儿园,招收21名三至五岁家境殷实的外籍儿童,收取学费。法、美籍修女提供每日上午的看护和指导(周六除外),课程包括唱歌、朗诵、讲故事、手工劳动以及游戏,使用法语和英语教学。同年计划7月至9月为五至八岁儿童开办暑期学校。

1946年,耶稣会期刊中善牧会修女形象

维持善牧会的经费来源,除学费和出售手工艺品收入之外,亦有国内外机构和个人的捐助:包括总部位于美国的天主教救援服务中心(CRS)、联合国善后救济总署(UNNRA),以及中国国民政府行政院善后救济总署(CNNRA)等机构在战后提供的补给品。此外,院中人员时常外出募款或寻找可用的材料以济所需,例如一些课桌便由收集来的旧箱子和木材制成。一些社会名流来访时会带来捐赠:例如1947年6月宋美龄访问善牧院,赠送了数量慷慨的米、肉和糖果等物资。每当有重要仪式活动时,女孩们会换上统一的衣服,并为嘉宾们献上演出:著名美国飞行员林白(Charles Lindbergh)上校在圣诞节期间,聆听了她们用中文演唱的《平安夜》;宋美龄到访时,女孩们则合唱了当时的中华民国国歌。

1952年善牧院将收容者分别安置或托付后,大部分修女前往中国香港开设分院。1956年,因宋庆龄用其所获"加强国际和平"斯大林国际奖金创建并命名的中国福利会国际和平妇幼保健院(当时位于长寿路170号)需扩建,上海市人民政府将位于衡山路上的善牧院旧址拨给该院。时有楼房两幢,占地面积11700平方米,经过改建,该院于10月迁入新址,继续致力于维护和发展妇女儿童的福利事业。

徐汇师范学校(类思师范)
徐家汇的杏坛春晖

杨 磊

"十年树木,百年树人"。徐家汇地区不仅名校荟萃,更是早在百余年前,就已开办起了一所专门致力于培养小学教师的私立师范:徐汇师范学校(Ecole Normale Saint Joseph)。学校以"完美其教育,给以教授应具之智识,及其施行之方法"为宗旨,并且附设有小学,供在读的师范生实习,以期将教育和教学融会贯通。作为徐家汇地区兼具师范教育和中等职业教育双重属性的教育机构,这所学校有着深远的历史意义。

徐汇师范学校初名类思师范学校(Ecole Normale Saint Aloysius),以纪念

1920年代,徐汇师范学校校舍

耶稣会的一位青年圣人类思·公撒格（Aloysius Gonzaga）。期许校内的青年学子都能效法这位圣人的牺牲奉献精神，将自己的青春年华奉献给儿童教育事业。创校时，各方面仍处于摸索阶段：《圣教杂志》主编潘谷声（字秋麓）兼任首任校长，而临时校舍也设在圣教杂志社（原址位于今教堂广场）的二层小楼内；由几名教友和耶稣会神学生担任教师；学生来自天主教会神职人员的推荐；有时会将两三个年级的学生集中在一起学习同一门课程。1921年，第一批招收的学生共有九人，学校要求他们必须年满15岁，并且取得高级小学的学业证明。

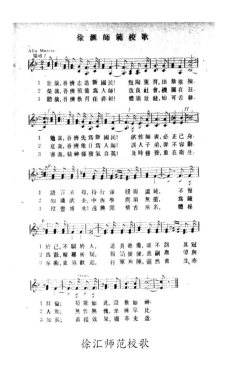

徐汇师范校歌

随着学校教务的飞速发展和学生人数的不断增长，师范学校各项软硬件设施日臻完善。1926年，学校改称徐汇师范学校。在时任校长杨维时的领导下，教职人员计有中文教师二人，数学教师、社会科学教师和辅助学科教师各一人，此外还有若干耶稣会神学生和修院修生前来襄理教务。一座可以容纳约100名学生的假四层新校舍（原址位于今徐家汇书院）拔地而起。新校舍增设了一间理化实验室，其中的重要仪器均采购自巴黎；此外还辟有一座藏书丰富和设备完善的图书馆。

与此同时，学校课程也做了一次极为重要的修订。前三年学习的课程包括七大科目，共计180学分：言文、教育、社会、自然、算术、体育和艺术，以求全方面地培养教育人才。第四年为教学实习，学生既能重新复习前三年的教材，又能根据自己的意愿和将来的前途，选择教授一门专业课。学校附属的汇师小学为学生提供了实习的机会，他们在师范学校教育学老师和汇师小学班主任的共同带领下，将课堂上学到的理论知识融入实践，练习各种教育方法，学习监督小学生的学业、散心和游戏，了解如何组织和管理一所小学。

四年学习期满,学生需要通过一系列的考评才能获得相当于初中学历的毕业证书。除了通常的各科笔试之外,兼有在附属小学的试教考试,综合评审口试各科教材、教学方法和进度、小学课程编制、行政组织,以及学生课卷的评改等方面。对于那些在某门学科中具有一技之长的毕业生,学校另行发给该科的特别证书。毕业之后的学生大部分会被派往教会开办的小学担任教师。如果希望获得更高层次的各类师范证书,他们也可以选择继续留校修业。

1928年,第四届毕业生合影

学校招收的除自费生外,还有免费生。自费生每学期须缴纳学费10元、伙食费30元、其他杂费据实收取。而完全免费和只免学费的学生,则需要在毕业之后承诺在传教区开办的学校服务三年或是五年。在此期间,不可自由易校,并且只能取用三分之二的月薪,其余部分归于储蓄账户,直到完成了约定的服务期后,方能取用。这项措施的施行,既是希望学生能够提供应尽的服务,也是为了让这些刚刚踏上社会的毕业生保留一些积蓄。

作为校内教育的重要延伸和补充,学校创办了《徐汇师范校刊》(1929年更名为《我们的教育》)。它按月向读者提供校园生活的新闻,在学校和校友之间建立联系,通过传递最新的教育学问题报告,继续提供培训。开设的栏目有:论说、讲坛、文艺、通讯、教学法、教育评坛、训育丛谈,等等。校刊的创办让那些被分派在农村小学孤独生活的毕业生,得以与学校和校友之间继续延续一份亲密的"关系"。

1931年,徐汇师范学校在向市教育局立案时,受阻于国民政府颁布的师范学校不能私立的法规,遂改组成为一所私立普通学校:汇师中学。尽管这所师范学校的存续时间不长,服务的群体也有其局限性,却为徐家汇地区的教育事业留下了重要的一笔。

小修院
中西交融之"圣心"

杨 磊

教区修院是徐家汇地区一所培养天主教神职人员的高等宗教院校,根据所学习的专业不同,下设文学、哲学和神学三座学院。其中文学院又被称为小修院,哲学和神学院被统称为大修院。小修院奉耶稣圣心为主保,又名主心修院(Seminarium SS. Cordis Jesu)。

这三座学院是平行的教学机构,虽然隶属于同一位院长管理,但各自有其规

1918年,新落成的小修院院舍

1920 年代，小修院老师和学生合影

定的独立专业，而每个专业本身即相当于大学本科或是专科水平。由于天主教会要求修生在学习神学之前必须具备扎实的哲学基础，而神学和哲学课程又都以拉丁文教授，因此产生了先文学、再哲学、后神学的前后次序。修生完成大小修院的全部学制共需九年（文学三年、哲学二年和神学四年），其间，还需经过一到二年的出试（即实习），经最终考试合格者，方可晋升为天主教会的神父，成为教区神职班中的一员。教区修院的全部学历及资格至少相当于研究生的水平。

小修院在迁来徐家汇之前的四分之三个世纪中，曾有着一段曲折的历史：1843 年 2 月开创于佘山脚下的张朴桥；当年 7 月迁往青浦横塘；1850 年再迁浦东张家楼；1857 年小修院因疏于管理而被迫关闭；三年后在董家渡重新开学；1867 年第一次迁至徐家汇，附设于徐汇公学内；经过 1878 年的再次外迁董家渡；随后又在 1901 年最终回到徐家汇；先后寄居于徐家汇天主堂北侧的八间头（原址位于今徐汇中学东南侧）和原天文台旧舍（原址位于今徐家汇书院范围内）；1918 年 9 月，小修院新院舍落成。

1918年，新落成的小修院圣堂

这座新院舍坐落于徐家汇天文台和大修院之间（原址位于今上海国有资产经营有限公司和 A. T. HOUSE 酒店所组成的地块）。主楼是一幢红灰砖砌成的二层楼房，长 62 米、宽 12 米。整座建筑自东向西共有 25 开间，正立面中部还有一层阁楼组成的老虎天窗。底楼是教室、自修室、食堂和散心间，北面有一座小教堂。二楼是教师办公室、医务室、修生宿舍。走廊位于房间的北面，楼梯置于两端。东侧大门处设有门房和会客室，主楼西侧单独建有厨房和附属房屋。南侧是一块漂亮的大草坪，上面划分出三片滚球场，西侧另有一片用作球场的草坪，以及一座花园。1943 年，由于小修生的人数不多，他们与一墙之隔的大修生合并，这座建筑被让给了学习基础拉丁文的备修生（又称拉丁生）。

张朴桥的第一批小修生分别来自江南和山东二省，此后随着南京教区的数次变迁和划分，最终小修院仅仅面向上海教区一地。他们大多是徐汇中学的备修生，在入学前已经获得了高中文凭。三年的文学课程主要围绕中文、法文和拉

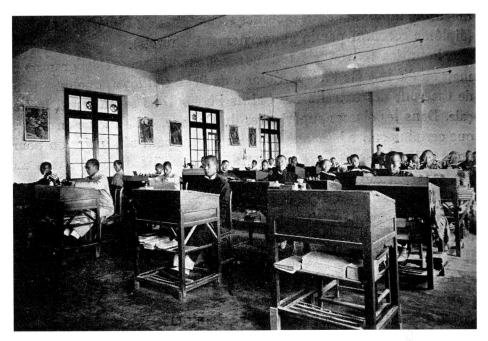

1920年代，小修院课堂

丁文展开。每天平均有五节课：两节中文、两节拉丁文、一节法文。中国文学是主课，其中包括中国历史、中华文明史和古典名著的赏析。小修生须重温"四书"、书经、诗经、礼记，精读《史记菁华》《汉书菁华》《古文辞类纂》等。在此执教的不乏蒋维乔、钟泰、周子美、王欣夫和程石泉等名师大家。拉丁文课程教授全部语法知识，以及讲解恺撒(Caesar)、西塞罗(Cicero)、维吉尔(Vergilius)等经典著作。法文课程力求通过选读最近四个世纪的名家著作来扩展和加深知识。这两门外语都是由神父负责教授。最后一年另设"哲学概论"课程，以便他们在升入大修院之前掌握哲学的基础理论。

小修生的住宿、饮食和教学等费用完全由教区负担。每天的日程从早上5点半开始至晚上8点就寝，没有丝毫懈怠的时间。除了上课和白修，每日早、中、晚三次的修行也是必不可少。闲暇之余的生活同样丰富多彩：他们时而前往震旦大学大礼堂，参加有关文学和艺术的演讲会；时而举办文学研读会，或是出版墙报，展示他们对于中文、拉丁文和法文著作的研究；时而三人组成一队，结伴外出散步;时而前往乡村别墅和佘山度假;或是打扫院舍,整理图书馆,举行各类体育比赛,等等,无一不足。

为使毕业之后的小修生能够获得教会和社会的双重认可,小修院在创办之初就鼓励应试当时的科举。时至 1947 年末,震旦大学开办文学院,大部分小修生就在该院中文系登记注册。毕业时,他们会和震旦学生一样参加毕业考试,获得文学学士学位。通过这样的方法,上海教区小修院在学业水平上,相较于其他教区的同类学校更高一级。

大修院
慈母之心育国风

杨 磊

教区大修院又称母心修院(Seminarium SS. Cordis Mariae),是一所专修经院哲学和天主教神学的宗教院校。它既是小修院学业的延续和深入,与之共同组成了完整的天主教神职人员培育过程,突显出徐家汇地区百年教育事业的丰富多样。

尽管教区修院在1843年时已经成立,但由于大修院课程的承前启后,因此直到1849年才有了青浦横塘的第一届攻读哲学的修生,而神学班更延后至1852年,才在浦东的张家楼开始课程;不出一年,这些大修生又被迁到董家渡,

1929年,即将落成的大修院院舍

大修院奠基石

以便主教在举行隆重礼仪时有人襄助；1856年，出试制度建立。两年之后，第一批大修生在经过14年的学业之后晋铎；自1872年起，大修生在董家渡和徐家汇之间三度辗转，终于在1877年迁定徐家汇。最初，大修院设于徐汇公学修士室（原址位于今徐汇中学东南侧），1899年，又搬去了几步之遥的八间头，期待着新院舍的兴建。

如今耸立在南丹路上的原教区大修院院舍，是徐家汇地区仅存的一座宗教院校建筑。从1929年落成至今已有近百年的历史，南立面至今仍留有1928年时安放的拉丁文奠基石。这座假五层的院舍由土木工程师潘国光设计测绘，朱耿陶辅理修士担任工程监督，耗费约20万元。整座建筑气势恢宏，平面为山字形，正立面宽18间，设三处入口，中部的山墙呈现出鲜明的巴洛克式风格。一二层设有教室、自修室和教师办公室等，三四层则是修生的宿舍。附设的教堂位于山字形的中间一竖处。院舍的南面和西面分别辟有操场和园地，修生在闲暇之余可以在此锻炼和耕种。靠近大门处另有假三层建筑一座，作为教员宿舍，顶层气楼设有教员图书室。宿舍二楼东面两间是主教房间，在惠济良主教任期，这里也是主教府的所在地。1943年11月，太平洋战争进入重大转折阶段，大修院一度成为徐家汇地区关押外籍传教士的集中营，来自徐州的加拿大籍耶稣会士被囚禁于此。

有别于小修院的招生对象仅限于上海教区，大修院面向江苏和安徽两省共10个教区的小修生，此后更有来自北方的修生入院继续学业，因此是一座地区性的总修院。修院经教廷教育部门立案，并由该部门直接领导。在此任教的大部分都是耶稣会和教区的神父。

1900年代，姚宗李主教和大修院毕业新司铎合影

大修院的整个学业分为三个阶段：哲学、出试和神学。每日的作息遵循着严格的规律。上下午各有两节课和自修时间，其间，安排有各种神业，或默想或省察。除了一日三餐，下午还有点心。散心、阅读和体育锻炼等活动更是做到了劳逸结合。

哲学课程包括逻辑学、神正学、宇宙学、伦理学、本体学、心理学和判准学，兼修哲学史、社会学、生物学和中文等。其中，对于中国先贤哲人的著作研究更是不可或缺：老子、孔子、孟子、荀子、墨子、庄子、管子等；而在史学方面，须研究中国历代史、中国史学史，以及中国经学史等。

两年的哲学阶段结束之后，大修生会被分配在不同的教会机构出试一年或二年，有的前往堂区协助传教，有的派去学校任教。此后，他们回到大修院继续为期四年的神学课程，学习信理神学、伦理神学、牧灵神学以及教会法、教会史、礼仪学和圣经学等课程。其中资质优秀者，还会被送去耶稣会神学院，以便考

1943年11月,徐州的加拿大籍耶稣会士在徐家汇大修院合影

取神学硕士文凭。经过了这七八年的学习和实习,修生才有望领受教会的圣职,成为一名神父。他们由教区主教派遣,前往教堂或是教会机构服务。

修院的生活大多给人留下封闭的印象,修生除学业和神业之外,似乎完全与外界脱离。事实并非如此,他们不仅在节假日结伴外出散步和度假,而且积极地以出世之心做入世之事。1948年初,大批难民从江北地区涌入上海,徐家汇附近聚集了数以千计的难民。大修生从教育难童入手,每周二、四两个晚上借用土山湾孤儿院的大厅教他们识字和算术;每周三次探望难民,分发大米、面粉、衣物、稻草和竹子;协助医生和拯亡会修女救助伤病,将病重的难民送往安当贫民医院治疗。

根据《江南修院百年鸟瞰》的统计,修院在一百年中(1843—1942年)共为江南传教区培养神父238人。此后直至1955年修院关闭,又有约50人晋铎。在这些人中,近半曾就读于徐家汇时期的大修院,他们成为徐家汇教育事业独具特色的一部分。

初学院
修身守正立心

杨 磊

初学院是设立在徐家汇耶稣会总院中的一所宗教培育机构,长期以来并不为人所熟知。学校重在宗教修行方面的锻炼,而非知识层面的教育。初学生在此学习耶稣会的会规,锻造服从和谦卑的精神。

早在耶稣会选址徐家汇建造会院之前的 1845 年,会长南格禄(Claude Gotteland)就曾向南京教区罗类思(Marie de Bési)主教提出,开设初学院招收本地会士的计划。鉴于当时江南地区正处于百废待兴的时期,相较于培养中国籍耶稣会士来说,教区更需要扩充自己的神职班,以巩固和发展教务。因此,这项

```
              NOVITII
          NOVITII SCHOLASTICI

Li Matthæus (李),        ingressus 30 aug. 1942.
Sen Ignatius (沈),           ,,        ,,     ,,
Ting Josephus (丁),          ,,      3 sept.  ,,
P'ei Alois. (裴),            ,,     30 aug. 1943.
Li Petrus (栗),              ,,        ,,     ,,
Ou Barthol. (吳),            ,,        ,,     ,,
Tsu Michael (朱),            ,,        ,,     ,,
Zen Ignat. (陳),             ,,        ,,     ,,
Zen Mathias (陳),            ,,        ,,     ,,

          NOVITII COADJUTORES

Ou Matthæus (吳),            ,,     28 mar. 1942.
Waong Josephus (黃),         ,,        ,,     ,,
Tcheng Petrus (鄭),          ,,     13 mar. 1943.
```

1942—1944 年度初学生名录
Novitii Scholastici 是读书修士初学生;Novitii Coadjutores 是辅理修士初学生

计划遭到了主教的拒绝,他命令教区修院的修生必须宣誓,在没有得到他的豁免之前,不能加入任何修会。

这样的局面一直持续到1862年耶稣会士执掌传教区,初学院于是得以在徐家汇会院成立。当年5月29日,第一批招收初学修士共计11人,其中9人来自徐汇公学,另有2人来自教区修院,这些初学生们事先都获得了传信部对于加入修会的豁免。他们中有马相伯、李问渔、陆伯都,以及奉贤南高桥的沈氏三兄弟(沈则恭、沈则信、沈则宽)等人。这些人此后不仅在天主教会内,而且在社会上都做出了极其重要的贡献。除了公学和修院,震旦大学也曾有好几位毕业生因加入耶稣会而开始初学。

耶稣会历来将初学视为培育会士过程中最为重要的一环,担任初学导师的都曾是修会内德高望重的老会士,例如:"儒莲奖"(Prix Stanislas Julien)获得者神学家晁德莅(Angelo Zottoli)、原天文台台长的蔡尚质(Stanislas Chevalier)、原传教区会长山宗泰(Eugène Beaucé)等人。无论是从上述例举的学生还是老

1862年,晁德莅神父和耶稣会初学生合影
第一排右一马相伯,右二李问渔,右三晁德莅

师来看,不难理解人们为什么将耶稣会士的培育称之为菁英教育。

有志初学的望会者都需要先写信给耶稣会会长神父提出申请,经过谈话之后,再前往四名指定的会士那里进行"面试"。会长神父最终依据各人的评语决定是否予以收录。初学阶段一般为期两年,主要包含六个方面的训练:①举行一个月的神操避静,《神操》是耶稣会创始人依纳爵(Ignacio de Loyola)的神修著作,这也是每一位会士在初学期间的训练重点;②不带钱,步行去各地朝圣一个月,通过沿路乞讨来磨练初学生的意志;③给儿童讲授要理两个月,实践传教方法,为将来从事传教工作积累经验;④去医院侍候病人两个月,由于初学生并不懂医学常识,所以他们在医院主要从事一些粗活,帮助患病的穷苦人擦洗伤口、涂抹红药水等;⑤下伙房帮厨两个月,削皮捡菜,在此期间不能与工友交谈;⑥打扫总院大楼卫生两个月。

每天日程从早晨4点半打钟起床开始。完成个人洗漱,举行早上的各种神业:拜圣体、默想、望弥撒等。吃完早餐,两三人一组缓步诵念玫瑰经。稍事休息便是上午的课程,由神师神父讲解耶稣会会规,随后进行讨论。接着再是各种劳动、休息、自修、省察。午餐和晚餐期间必须静默用餐,初学生被安排轮流坐在高台上为会院中的全体修士诵念饭书,中午念的是法文书,晚上则是中文书。遇到发音不准或是念错时,就会有一位负责的神父高声令其重念。耶稣会教导会士在吃饭时,精神不应集中于吃,而是应想着学习或是提高神修。自修时间往往会阅读一些宗教书籍和耶稣会士的传记。晚上8点半诵念晚课,预备好第二天早上的默想和省察之后就寝。初学生应与世隔绝,不准阅读报刊杂志,尽量少见或是不会见亲友。

金鲁贤主教也曾在回忆录中描述过初学院的纪律严格:"一起进堂公念经文,公望弥撒,公领圣体,公念圣书,除了三顿饭外,不可吃零食,身边既无零食,也无一分钱。除了休息时间外,绝对守默静,不准说话。总之严格的集体生活,一起行动,除了上厕所。"

1931年,耶稣会总院翻修一新,由几间大房间组成的初学院便设在了大楼的四层。一间作为初学生的公共寝室;一间作为自修室,每人各有一张自修时使用的小桌,写字台与祈祷时使用的跪凳连成一体。另外,还各有一间休息室和教

1930年代，耶稣会总院大楼

室，以及附设的图书馆，其中90％都为法文书籍。

为期两年的初学以宣发初愿告终，此时初学生才真正成为了一名耶稣会士。之后，读书修士继续攻读文学、哲学和神学课程，准备晋升司铎从事传教等工作。而辅理修士则开始各类专业知识的学习，以便将来协助修会处理俗务，在各种机构中发挥一技之长。

随着1949年春耶稣会初学院由徐家汇迁往菲律宾碧瑶（Baguio），这所存在了将近百年之久的特殊教育机构至此落幕。1993年，原耶稣会总院的大部分建筑开始拆除重建，初学院的院舍也一同湮没在了徐家汇的琼楼玉宇之中。

文学院

寒窗苦读香自来

杨 磊

在徐家汇的各类宗教教育机构中,耶稣会文学院(Junioratus)因其与教区小修院多有雷同,又没有属于自己的独立院舍和门牌,所以大有身在闹市无人问的境遇。

耶稣会士的培育过程非常漫长,通常需要经过初学二年、文学二至三年、出试二年、哲学三年、神学四年和卒试一年。进入文学院便正式开启了知识培育的阶段。尽管文学院的课程与小修院大致相同,彼此之间也经常互通寄读,但因各自属于天主教会内的不同体系:修会和教区,所以两座机构的领导不同,相互独立。

1842 年,耶稣会士重返江南。早期来华的这些传教士几乎已经接受了会士的全部培育,或已是神父,或已是辅理修士。其中只有少数几人尚未读完最后阶段的神学课程,而在 1862 年之前也没有国籍的读书修士。因此,直到 1864 年,第一批国籍初学生升入文学院起,耶稣会才开始在江南地区的文学课程。1873 年,耶稣会在中国的南北两个传教区曾有过探讨,计划将初学院和文学院设于讲官话的直隶东南传教区,聘请文人学士担任教职;哲学院、神学院和卒试院则设在江南传教区的徐家汇。这样的安排既能让青年会士熟练掌握官话,也能节省资金和人手。可是,北方的主教和会长都提出坚决反对,于是计划告吹,文学院仍旧留在了徐家汇。直到 20 世纪初,这项计划经过调整之后才最终予以实施:初学院和文学院设于耶稣会各自的传教区,哲学院设于献县张家庄,神学院设于上海徐家汇,卒试院设于芜湖,而外籍传教士的语言学校则设于北平德胜院。

与初学院的情况相似，文学院并不是一所独立的机构，它隶属于耶稣会总院管理，院舍也是借用徐家汇总院大楼的部分房间。文学院重在中文、拉丁文和法文的学习，为此后升入哲学院和神学院攻读打好语言基础。由于所学习的部分课程与小修院重合，他们会和小修生一起上课，共用一位授课老师。除了所学的课程之外，文学院每天的日程安排也与初学院几乎无异。与此同时，日常的各种神修训练也是不可或缺的重要内容。

管理文学生的往往都是耶稣会内富有名望的会士：惠济良、文成章（Louis Chauvin）、夏鸣雷（Henri Havret）等人。另一方面，通过延请的师资，也不难看出耶稣会对于文学素养的重视，修会认为做一名会士必须要从事写作、教书、讲道。这一切工作都离不开扎实雄厚的文学基础。作为一名国籍会士，第一要对国学有深厚的造诣。文学院的老师中不乏经学大师胡朴安、训诂学家朱香晚等社会名士，而耶稣会自己培养的王昌祉等人也曾在院中占有一席之地。

```
AUDITORES RHETORICÆ
        ANNO SECUNDO

Ting Franciscus (丁), Biblioth.

Tsiang Ignatius B. (蒋), Adj. bidel.
Wang Xaverius (王), Praef. cantus.
Waong Fr.-Xaver. (王), Excit., Visit. orat.
Yu Petrus (于), Bidel.

         ANNO PRIMO

Li Matthæus (李 Li), Visit. exam. matut.
Sen Ignatius (沈 Chen), Visit. exam. vesp.
```

1944—1945 年度文学院学生名录

国籍耶稣会士王昌祉出生于松江泗泾，23 岁加入耶稣会，先后在英国泽西岛和法国里昂攻读神哲学。晋铎后相继求学于巴黎天主教大学神学博士和巴黎大学文学,凭借《圣奥斯定与外教人之美德》和《王阳明的道德哲学》两篇论文,分别获得了神学和哲学的博士学位。回国之后,王昌祉被委以重任,担任小修院和文学院的国文教师、震旦大学哲学教授、《圣心报》和《圣体军月刊》主编、全国天主教华文刊物联讯处主任等职,曾编撰过4部丛书,36本专著。他在文学院教授孔子的《论语》、老子的《道德经》以及《庄子》的内篇七篇。

徐家汇耶稣会文学院图书馆章

而外国文学的授课内容主要是拉丁文大文豪的著作,以及法文散文家、诗人和剧作家的文章。执教的外籍会士也多著作等身。例如法籍会士滕国瑞(Henri de Parsay),他于1909年来华,精通拉丁文,著有拉丁散文集和语法书籍。他博览群书,记忆力惊人,读过的书几乎过目不忘;言谈之间可以随口背出诗词或短文;讲课时绘声绘色,朗读课文时表情完美、声调丰厚。

出试类似于实习,是文学阶段的延升和实践。在这两三年中,文学生需要走出会院的高墙进入社会。他们会被分派到耶稣会管理的各类学校中(徐汇中学、汇师中学、震旦附中等),从事教学或监学的工作。通过出试,既能将之前所学习

1930年代初,远眺翻修中的耶稣会总院大楼

的知识加以融会贯通,又能更加全面地了解耶稣会的组织结构和运作方式,为继续攻读神哲学做好准备。

1949年2月,王昌祉带领文学生经由澳门前往菲律宾,徐家汇耶稣会文学院结束了在中国的使命。抚今追昔回顾徐家汇的百年教育史,正是这些光亮犹如繁星点点般,使其在历史的时空闪烁出熠熠的光辉。

神学院

徐家汇最早的"国际学校"

杨 磊

耶稣会神学院是徐家汇地区成立的第一所教育机构,其正式名称为圣伯拉敏大学院(Collegium Maximum Sancti Roberti Bellarmini),是一所可以授予神学硕士学位的高等宗教院校。有别于为教区培养司铎的大修院,这所神学院主要面向在中国的耶稣会士,为那些准备晋升司铎的读书修士教授神学。

1920年代,神学院老校舍

神学院校舍（建于1936年）

整座神学院占地约19亩（原址位于今东方商厦、上海实业大厦和实业公寓所组成的地块）。有新老院舍各一座：老院舍平面呈"L"形，三层砖木结构；新院舍则是一幢四层楼高的钢筋混凝土建筑。共有教员和神学生宿舍约一百间，教室五间，附设教堂、病房和图书馆各一所。神学院西侧与徐汇中学新校舍为邻，南侧有一大块草坪，同耶稣会总院大楼相连。

1848年9月27日，因意大利爆发国内革命，三名还未完成学业的读书修士抵达上海，立刻出现了一个亟待解决的问题：他们需要在本地攻读神学。由此，耶稣会开始尝试在徐家汇创办神学院。鉴于人手的匮乏和场地的限制，这些神学生不得不先后迁往浦东的张家楼和靠近上海县城的董家渡，与教区的大修生一起学习。在此期间，他们不仅要完成自己的学业，还要在教区大小修院中兼任教职，讲授哲学和拉丁文法课程。耶稣会执掌江南宗座代牧区之后，1858年11月3日，神学院在董家渡正式成立，与教区的大修院各自分开办学。1872年，神学生迁回徐家汇住院学习。1909年，神学院的第一幢院舍在住院北面建成。不

20世纪初，耶稣会读书修士、神学修士和哲学修士在佘山郊游照

久之后，第一次世界大战爆发，神学院被迫于1914年关闭。所剩为数不多的神学生，或是返回欧洲，或是转往教区大修院就读。1930年10月，耶稣会在华的九个传教区（河北景县、献县、大名，安徽安庆、蚌埠、芜湖，江苏徐州、扬州和上海）共同决议重新恢复徐家汇的神学院，并且向教廷教育部门申请升格成为"大学院"。随着神学生人数的不断增长，耶稣会神学院与徐家汇住院分立。1936年夏，徐家汇神学院新大楼建成。

神学院在行政上虽然隶属于中国的九个耶稣会传教区领导，但因其院址设在上海的徐家汇，所以直接负责管理的其实是上海的耶稣会会长。自1930年正式成为大学院起，共有五任院长：姚缵唐（Yve Henry）、凌安澜（Leopold Brellinger）、桑黻翰（Pierre Lefebvre）、殷保禄（Paul O'Brien）和翟光华（Charles McCarthy）。学校的组织与普通的大学或是专科学校大相径庭，仅设院长（兼教务主任）、理家和账房各一人，分掌神学院的教务、总务和财务。在此授课的教员中外籍兼有，常年在10人左右。

在院的神学生绝大部分是耶稣会士,另有少数预备考取神学硕士学位的教区大修生。学生的国籍可谓是五湖四海,据统计,最多时有来自 16 个不同国家的神学生在此就读。他们在入院前必须具备相应的资质:①高中毕业;②完成两年的文学学业和三年的哲学学业。此外,那些外籍会士还需要先在北京的德胜院学习中文二年,并且辅修中国历史、文化、风俗、习惯等科目。

神学院学制四年,所授课程相比教区的大修院更为丰富,分为主副两类:主课为天主教神学,有 30 门之多;副课则包括伦理学、教会法、教会史、圣经、希腊文、希伯来文等科目,所有课程均以拉丁文教授。外籍学生每星期另有五小时的中文课程。院内的日常生活严格遵循耶稣会的安排,在学习、自修和阅读之外,每天还需要履行各类神业。星期四和星期日为假日。

由于耶稣会的培育通常需要经过初学、文学、哲学、出试和神学的漫长阶段,整个培养过程长达十四五年之久。因此,不同于教区的大修生,神学生在通过了神学第三年的考试之后,就会提前一年晋升司铎。然后再次回到神学院,完成第四年的学业。毕业之后,他们或返回各自的传教区,或被派至教堂讲道和施行圣事,或在大中学校执教,或研究科学,或管理施诊所、孤儿院等。

神学生不论国籍,在就读期间既享受完全均等的待遇,也无须缴纳任何费用。他们的各类经费(饮食、洗衣、水电、房屋修理、书籍、教员、医药、衣着等)由九个传教区按照各自在院神学生的人数比例分摊,每月结算一次。1949 年时,每名神学生每月的费用约在一百二十个折实单位(以实物为基础而以货币折算的单位)。

1953 年 6 月 15 日,耶稣会神学院结束了在中国的使命。百余年间,从这里走出的许多人,又继续在徐家汇这片土地上的教育、文化、慈善和科学机构中辛勤耕耘,使这里成为中西文化交织共融的源头。

圣若瑟院

从初学走向成熟

陈嘉仁

圣若瑟院（Noviciat des Auxiliatrices du Purgatoire，又一法文名为Seng-Zaseh-Yeu 或 Seng Za-sè yeu）坐落于今漕溪北路建国宾馆的东侧。它的故事分为两个部分，前半段故事中它是私家花园别墅，亦称宋氏山庄。后来宋老夫人将山庄捐给教会，因其位置距离圣母院步行距离约五分钟，于是拯亡会接手后作初学院，改名圣若瑟院。因此，它的后半段故事则是徐家汇拯亡会初学院的发展历程。

圣若瑟院
（拯亡会初学院）

宋家来自浙江海宁，历来信奉天主教，其成员宋书升在宁波的天主教会学校学习，20岁到上海，通过教会联系在法国某丝商处工作。起初他负责生丝收购和出口业务，后涉猎金融，担任法资银行（Comptoir d'Escompte de Paris）上海分行的华方经理，积聚一定财富后，他大量投资法租界及其附近的房地产。由此，拥有法租界一半地产的宋家被称作"宋半界"。

还未发迹时，宋书升就与闵行镇（现上海闵行区江川路街道，俗称老闵行）的教友世家吴氏成亲，育有三子六女，子女多又与沪上背景相近的天主教实业家结亲，其中包括南市从事沙船业的朱家和爱国教育家马相伯所在的马家。

1895年宋书升去世，在各房分家后，其遗孀宋老夫人搬到当时上海郊区徐家汇的宋氏山庄颐养天年，未曾想不久后小儿子宋永康感染肺病，不幸病故。痛失爱子的宋老夫人将年仅19岁的儿子安葬在宋氏山庄，日日与之相伴。

在天主教的传统中，虔诚的信徒为了使在炼狱中的亲人能够尽快赎罪升到天堂，会为亲人诵经祈祷，还会请修女代祷。宋家人十分虔诚，宋老夫人的一位女儿加入圣衣会（Carmelites）成为经座修女。宋老夫人自己日日虔诚祈祷之外，还会请圣母院的拯亡会修女来宋氏山庄代祷，并决心将自己的部分地产捐给教会。

故事的另一半与拯亡会的初学院发展有关。1867年12月5日，拯亡会的圣心修女和保禄修女抵达上海，1868年1月4日第二批共计四位修女再次登岸上海。拯亡会派修女到江南时，是一个非常年轻的团队。第一批到沪的修女中，除了圣心修女资历较深以外，其他修女都非常年轻，她们尚未发终身的大愿，有一些还在初学阶段。从通信档案中可以看到拯亡会的创始修女曾有诸多忧虑，担心到上海的年轻修女是否能理解和忠于修会，坚守使命。于是创始修女提出江南的拯亡会团体需要尽可能地与巴黎的团体在修道生活方面保持一致。

到上海后，圣心修女写给巴黎的信中除了汇报修会在上海的工作外，反复提出申请，希望总会能派更多的修女来上海帮忙。拯亡会修女来到上海之前，有志于奉献教会的中国女子在薛孔昭（Luigi Maria Sicca）司铎的提议下成立了一个善会——献堂会。而拯亡会修女此次来沪的使命之一是培训和帮助中国贞女。

1912年，宋太太手指着捐献若瑟院碑石照

六位修女到沪后不久，从上海和周边地区前往当时拯亡会修院所在地——王家堂聚会的中国贞女已有220人之多。

在档案中有一位首批成为拯亡会初学候选人的中国贞女回忆道：她出身于天主教家庭，16岁进入王家堂的寄宿学校（即后来的徐汇女子中学前身），第一次看到圣心修女和保禄修女的时候，觉得她们看上去像天使一样，每天都忍不住要观察她们。晚上就寝的时候，学生睡在上铺，两位修女睡在下铺，她透过床板的缝隙观察西洋修女。后来她们之间相互学习语言，慢慢地就能互相理解了。逐渐地，她感受到修道的召唤。

可见，拯亡会在上海建立初学院，让更多有志修道的女孩受训，迫在眉睫。于是圣心修女和晁德莅（Angelo Zottoli）司铎商议后认为可以在上海尝试开办初学院。

1870年8月13日，拯亡会在上海开始尝试培育初学期修女，意味着拯亡会初学院的设立。首批进入初学院的中国女孩有7位，三个月后，又有11位女孩加入。尽管想入会的候选人都需要进入初学院,但是进入初学院的初学生并不会全部加入修会,其中的一些人最终成为教会学校的女教员。1873年11月15日,第一批中国籍拯亡会修女发愿,代表初学院的第一次结业。

1884—1890年,因为各种原因初学院停办,直至1890年1月2日才恢复。在圣若瑟院成立之前,拯亡会的初学院团体从徐汇圣母院迁去洋泾浜若瑟院,又从若瑟院到虹口圣家院,1894年后重回徐汇圣母院。

1914年宋家老夫人去世,宋家按照她的遗愿将宋氏山庄捐给教会。1916年拯亡会接手花园并开始装修。1921年4月29日拯亡会初学团体搬过去,易名宋氏山庄为圣若瑟院(le Jardin St. Joseph/Seng Za-sè yeu)。若瑟是长眠于此的宋永康的圣名,此举也是为了纪念他。有了固定的场所之后,拯亡会还在同年开办了面向社会招生的经言小学/外学堂(即后来的漕溪北路小学,1992年并入汇南街小学)与面向教友子女招生的经言小学(l'Ecole Pie X,即后来的汇南街小

1930年代,若瑟院花园亭子

学,今光启小学),此外每天还有住在附近的信徒到圣若瑟院前来慕道。

1937年,拯亡会的初学院于因战事停办。在抗日战争期间,这个上海郊区徐家汇的私家花园打开门户,又有了新的故事:此地接纳了不少从各地蜂拥来徐家汇的难民。

圣诞女校
献堂会的摇篮

陈嘉仁

1913年圣诞女校（Ecole Apostolique de la Nativité）从后来的徐汇女子中学（Pensionnat du Sen-mou-yeu）分出独立。直译其法文名，可以发现原本指的是在徐汇圣母院中的寄宿学校。

19世纪中叶，江南的本地贞女因为信仰聚集在一起，组成一个平信徒组织，名为献堂会。1864年，献堂会贞女从青浦横塘迁至徐家汇附近的王家堂（位于

1910年代，圣诞女校前合影

今南丹东路)管理经言小学,讲授经文常识,并教授刺绣等传统手工艺。待1867年,拯亡会修女自法国来沪后,献堂会贞女受拯亡会修女管辖。同年,徐家汇圣母院落成,王家堂的经言小学迁入圣母院,发展成为以教友家的女童为招生对象的寄宿学校。

起初,除了献堂会的贞女外,寄宿学校的生源十分有限。其学生绝大部分是年龄在18~25岁之间的江南地区贞女,她们的学习任务包括最基本的读("四书")、写(书法),以及烧饭、洗衣服、缝补等生活常识与手工。寄宿学校的贞女既是学生,又是教员,课余她们还会拨出时间去圣母院附近新开办的经言小学教更小的孩子们识字、讲道。

徐家汇圣母院的寄宿学校是上海天主教办的第一所女子学校,随着该校名声愈盛,住在董家渡附近的教友家庭开始愿意送他们的女儿到寄宿学校学习。上海各堂口也会推举一些女孩前来求学。于是徐家汇圣母院教友寄宿学校开始发展,至1880年,校内寄宿生已达105人。只是此时的住宿生年龄差比较大,家庭条件也各不相同。

1895年,多明我修女(Mère St. Dominique)任徐家汇圣母院院长并掌理寄宿学校教务,她发现很多女学生靠死记硬背学习,无法理解文字背后的深义。为此,她提议调整寄宿学校,据《徐汇女子中学七十周年纪念》中载,"1897年为着促进学业起见,按照学生的年龄分作两份,即小圣母院和大圣母院"。在圣母院成立30周年之际,寄宿学校被分为两部,大圣母院培育有志为教会服务的中国女孩,包括想要修道的和想要成为教员的女孩,并于1913年更名为圣诞女校。年龄小的孩童则在小圣母院,即寄宿学校的普通教育部,1898年定名崇德女校,小学部学习更基础的知识,后来中

1929年,崇德女校校章
(拯亡会巴黎总院藏)

圣诞女校:献堂会的摇篮 | 099

1920年代,献堂会初学生

学部则因注册问题更名为徐汇女子中学(即今上海市第四中学前身之一)。

在拯亡会的协助下,献堂会贞女的培训更加规范化,圣诞女校作为献堂会的初学院在圣母院中稳定发展。圣诞女校最低入学年龄是12周岁,但也有30多岁的初学贞女。与普通学校不同的是,进入圣诞女校的初学贞女是为了学习如何度团体生活,为之后的修道作准备。在校期间,一般由高年级的贞女带领低年级的贞女研讨修行体验,如此可以帮助她们抽丝剥茧地厘清圣召(vocation)的意义,促进经文的学习,实践各种祈祷方式,学会自我省察。

圣诞女校的时间安排非常紧凑,反映教会办学的一贯作风。从礼拜一到礼拜五,早上五点四十五起床,到九点半一直都有严格的安排。除了上午十点能够在花园里走动、晚上七点半开始的十五分钟自由活动,其他的时间被两大部分活动所占据:学习和修行。前者所含的内容有国学和教理,后者包括默想、念诵经文、省察、弥撒和祈祷。即使是周末也有固定的安排,她们的假期比教友寄宿学校的学生要少。

20世纪初,圣诞女校学生合影

随着申请进入圣诞女校的人数逐渐增多,陆续确定了一些贞女的选拔条件:如需要出自虔诚的教友家庭的女孩,其中不乏司铎的亲眷;需要具有良好的品格,能成为他人的榜样;需要有一定的"社群"影响力。同时,基于她们所服务的事业,她们都是有耐心、爱小孩、吃苦耐劳、好学、有热情的女子。

圣诞女校中初学贞女的培训分为两个部分:前半部分在初学院内过集体生活,包括基础知识的学习和作为修道者的培训,称为初学两年,最后一年为出试,按照拯亡会修女和耶稣会司铎的安排,会派遣她们去各堂口工作——这也是贞女们日后职责所在,完成出试后由司铎决定是否可以发愿成为献堂会贞女(法语称这些贞女为 Présentandines),而发愿贞女会获得一块圣牌,领受她们的使命。

1873年9月8日,第一批三位献堂会贞女在弥撒后发愿:她们会忠于服务教会和忠于托管事业。这三位贞女可以算得上是圣诞女校最早的"毕业生",之后她们即将启程,克服重重困难担负起传教的任务,走出圣母院,去到各堂口,发挥她们的仁爱,照顾孩童、施药救助、照顾堂口日常事务,管理隶属于堂口的经言学校,讲授教理。

1930年代,在圣母院中的发愿贞女照

献堂会贞女是圣诞女校的毕业生,她们每年都会回到徐家汇圣母院进行年度避静,并且重宣为教会服务的誓愿。之后她们就会带上圣母院给堂口的物资补给,再次投入最需要她们的堂口工作去。

徐汇女子小学（漕溪北路小学）

同是那颗启明的星

张晓依

在徐家汇，还有一所小学，它早已湮没在历史长河中。这所学校同样是早期中国女子教育的一部分，纵观其校史，其历史长达百年，而且与三所不同级别的学校均有关联。它就是：徐汇女子小学。

当我们顺着历史上溯，依然可以追溯到那所1867年在王家堂创办的"经言小学"。这所"经言小学"迁入徐家汇圣母院并成为寄宿学校的一部分，1898年后发展成了中小学合制的崇德女校。1904年，又在今天钥桥路100号校址另设专收外教女生的启明女校。民国初年，两所女校均根据当时教育部的新政，将学制改编为四三四：即初小四年、高小三年和中学四年，从此这两所女校都开始分设小学部，1923年和1924年，崇德女校校方还分别为中学和小学部建起了新的教学楼。自此，其历史始终是后来的上海市第四中学校史一部分。

1931年和1933年，启明女校的中学部与小学部分别向当时教育局备案。之后原启明女校的小学部更名为启明女中附属第一小学，直至1946年停办。

1934年，崇德女校在跟当时的教育局立案时，由于与之前已立案的另一所"崇德女中"重名，只能将中学部更名为"徐汇女子中学"，小学部更名为"徐汇女子小学"，借以纪念明末科学家、思想家徐光启，自此两校在注册上各自独立。徐汇女子小学是一所包含初小和高小的完全小学。1944年，徐汇女子小学还在校园内增设了幼儿园，称为徐汇女子小学附属幼儿园。

1953年，徐汇女子小学更名为私立蒲东路小学，幼儿园改名为蒲东路小学附属幼儿园，依然隶属于蒲东路小学。

1956年，蒲东路小学改为公立，并更名为漕溪北路小学，自此彻底与已更名为上海市第四女子中学的原"徐汇女子中学"分立。同年,创办于1938年,位于徐家汇沈家宅的正本小学附属幼儿园(1946年增设)停办,小学部在更名为汇南街第二小学之后也并入蒲东路小学,正本小学原址即今天光启小学校址,直至80年代才由汇南街小学迁入该校址。

同年,原附设在徐汇女子小学校内的幼儿园独立建制,并更名为漕溪北路幼儿园。漕溪北路小学与漕溪北路幼儿园长期共享一个校园,为前后两幢楼,中间由一排平房隔开。

1992年,该校与汇南街小学合并。1995年,漕溪北路幼儿园撤销,之后两校位于漕溪北路上的原址曾作为上海市第四中学的分部,直到2000年前后拆迁建造中金广场。2002年,汇南街小学与天钥桥路小学合并,并更名为光启小学。

虽然无论是建制还是原址,漕溪北路小学都早已成为过去,但这所学校在历史上曾与上海市第四中学、光启小学(原汇南街小学)、漕溪北路幼儿园三所不同级别学校都产生过交集,在徐家汇的百年教育史上,应有它的笔墨。

徐家汇地区的私立学校

璀璨的点点繁星

张晓依

与徐家汇的公立学校和教会学校相比,徐家汇的私立学校虽然算不上出彩,却犹如夜空中的点点繁星,让徐家汇的百年教育史更加璀璨夺目。

根据《徐汇区教育志》的记录,徐家汇地区的私立学校数量众多,仅能找到名称的私立学校就多达 25 所,截至 1949 年时,还存 21 所。

其历史最早可以追溯到光绪三十三(1907)年,这一年,后来的光华大学创始人王丰镐在当时法华二十八保的一户民宅内开设塘子泾小学堂,这所学校仅存在两年便停办。之后的宣统二年(1910)年,清政府的统治早已摇摇欲坠,面临内

光华大学校门
(图片来源:上海文化总库官网)

民国时期，唐文治像
（图片来源：西安交通大学
文治学院网站）

忧外患的窘境，赫赫有名的教育家、国学大师，当时担任南洋公学校长（上海高等实业学堂监督）的唐文治在徐家汇开设了"兴业小学堂"，虽然仅仅五年后，这个学校就改为公立的法华乡立第二初级小学，并搬离了徐家汇，但从此，私人办学便如雨后春笋般破土而出。

1913年，徐联科将家塾改设为私立汇西初级小学，位于徐家汇西宅，这所学校最终在1949年之前就已停办。然而徐联科1923年在徐家汇的张家祠堂内开设的汇西小学分校却一直存在到1956年。

1926年，私立南洋模范中小学（今南洋模范中学）校董沈叔逵在海格路（今华山路）家中设立培真学校，这所学校主要为小学班，并附设幼儿班，供教师子女学习，这也是有记录可查的徐家汇地区最早的私立幼儿园。1930年这所学校正式定名为培真小学，幼儿园1956年停办。

同样是在1930年，上海龙华张氏医家的第九代传人张蔚云在姚主教路（今天平路）157号开设了明德小学。1933年张思树在徐镇路开设了新业小学。1936年，盛淑英受邻近孩子家长们的要求、鼓励和支持，先划出海格路亲仁里的自己居室一间办幼稚园，一学期后又让出卧室办小学一年级。1937年春，租赁姚主教路137号为校舍，增设班级，正式挂牌私立淑英小学，附设幼稚园，幼稚园于1956年停办。同样在1937年，毛经义在姚主教路开设了复华小学。1938年，左翼作家、时为中共上海市文化工作委员会成员的陈少卿（梅益）在海格路开设了滋德小学，同年，曾毕业于东南大学教育科的盛朗西、王生昌则在三角地西陈家宅（今光启小学所在地）开设了汇南小学。1939年，沈尚孝在徐家汇沈家宅路5号开设了正本小学，并在1946年增设幼稚园，幼稚园于1956年停办。同样在1939年，曹兴棣在徐家汇西塘子泾开设了丽荫小学（原址位于今塘子泾小区），1942年汪伪政权执政后停办直至1946年改在徐虹路复办，并改为市立，改名为光济国民小学。

1940年，唐岳、张静英二人在天钥桥路（马家宅）开设了培才小学。1942年，王子循在海格路的亲仁里办起健文小学,这所学校于 1947 年停办;同年陈修明在台斯德朗路(今广元路)上开设修明义务小学。1944 年,包大用在海格路亲仁里开设了大用小学。1947 年,翁丽生在贝当路孝友里 74 号(原址后曾为太平洋百货)建立汇文小学;同年,许云桂和张敬训在同一条同仁街上分别开办了健行小学与式训小学。1949 年,史伟明在徐家汇殷家角开设群伟小学,不久后即停办;同年,曾任安徽省立含山中学校长的叶伟珍在天钥桥路启明新村 45 号开设达仁小学,吴育莲则在不远处的赵巷开设恩光小学,顾观涛在姚主教路 179 弄开设育莘小学,并设幼稚园,王绮兰在虹桥路 234 号开设笠夫小学。

在 20 世纪 50 年代后,这些私立的小学校都进入了新阶段。50 年代初,这些私立的小学被大量合并:先是 1950 年,复华小学与育莘小学合并,各取一字定名为私立莘华小学;1954 年,莘华小学又与大用小学(当时已更名为自明小学)合并沿用私立自明小学名称;1951 年,汇文小学与明德小学合并,各取一字改名私立汇明小学;同年光济国民小学更名为徐虹路小学。

1953—1956 年间,私立小学又经历了一波变动。1953 年,笠夫小学率先更改为公立,并改名为塘子泾小学。1956 年这些私立小学纷纷改为公立,并再次进行了合并。滋德小学与修明义务小学合并后更名为广元路小学,之后培真小学与 1950 年建立的合群小学(当时已更名为虹桥路第二小学)也一同并入。私立汇明小学改名为衡山路小学,淑英小学改名为天平路第二小学,私立自明小学改名为天平路第三小学。汇西小学分校和新业小学合并,定名为徐镇路第一小学。健行小学和式训小学合并成立徐镇路第二小学。徐虹路小学则与华山路儿童晚班合并,迁至蒲汇塘路慈云小学原址,更名为蒲西路小学。培才小学、达仁小学、恩光小学与天钥桥路儿童晚班合并,更名为天钥桥路小学,三校附设幼稚园也合并更名为赵巷幼儿园直至 1995 年撤销。汇南小学更名为陈家宅小学。正本小学更名为汇南街第二小学后与前身为徐汇女子中学附小的蒲东路小学合并,更名为漕溪北路小学。1958 年,衡山路小学和前身为公立交通国民学校的华山路小学再次合并,定名为华山路小学。1959 年,陈家宅小学也并入漕溪北路小学。之后各校附属幼稚园也大多停办。

1964 年,广元路小学并入天平路第三小学。1977 年,徐镇路第一小学并入徐镇路第二小学。1979年,塘子泾小学并入1960年创办的南丹路小学。

时光进入20世纪90年代后,随着独生子女政策的落实,入学适龄儿童逐渐减少,徐家汇的学校再次开始了新一轮的合并:1991年,天平路第二小学并入天平路第三小学。1992年,漕溪北路小学并入汇南街小学。1993年,徐镇路第二小学并入华山路小学。1995年,华山路小学并入南丹路小学。2001年,天平路第三小学并入高安路第一小学。2002年,蒲西路小学并入汇师小学,天钥桥路小学则与汇南街小学合并,更名光启小学。2007年,南丹路小学并入汇师小学。最终形成了今天徐家汇的小学格局。

纵观来看,一方面相比徐汇公学、南洋公学等教会和公立学校,徐家汇的私立学校均为小学和幼儿园,开办也在20世纪之后,规模也较小,甚至有不少利用民宅创办的"阁楼学校";另一方面其创办人背景也相对复杂,既有张蔚云、唐文治、沈叔逵这样受中国传统文化浸润的知识分子,也有王丰镐、盛朗西这样受现代文化影响的新式知识分子,还有投身于革命的陈少卿(梅益)等。因此在百年的教育史中,这些私立学校无疑是"冉冉升起的新星"。虽然今天,它们大多只留存了零星史料,但正是这些历史上的只字片语,留下了百年前的各界有识之士们对于中国未来的希望。

徐家汇地区的成人教育
看，那道光！

张晓依

除之前所述高等教育、基础教育、职业教育、特殊教育等门类外，徐家汇地区的成人教育也可圈可点。徐家汇地区的成人教育最早可以追溯到1933年，当时中华职业教育社黄炎培和旅日爱国华侨领袖叶鸿英，在上海县漕河泾（今徐汇区漕河泾街道）创办了农学团。农学团在沪西各处农村创办平民学校，其中也在土山湾设立平民学校，利用业余时间教育附近乡民读书识字、学习文化；之后的1934年，大中华橡胶厂在其附属的职工子弟小学又附设工人业余学校，针对厂内的工人招生，开国语、常识、算术三科，每天学习二小时。在此之前，就已经有不少在画坛崭露头角的青年画家，利用业余时间来土山湾画馆旁听西洋绘画的课程。

而徐家汇的成人教育真正走入正轨，已经是20世纪40年代的事情了，与之前的教育门类相比，虽然徐家汇的成人教育远算不上最早，但无论从创办人还是招生对象来看，成人教育更有百花齐放的特色。其中，徐家汇地区产生过重大影响的成人教育机构，主要是交大民众夜校和震汇义校。这些夜校都犹如一道光，为这些成人学生的生活打开了一扇窗。

根据上海交通大学官网的记录：1946年五六月间，上海基督教青年会所属的学生救济会，拨给交通大学一笔经费，以半工半读形式救济清寒学生。当时，学校决定办一所民众夜校，由清寒学生担任教师，发给授课津贴。校方将创办民众夜校的工作交给周蔚芸、何孝俅负责，教会方面派叶鹿靖担任校长。徐家汇地区成人教育由此发源。

后来加入中国共产党的穆汉祥热心积极地参加了创办民众夜校的工作，付

大学时代的周蔚芸、何孝俅
（图片来源：上海交通大学·新闻学术网）

出了大量精力和心血。1946年11月，周蔚芸转学清华大学（不久又转回交大），穆汉祥代替接任教务主任。1947年上半年，叶鹿靖离开学校，黄香国任夜校校长。

民众夜校招生对象为交大附近的失学儿童和青年工人，设儿童、成人两组，共计6个班。原来基督教团契办的一个儿童班也并入夜校。起初，课程设置以文化课为主，有国语课、算术课。在穆汉祥等教师的反对下，夜校并未设置宗教课程；在穆汉祥倡议下，还设置了常识课，内容除自然科学方面的基础知识外，大部分是时事政治，从《群众》《文萃》等进步刊物上选取资料供学生

震旦大学办的夜校（震汇义校）第一届毕业生留影

徐汇中学出版《徐汇校闻》中关于震汇义校的报道（1947年第4期）

学习，使夜校真正成为工人的学校。之后民众夜校成为当时地下党重要的党支部活动据点。该校学生也从初创时期的100多人发展到后来的300多人，成为当时全市最出色的夜校之一。为无数工人带去了来自未来的一缕曙光。

除交大的民众夜校外，还有1947年震旦大学在徐家汇创办的震汇义校。该校于1947年12月正式开学，针对全社会招生，共分男女两部，上课时间为每天晚上七点到九点，课程除语、数、英之外，还有日常生活用的尺牍（写信）课，适合职业用的簿记课、音乐课等。

震汇义校的课程分类非常多。其中男子部授课地址设在徐汇中学南门（今靠近圣爱广场一侧的校门），分特别班、高级班、中级班和初级班四组，特别班和高级班所授课程为初中文化程度，中级班所授课程为小学四至六年级文化程度，而初级班即识字班。第一批学生为60多人。

女子部授课地址在徐家汇联保办事处（今已不存），分为中级班和初级班。第一批学生有30多人。

义校的第一批教师大多是震旦大学在徐家汇的校友，也有个别交大、上医的毕业生，均为义务教学。

除震汇义校外，徐家汇地区的徐汇中学圣母会也针对徐家汇地区的工人，开办了工友义务夜校。这一夜校的教师同为义务教学。该校在每学期期末会进行测验,并举办休业(结业)典礼,在典礼上,对成绩优异的工友,会发放日用品以示奖励;成绩虽不出类拔萃但学习用功者,也都有少量奖励。

除了以上几所规模较大的夜校外,还有很多设在厂中的工人夜校,这些夜校不仅改变了这些穷苦学生的人生,而且也为徐家汇的教育添上了浓墨重彩的一笔。

教程与教材

光緒二十三年九月
上海徐家滙天文臺 著
土山灣慈母堂 印

《法兰文字》

徐汇公学早期自编法文教材典范

雷舒宁

被誉为"西学东渐第一校"的徐汇公学，是沪上最早开展外语教学的学校之一，教授语种涵盖拉丁文、法文、英文等。徐汇公学向来有编纂教材的传统，包括《古文拾级》《汇学课艺》在内的诸多教材留存于世。成书于1855年的《法兰文字》（Eléments de la Grammaire Française），为已知编纂时间最早的徐汇公学自编教材，是了解学校初创时期法语教学情况的宝贵史料。

《法兰文字》为徐汇公学使用的法语语法教材，编者署名"极西耶稣会士"。全书篇幅不长，包括正文72页，附录3页。

正文内容分两部分。前半部分（第1页至42页）用中文介绍法语语法要点。该部分以"序说"开篇，"序说"综述法语各项语言要素，包括25个法语字母及各类字母发音组合，标点含义、用法等基本书写规则，概括、罗列法语的10种词类，并在后文分10个章节逐一介绍。10种词类分别为：名（名词）或自立之名（体词）、附名（冠词）、依赖之名（形容词）、指名（代词）、言（动词）、通言之名（分词）、状辞（副

1855年版《法兰文字》封面

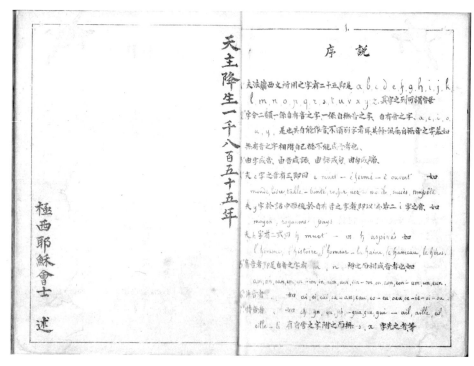

1855年版《法兰文字》序说

词)、前辞(介词)、连辞(连词)、猝辞(感叹词)。第五章"论言"为重点章节,用较长篇幅介绍了法语中动词变位的规律,其余章节内容均很简短。

正文后半部分(第43页至72页)名为"西文译课",书页左右一分为二,左侧为法文文本选段,右侧为其中文译文,中法文左右对照,以便学生将前书所学语法知识用于文本解说。依照选文主题,"西文译课"内容可分为四部分:一为《凡教友所当笃信知行之总说》,二为《信德诵》等早晚课经文,三为《蝉蚁喻》等三篇《拉封丹寓言》故事,四为天主教内的唱经歌词。

书末另有附录三页,罗列了七个主题的法语例句,供学生参考如何用不同的句型表达请求、同意、感谢等。

《法兰文字》虽然内容简短,但编写逻辑清晰,是一本简洁、实用的语法小册子。例如在"论言"(动词)一章中,清楚地罗列了各种人称、语式、时态下,动词变位的规则,方便学生对比、理解与记忆。除知识点的记述外,编者试图以语法为

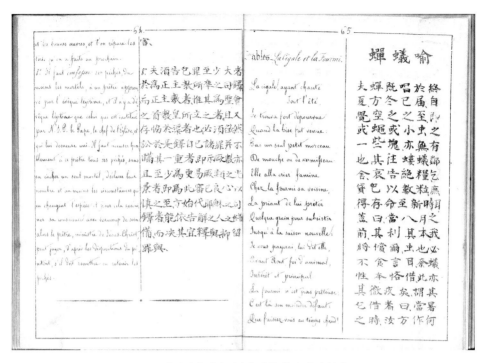

1855年版《法兰文字》中的拉封丹寓言译文

切入点,向中国学生展示法语的语言特点。与表意的汉字不同,法语是典型的表音文字,"由字成音、由音成话、由话成句、由句成端"。《法兰文字》立足法语遣词造句的逻辑,放弃堆叠单词、文段的编书方法以及死记硬背的教学方式,让学生从词性、语法、句法等基本要素出发学习,从而更贴近法语的语言内核与法国人的思维方式。

《法兰文字》不仅是一本实用的法语语法教材,作为书籍本身,它在上海印刷技术发展史也上具有不同寻常的意义。《法兰文字》是一本典型的石印出版物。全书页面平整,无凸版印刷痕迹;字体为手写字迹,墨色浓淡不均,为手写上版印刷,个别处出现字迹重叠现象,应为石印版污损而清洗不到位所致。

石印指的是"石版印刷术",由德国人逊纳菲尔德(Johann Alois Senefelder)于18世纪末发明。该技术利用油水相斥原理,将图文以油脂性油墨绘制在石板上,再用水润湿石版,图文部分吸墨拒水,无图文部分吸水拒墨,然后以此版印刷成书。后随着技术发展,照相取得的绘画文字也可以上版印刷,因此在还原图像、缩放印刷方面,石印术具有极为便利的优势。

中国传统的印刷技术包括雕版与活字印刷两大系统,1840年前后石印术传入中国。上海的石印技术发展始于英国人麦都思(Walter Henry Medhurst)的墨海书馆,但应用不广,印刷品有限。早在1876年,在主任翁寿祺(Casimir Hersant)的主持下,徐家汇的土山湾印书馆就采购石印车,并设立石印部,开始大规模推行石版印刷技术。而《法兰文字》出版于1855年,说明早在19世纪50年代,上海地区已有成熟的石印技术存在。石印"手写上版"的方式,使得书籍里中文与外文并存不再成为难题,有效地弥补了传统雕版或活字印刷技术在排版上的局限性。并且,石印的印版可以反复使用,也适合于印刷教材这种需要大量、长期印刷的书籍。《法兰文字》不仅是技术发展的写照,还体现了技术变革对文化交流与传播的促进。

《拉丁文通》

马相伯编写的拉丁文教材

雷舒宁

《拉丁文通》为震旦学院所用拉丁文教材，由学院创始人马相伯编写，成书于 1903 年，绝版已久，传世数量极少。

在欧洲，拉丁文是教会的语言，也是文化的语言。拉丁文最初是意大利中部拉提姆（Latium）地区的方言，后来在罗马地区流行开来，成为古罗马的官方语言。随着罗马帝国的扩张，拉丁文在欧洲广泛传播，成为西地中海的通行语言。因此，古罗马时期以来，大量西方经典作品都用拉丁文写就，动物、植物、医学等学科的术语都采用拉丁文表达。直至近代，拉丁文依旧是西方世界研究哲学、神学等人文学科的钥匙。

然而在中国，拉丁文从未是外语教学之主流，学习、掌握拉丁文的中国人多为教会神职人员，马相伯为何费尽心力用中文为震旦学院编写一本拉丁文教材呢？其实，震旦学院的建立与拉丁文教学有直接关系。马相伯是徐汇公学正式建校的首批学生，12 岁入学，15 岁开始学习拉丁文，1864 年在初学院学期满后，又开始研究拉丁文学，积累了深厚的拉丁文功底。1902 年，当时在南洋公学任教的蔡元培带领 24 名学生，到马相伯处学习拉丁文，他们视拉丁文为欧洲各国语言之根本，希望通过掌握该语言从而更好地研究西学。因教学颇具成果，马相伯重拾其创办学校之计划，于 1903 年创立震旦学院。震旦学院延续了以拉丁文为核心的学术研究理想。依照马相伯的设想，震旦"其实具有西欧 Akademie（学院）的性质"。在学院章程中，拉丁文被放在首要位置，"拉丁文为读任何国文（指英、法、德、意）之阶梯，议定急就办法，限二年毕业，首年读拉丁文，次年读任何国文"。震旦采用两年学制，计六百日，共两千四百小时，而拉丁语学习就要占用最

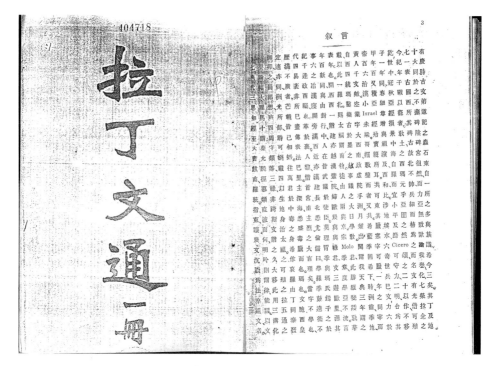

1903年版《拉丁文通》封面及叙言

初的"一千二百小时"。由于缺乏面向中国学生的拉丁文教材,马相伯特地编写《拉丁文通》以供教学之需,希望借拉丁文以沟通泰西学术之源流,光荣国家。

《拉丁文通》例言中说明,该书底本为意大利传教士晁德莅(Angelo Zottoli)编译的《拉丁词艺》(*Institutio Grammatica*),马相伯在此书基础上"略加删润",对中西语言不同之处,则加以详细叙说。《拉丁文通》分为三卷,上下两册,内容共51小节。卷一介绍拉丁文各种词类性质,包括名称词、代名词、生动词、兼动词、方貌词、先名词、承转词、感叹词八种;卷二侧重于句法知识,涵盖"爻变补遗、辨类之法、数目总门、比况差等、动词异衍、造句浅法、句豆之辨、时地等用"八项内容;卷三承接卷一,具体说明名称词、代名词、生动词等八种词类的用法。该书的一大特点在于引用中国古代文献中的语料来解释拉丁文法。如卷一名称词(nomen)中,为了解释名词(自立名)与形容词(依赖名),马相伯借《尹文子·大道上》的"命物之名"与"况物之名"之概念类比说明:"如白羽白雪,雪羽言物,白言其状。即寅文子所谓'命物之名'与'况物之名'也。物能离白而为物。故曰

substantivum，自立名也。白不能离物而孤立。故曰 adiectivm，依赖名也"。又借用公孙龙《坚白论》中"白固不能自白。'若白者必白，则不白物而白焉。'"来解释名称词中又可细分"命物名"与"况谓名"两种。震旦学院的首批学生中，有许多是科举制度下成长起来的书生，其中不乏翰林、孝廉公，他们经学功底深厚，但不通西方语言的要素与逻辑，援引中国传统经典解释拉丁语文法，能帮助他们更好地理解拉丁文的内涵。

然而，拉丁文教学在震旦存续时间短暂。仅在办学两年后的 1905 年，由于与共同办学的耶稣会士产生矛盾，马相伯告病离校，大量学生退学。同年 8 月，震旦复校，虽然马相伯与耶稣会士的矛盾并非因拉丁文教学而起，然而他设计的以拉丁文为首的教学章程没有得到延续，震旦逐渐被建设成一所法国式大学。而在马相伯再度筹办的复旦公学里，拉丁文教学虽然得到保留，但仅排在所有课程末位，英文成为第一外语。拉丁文教学在近代中国的开展并不算成功，这也可能是作为拉丁文教材的《拉丁文通》早早绝版、传世稀少的原因之一。

《致知浅说》
出自徐家汇的西方哲学教材

李 强

在马相伯的著述中,有一本题名《致知浅说》的哲学小册子,这本书是马相伯专为震旦学院哲学教学所作的教材。英文说明为 *Introduction to Philosophy*(直译为《简明哲学》),1926 年商务印书馆出版了这本教材的第一部分"原言"(Logic),也即逻辑学。

据马相伯在"付刊叙"(民国甲子年,也即 1924 年)中所述,《致知浅说》原稿有"原言""原行"(伦理学,Ethic)、"原有"(本体论,Ontology)等编,由于原稿散失,他在 1923 年左右重新编校,所以只出版了"原言"编。这本书中间有拉丁文名词,当时是与《拉丁文通》作为教材同步使用的。

翻开 1902 年的《震旦学院章程》可知,哲学属于文学科目下的第三门正课,其中包括"论理学"(也即逻辑学)、"伦理学""性理学"(也即形而上学与心理学,Metaphysic and Psychology)。

中文文献中最早系统介绍西欧哲学和逻辑学的是明末来华传教士傅汎济(François Furtado)与李之藻合译的《名理探》(傅汎济译义,李之藻达辞)10 卷。在《名理探》中,以"爱知学"对应后来通行的名词"哲学",而马相伯则认为应以《大学》中的"致知"来对译

1926 年版《致知浅说》封面

称之为"致知学"。马相伯认为致知学是"兼明万物之最上之原因者",也即是说哲学能够探讨万物的根本原因。

刊印的《致知浅说》只是第一卷"原言"也即逻辑学的第一部分。马相伯在该书"小引"中首先界定了逻辑的概念和汉语名词的演变,特别说明了他为何以"原言"来代替此前的"名理探"、当时流行的"名学"以及佛教的"因明"。他说:"言,宣也,宣胸中之意也……言较名,于义似更浅显,更满足,故译取原言。"

马相伯刊印的"原言"只有第一卷的上半部分"原言内界"六篇,分别为:第一篇"论现量,其诠表以名言";第二篇"论比量,其诠表以言陈";第三篇"论探明功用,初剖分";第四篇"论探明功用,次界说";第五篇"论探明功用,末推显";第六篇"推显功用等方法"。该书经过李天纲等学者编校后收入了《马相伯文集》。

1935 年版《名理探》封面

马相伯中西学术积累深厚,除天资聪颖外,很大程度上得益于他在耶稣会所接受的国学、哲学、神学的跨文化知识体系教育,这部《致知浅说》刊行的虽然只是逻辑学的一部分,但其中的术语和逻辑学的学理剖析,还是十分深奥的,再加上马相伯所用文字古奥,一般读者不易参透其中真义。

马相伯之所以使用古奥的文字,其实与他保存国学的学术思想有密切关联。1935 年,马相伯在接受记者采访时,解释了他的用意。他之所以采用很多中国古籍的术语来对译西方哲学的名词,主要是古书上的名词与西方哲学名词相合。比如说"抽象"一词,是日语的译法,中国学者也普遍使用该词,马相伯则从古书中寻得灵感和语言资源将之定名为"玄摛"。他解释说,玄摛就是把我们所说的某一种事物的属性或特性提纲挈领地加以界定,从而把握住其本质,在各种普遍现象中分别出差异。在他看来,这个词是中国文化固有的适当术语,"何必拾人

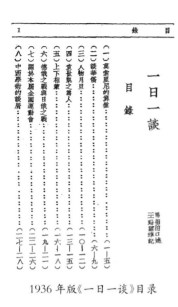

1936年版《一日一谈》目录

唾余"?

《致知浅说》可以说是近代中国思想界试图通过翻译和引介西方哲学思想体系来推动中国哲学发展的一种特殊尝试,其中包含了马相伯对中西哲学思想的认识,是沟通中西文化的一种努力。

值得一提的是,他认为从西方哲学的标准来判定,中国先秦诸子的哲学思想是不完满的,甚至不能称之为哲学。比如,孔子在回答弟子们关于"孝"的问题时说法不一,马相伯认为孔子本身没有对"孝"这个字进行清楚的界定,也没有说明"孝"究竟是什么?人们应该怎么"孝",也即没有解决"孝"的根本问题。而西方哲学自柏拉图至亚里士多德,形成了研究哲学的方法也即逻辑学,进而形成了哲学体系。这是中国诸子思想与西方哲学思想的重要不同之处。

尽管,马相伯关于中西哲学思想比较的认识还有可以讨论的地方,但他译介西方哲学知识的学术活动,还是很有现实意义的。在《一日一谈》中,他强调:"中国民族若果要救亡图存,发辉光大,一定要想法培植全国人民的哲学思想,就是说,要使他们人人能用他们的头脑去思想,去分别,去分析,去判断……"这或许是马相伯编著《致知浅说》作为震旦学院教材的初衷。

《博物进阶》

中西合璧的自然科学教材

邓　岚

《博物进阶》(*Eléments Scientifiques*)是一部概述数学、物理学、天文学及地理学基础知识的四卷本自然科学教程,推测本为当时徐汇公学教学所用的教材。该书由意大利籍耶稣会士晁德莅(Angelo Zottoli)编译,成书于1862年。其时,晁德莅正任徐汇公学的"理学",同时还负责教授拉丁文、哲学、自然科学等课程。

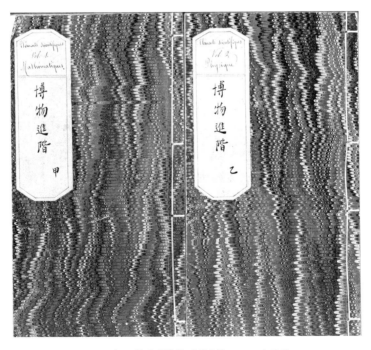

1862年版抄本《博物进阶》第一、二册封面

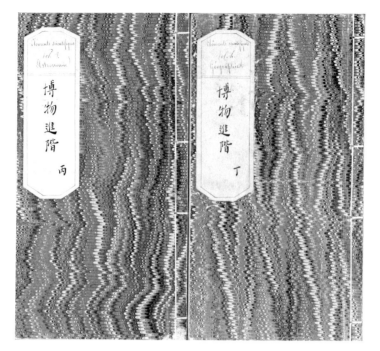

1862年版抄本《博物进阶》第三、四册封面

有关该书的底本来源，晁德莅未有明确说明。尽管如此，他在编译此书时，仍有着精心的考量。他认为"博物之学愈究愈多，以至分门别类户，各为名家，以传来世，其间论说不同，难易有判"，因而"惟择其简易者，辑为四编。"

此言"四编"即分别为数学、物理、天文与地理四卷，共四册。此四册书籍皆为手抄本，每册书的封面题签，除写有中文书名"博物进阶"、卷数外，还附有法文书名 *Eléments Scientifiques* 及相应的法文卷名，书中的目录亦有对应之法文译文。此外，每册书均绘有不少插图，且都以"上图下文"的方式编排。

具体而言，第一册为数学卷（Mathématiques），名为"测量溯委"，正文分"测量总引""算法入门""测法指要""量法摭遗"四部分，主要概述算术法则、方程、几何等基础数学知识。

第二册为物理卷（Physique），名为"形性举隅"，正文分"形性前引""形性公例""流形大元""空际奇境"四部分，主要介绍力学、气学、光学、电学、热学、磁学等基本物理知识，同时解释如"雾低云高""雨降露附""雷霆闪震""虹霓著彩"等

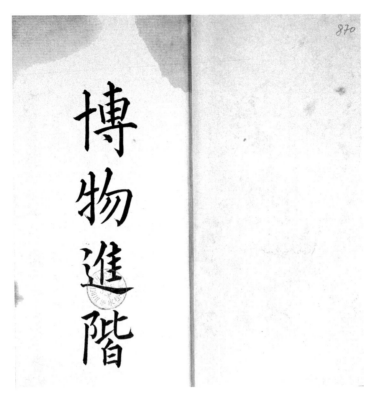

1862 年版抄本《博物进阶》题名

自然现象背后的物理原理。

第三册为天文卷（Astronomie），名为"天文蠡测"，正文分"天文名义""全球总例""寰宇本例""奇境定例"四部分，主要介绍日、月、地球、恒星、行星、彗星等天体的性质、运行规律等。

第四册为地理卷（Géographie），名为"地理豹窥"，正文分"地理备志""地舆全图""本州全图""余州全图"四部分。其中，"地理备志"谈及地球的含义、面积、水陆分布、人口数量等相关内容，并阐释诸如州、岛、隅、渚等地理名词；"地舆全图"是对彼时世界各洲及海洋水域的总论；"本州全图"和"余州全图"则分别概述亚洲和欧洲、非洲、美洲、大洋洲各国的地形地貌、物产、人口、政治等方面的情况。书中还附有一幅彼时的彩色世界地图，全图以不同色块区别不同国家与地区，同时标写主要海域及当时中国各省的中文名称，而其他重要的或著名的岛

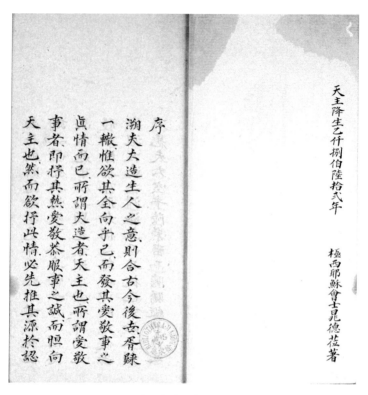

1862年版抄本《博物进阶》序

屿、国家等则在图中以数字标记,具体中文译名和法文名称标注于全图右侧的注记中。此注记除含有前述地区外,还包括其他岛屿、海湾、海峡、城市等地的中、法双语名称。另外,此册虽然为全书最后一编,但晁德莅在全书总序中言及这套教程的学习时,认为最先应该从此册,即"地理"学起,因为其"最利于初学"。

除此之外,值得一提的是,作为一部由西人译介的中文书籍,此书在装帧方面采取了中西合璧的工艺。全书四册由中式四合函套装载,每册则以中式线装的方式装订,但函套及书中封面则使用西式书籍中常用的大理石纹纸。

《博物进阶》后来由于种种原因,并未真正投入徐汇公学的实际教学中,但在中西交流史上,其却有着深厚的意义与价值。自明末以来所开启的"西学东渐"之浪潮,为彼时中国带来了大量西方学说,自然科学是其中的关键内容,而来华的传教士则是传播这一内容的重要群体。晁德莅身为19世纪较早来华的耶稣

1862年版抄本《博物进阶》第四册正文

会士之一,其凭借自身渊博的学识和极高的语言能力,曾撰述过不少著作,为中西交流作出了重要贡献。《博物进阶》作为其有关西方自然科学的译作,与其所著的《中国文化教程》(*Cursus Litteraturae Sinicae*)等颇为知名的汉学著作相比,或许并不突出,但就推动西方自然科学知识传入中国而言,此书正是晃德莅为之所作贡献的具体表现,也是中西文化交流之下,来华传教士译介"西书"的一个缩影。

《中国文化教程》

面向欧洲人的中国文化课

陆丹妮

1872年8月,传教士们在"徐家汇会议"上提出"江南科学计划",以徐家汇为中心,致力于传播西方科学文化,为自己的传教活动铺路。"江南科学计划"以四项工作为核心,分别是天文气象研究与实践、自然科学研究、中国历史地理与国情研究以及出版宣传科学文化、中文出版的天主教杂志。

《中国文化教程》(*Cursus Litteraturae Sinicae*)这部由意大利人晁德莅(Angelo Zottoli)撰写的拉丁文中文双语巨著便是"江南科学计划"的重要一环。晁德莅为意大利耶稣会士,1848年来华,在中国生活时间长达54年。1852年,晁德莅被任命为徐汇公学校长,从此开启了他在徐家汇的教育生涯。晁德莅在徐家汇待了47年,几乎将他人生的大半时间都奉献给了徐家汇。19世纪70年代,晁德莅与高龙鞶(Augustin Colombel)、韩伯禄(Pierre Marie Heude)、费赖之(Louis Pfister)等参与"江南科学计划",晁德莅负责汉学研究部分,致力于向西方介绍中国文化。《中国文化教程》就是为此而编写的。此书是一套面向外籍

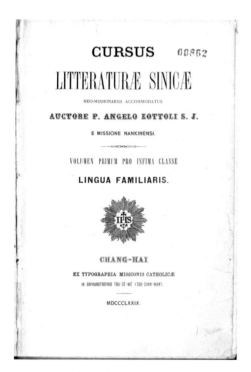

1879年版《中国文化教程》封面

1879年版《中国文化教程》内页

人士的汉语及中国文化学习教材,于1879年至1883年间出版,一经问世,便受到欧洲汉学界的广泛关注,晁德莅本人亦于1884年获得代表法国汉学最高荣誉的"儒莲奖"(Prix Stanislas Julien)。

《中国文化教程》分为五卷,收录了包括《三字经》《千字文》、"四书""五经"、小说、戏曲在内的多种中国古代典籍,涉及中国文学的多种形式,篇幅庞大。以徐家汇藏书楼的藏本为例,《中国文化教程》第一卷的题名页上直接写明本教材的目标读者是"新手传教士"(Neo-Missionariis Accommodatus)。晁德莅在第一卷与第二卷分别撰写了序言,在第一卷的序言中,晁德莅表示"开设这门课程的目的是为了让我们新来的传教士尽自己最大的努力,在中国文化研究方面得到进步,能够尝试进行中文写作……"

为了让"新手传教士"能够在短时间内掌握汉语,了解中国文化,晁德莅按照

1879年版《中国文化教程》内页

由浅到深、由表及里的原则设计、编写了《中国文化教程》。简单来说,《中国文化教程》第一卷属于入门阶段、第二卷是初级、第三卷是中级、第四和第五卷则属于高级阶段。

作为入门级教材,《中国文化教程》的第一卷开篇便是汉字的结构、语音以及书写教学,随后是小说与戏曲等中国通俗文学,其中有不少我们耳熟能详的中国经典,例如《三国演义》《水浒传》《好逑传》《玉娇梨》《西厢记》,等等。晁德莅之所以将小说以及戏曲作为第一卷的学习内容,主要是因为小说以及戏曲用语较为口语化。《中国文化教程》第一卷的目标读者是那些几乎没有接触过汉语的传教士,而小说以及戏曲采用的语言大多是俗语、日常用语。对于汉语初学者来说,这些语言较为简单易懂,是不错的入门学习内容,适合"新手",并且与传统的"四书""五经"相比,小说与戏曲更为有趣,能够提升"新手传教士"们对汉语的兴趣。

"新手传教士"在经过第一卷的学习之后,就可以进入第二阶段,学习《中国文化教程》的第二卷内容。与第一卷相比,第二卷的内容更偏向于书面,传教士们需要学习"四书"或者是学习中国传统蒙学读物后,进而学习《大学》《中庸》《孟子》等内容。在这一阶段,传教士们需要掌握更多的汉语词汇,并了解一定的中国传统文化。在接下来的中级阶段,传教士们需要学习《中国文化教程》第三卷。这一卷的内容则是"五经",包括《诗经》《尚书》等。经历了入门、初级与中级阶段后,新来的传教士们终于可以进入高级阶段,开始学习第四卷与第五卷的内容。这一阶段重点在于语言文学修养的培养,需要学习诗词歌赋、散文等内容,加强汉语文学修养。按照晁德莅的设想,在经过这一套完整的培训后,传教士们的汉语能力可以得到大幅度的提升。

虽然晁德莅在《中国文化教程》第一卷的题名页上表示这部书的目标读者是"新手传教士",但此书的意义早已不局限于一部汉语教材,它更是一部中国传统文化百科全书。作为19世纪欧洲著名的拉丁文中文双语巨著,时至今日,《中国文化教程》依然是欧洲汉学界的一颗明珠,在历史的长河中熠熠生辉。

《乐歌教本》与《方言西乐问答》
上海音乐教育的早期实践

张晓依

徐家汇地区,包括徐汇公学和孤儿院,无疑都是中国早期音乐教育的实践案例,尤其是其编写的《方言西乐问答》和《乐歌教本》,分别为20世纪初期学堂乐歌和早期学校鼓号队器乐教育留下了丰富的素材。

根据余乐诗教授的记录,徐家汇地区最早的西乐乐队起源于1858年底的徐汇公学。这支乐队由21名中国学生组成,根据余教授的辨认,其中的乐器有三角铁、圆号、长号、短号、小号、次中音号、中音号、低音号、短笛、竖笛、双簧管、月牙磬……1864年4月底,寄居于上海县城内的孤儿院院长夏显德去世,孤儿们

1901年,法国海军士兵卡尔雷夫和沙特尔带领土山湾孤儿学习军号和军鼓

暂居于徐汇公学附近,兰廷玉负责孤儿的安置事宜,也让孤儿们参与了这个乐队。11月,这支乐队第一次离开徐家汇去租界内的洋泾浜表演了几首进行曲。之后,这支乐队还在1863年引进了弦乐。

随着土山湾孤儿院与徐汇公学分开管理,以及租界内葡萄牙社区内乐队的兴起,徐汇公学的这支乐队逐渐转向弦乐,并主要进行内部表演。1903年土山湾军乐队(正式名称为圣若瑟音乐班,Fanfare de St. Joseph)的正式建立也与当时中国社会盛行的以"尚武"为核心精神的教育思想密不可分。

根据耶稣会法文期刊《中国通讯》(*Relations de Chine*)的记述,当时驻扎在徐家汇地区的法国

1903年版《方言西乐问答》封面

海军士兵、号手卡尔雷夫(Carrereff)利用午休时间来土山湾孤儿院阴差阳错成为土山湾孤儿院中音乐教育的"启蒙者":在土山湾孤儿们的要求下,暑假期间,他和鼓手朋友沙特尔(Sautel)都在土山湾孤儿院进行军事训练,同时教授他们吹军号、打军鼓。之后卡尔雷夫与沙特尔服役期满离开上海。而土山湾的孩子们却从此迷上了西方的"军乐",他们很乐意学习西方的音乐,还想成为音乐家。

1902年9月,出生在上海的土生葡人叶肇昌和同学双国英(Louis Hermand)等一起走进土山湾孤儿院,担负起建立土山湾乐队的重要任务。其中,最值得称道的便是和上海籍的张秉衡(Joseph Tsang,沪语音译为张石漱)一起编写了中国早期的器乐教育教材。

叶肇昌发现,当时土山湾的孩子们大多能自学吹奏而且能自己制作中国的民乐竹笛,但是对于长号这类演奏方法略微复杂的乐器却没有基础。因此,叶肇昌和张秉衡一起撰写了《方言西乐问答》(*Rudiments de Musique*)。该书仅70多页,用浅显易懂的方言、一问一答的形式,从零基础逐渐深入,讲述管乐(如小号、大号等)的吹奏方法。这也是目前发现的中国早期的西洋器乐教材之一。还

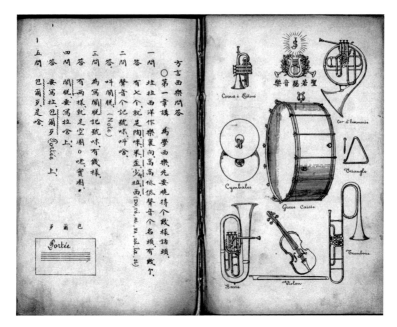

1903 年版《方言西乐问答》内页

有后来成为语言学家并编撰多部法语学习教材的法国人舒德惠（Achille Durand），则在土山湾里召集孤儿成立"唱经班"，实际上就是教授孩子们视唱课程。除了沿用至今的"方言标音"歌唱课程之外，还教会孩子们认识五线谱。在两位法国老师的努力下，不久孩子们便能吹奏这些西洋乐器了。

凭着这本《方言西乐问答》教材，加上叶肇昌自己从上海葡萄牙人社区募集来的乐器，以及让圣母院姆姆们制作的旗帜，1903 年，由土山湾的孤儿们组成的圣若瑟音乐班正式成立。第一批乐队成员有 25 人，在《方言西乐问答》中，叶肇昌也明确了自己建立这支乐队的目的，只是希望"在这些孩子现在以及他们长大之后，能够在业余和散心时间找到一项健康而快乐的娱乐活动"（方言：乃朝后散起心来，可以作作乐，快活快活，免脱多化厌气咾啥）。

土山湾"圣若瑟音乐班"的第一次亮相，是在 1903 年 2 月 26 日的慈云桥落成仪式上。当时他们本想演奏瓦格纳的乐曲，却因为种种原因最后并没有参加演出。但从此以后土山湾的"圣若瑟音乐班"便开始走进公众的视野。在 1903 年圣诞活动中，土山湾的乐队也与之前徐汇公学的弦乐队共同参与，但与徐汇公学的弦乐队仅用于校内表演的伴奏不同,土山湾的乐队在公开的募款活动中公开演奏圣诞音乐。1904 年 12 月,土山湾乐队在上海老城厢的学校演奏进行曲,飒爽的英姿和具有特色的鼓号乐队获得了非常好的效果。包括之后在世博会上大获殊荣的曾志忞"上海贫儿院"乐队在内,沪上各校纷纷效仿。

1907 年,在结合《方言西乐问答》和土山湾孤儿院音乐教育实践的基础上,由舒德惠编撰,土山湾印书馆又出版了一本《乐歌教本》(*Éléments Musique et Chants de Collège*),该书列出了《徐汇公学校歌》《四体歌》等体现国民精神的歌曲。后来该教材也成为沪上各校音乐课程的蓝本之一。

作为早期学校音乐课程的教材,《方言西乐问答》和《乐歌教本》在近代中国学校塑造音乐教育体系的过程中,无疑具有重要的意义。

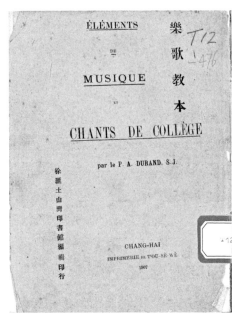

1907 年版《乐歌教本》封面

1907 年版《乐歌教本》中徐汇公学校歌

"土山湾版画集"

美育反哺宗教

莫 为

1884年版《中国杂录》封面

"土山湾版画集"正式名称为《中国杂录》(*Mélanges sur la Chine*),因其在土山湾画馆沿用并成为经典教材,所以俗称"土山湾版画集"。该书共计两卷,分别于1884年和1890年在巴黎出版,是由法国耶稣会传教士范世熙(Adolphe Vasseur)所绘。近年来,关于本书的画作研究及其作者的人物研究,日趋丰富。经由"土山湾版画集"珠联而成的近代艺术教育史、中西文艺观念互渐、社会慈善事业发轫等课题,也为百年教育提供诸多维度的认知。

第一卷副标题为《展示的信件》,整部作品可以称得上是为土山湾版画教育事业量身定做之件,收录大量范氏为土山湾制作的临摹版画。主体内容两章加之附录部分共计录有画作300余幅,图像内容大致可划为四个主题,即中国百科、中国民间信仰、宗教传播、信笺装帧。目录部分清晰分列文字与图像,正文部分则将范世熙写给江南代牧区主教倪怀纶(Valentin Garnier)、教廷传信部负责

"土山湾版画集"中关于中国上古史的一些图像

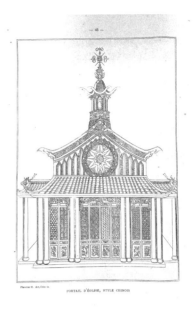

中式教堂的前厅

圣经故事的画作

天主经全图

1872年,范世熙像

人西梅奥尼(Giovanni Simeoni)等的数封信件刊印展示,主题紧扣中国天主教图像艺术事业。信件的文字内容与图像适时穿插,能够调动读者阅读的兴趣,令人不忍释卷。第一章着力将当时中国的西洋画放入横向比较的视野,特别关联清季内廷老传教士们的画作。其后的系列作品关注中国民间信仰,细心整理并将散落于民俗文化中的种种"迷信",即中国人日常生活中的各种民俗图像化,这与近代徐家汇知名的"汉学丛书"(Variétés Sinologiques)中禄是遒(Henri Doré)所著多卷本《中国迷信研究》(*Recherches sur les Superstitions en Chine*)构成图史互证的逻辑论述模式,扩宽西人认识近代中国的视野。土山湾工艺院作为新兴的社会抚养机构,倡导"授人以渔"的长程规划。自第二章起,范世熙通过圣像画向土山湾的学生介绍圣徒事迹,制作各种为礼仪准备的装饰

1872年,范世熙与加拿大儿童着中国服装合影

画，鼓励孩童参与制作等。可以说，土山湾工艺院作为法国圣婴善会（l'Oeuvre de la Sainte-Enfance）在华主要事业，在进行职业教育的同时，也达到了美育深耕的目标。史式徽（Joseph de la Servière）将范世熙的传教图画誉为"最宝贵的财富"，经过范氏的示范，收容于孤儿院的孩童们逐步陶冶、培养成为"画匠"。另据张晓依博士考证，"土山湾版画集"首卷出版的重要机缘是世界宗教艺术博览会的召开。1868年，刚刚拉开序幕的土山湾画馆有幸参与该项盛事。画馆和印书馆通力协作将许多传教画作精心装帧并量产，使得近代中国慈善事业走向国际视野。通过艺术博览会展出的版画集，土山湾获得更多的国际资助，反哺艺术教育的发展。此后，继续出品版画集便也是应然之事。

第二卷继续采取图文并茂的呈现模式，相较于首卷尺幅更大，刻印工艺也更为精美。书中最重要的内容是24幅护教版画，通过旁注的说明文字，读者可知这些作品仅为草图，希望能够在本书出版后征集修改意见。在后续的实际应用中，这些范本版画在土山湾得到大量的"复制"。诸多由土山湾印书馆付梓的各类书籍从原本的纯文字形式，升格为更具有说服力的、具有综合文艺形式的作品。此外，书中收录信件，系为教廷对他的图像事业高度肯定。与该信所辉映的是《版画清单》（完整中译名"两千幅已经制版的版画清单——用于传教区宣传信仰教授教理手册插图"，法文名"Catalogue de 2000 clichés de gravures faites pour illustrer les livrets de propagande catéchistique dans les missions"）。截止此卷出版的1890年，范世熙投身于图像传教事业长达24年，在他最富艺术创造力的年岁中，共计创作了2 000余幅的版画，可透过清单形式一览无余。

《传信善会年鉴》（*Annales de la propagation de la foi*）曾经对范世熙的艺术生涯有过比较集中的报道，关注到他的作品虽然在巴黎发行，但却能够在海外具有巨大的文化影响力。他绘就精良的主题版画，辅以务实而雄辩的文字，使得这些艺术作品成为他中国经历、宗教生活、艺术理解的某种折射。土山湾是范世熙作为传教士使命中的重要一程，也是他艺术灵感的来源。美育与宗教在近代徐家汇并行不悖，耶稣会宽容的教育理念为近代中国教育改造事业提供了新的思考。

《绘事浅说》与《铅笔习画帖》
中国人最早编写的西方美术教材

张舒萌

1906年2月，商务印书馆出版了一套六册的《中学铅笔习画帖》。1907年5月，土山湾印书馆正式出版了一套二卷的《绘事浅说》及三册的《铅笔习画帖》作为配套教材。这些皆可谓中国人编写的最早的西方美术教材。

商务印书馆出版的这套《中学铅笔习画帖》共六册，内容循序渐进，非常适合当作绘画教材，也完全能够作为自学范本，故十分畅销。出版以后，次年11月已

1906年2月（光绪三十二年正月）版《中学铅笔习画帖》书影

经 5 印，1929 年已经 23 印。其销售之旺，在商务印书馆的出版物中完全可以算作佼佼者了。商务印书馆 1897 年创办初始还只是一家印刷企业，20 世纪初才正式进入出版行业。何以能在 1906 年就出版一套这么畅销的绘画教材呢？从时间线上看，前一年的 5 月，他们招入了一位新员工——徐咏青，此人后来成为一代水彩画大师。

徐咏青，1880 年生，后因父母双亡失依，被送入位于上海徐家汇的土山湾孤儿院。1893 年，13 岁的徐咏青小学毕业，进入孤儿院的画馆半工半读学画。徐咏青天资聪颖又勤奋刻苦，花了五年时间以优异成绩学完了六年制的课程。徐咏青满师以后，在土山湾画馆服务了七年，承接画馆对外接到的绘画订单。1905 年 5 月，徐咏青离开土山湾画馆进入商务印书馆，在图画部任职，月薪 30 元。1906 年 2 月，一套署名"商务印书馆"的《中学铅笔习画帖》问世。从这套书中的范画来看，全部都是西洋画，一定出自经过严格西方美术训练的画家之手；而且，我们如果将此套教学用书和土山湾画馆同一时期出版的教材《绘事浅说》和《铅笔习画帖》做一番比较，两者可谓师出同门。这完全符合徐咏青的身份，而在当时的商务印书馆则根本找不出完全符合这种条件的第二人。从徐咏青入职至画册出版的九个月时间，也完全符合一般出版物从写作到审稿，再到编辑、印刷，直至出版的所需时间流程。因此，这套书应该是徐咏青进商务印书馆交的"投名状"，因其当时名头尚不大，故"商务"未让他署名。至于徐咏青之后成为一代名师大家，那是后话了。

话题转回土山湾画馆。土山湾画馆即土山湾孤儿工艺院下属的图画部（又称图画间）。土山湾孤儿工艺院的技能教育，讲究实用，但也非常注重基础。老师水平高，执教认真，使用的教材和教具也很先进。土山湾画馆教画的绘画范本、碳棒、颜料和画布等大都从国外进口。1880 年起，土山湾画馆主任一职由中国修士陆伯都传给了中国修士刘德斋。刘德斋接手画馆时，画馆的教学及学制已经基本稳定。课程严谨，整个学制长达六年。学生入馆仅练习画线条就要学半年。等线条画熟了，才开始画石膏几何模型，临摹宗教名画，学习钩稿、放大等。第五年学水彩，最后一年学油画。经过这样的严格训练，第六年毕业时才是一个合格的画师，对各类美术工作都能应付自如。

1880—1912年,刘德斋当了32年画馆主任。前面说的徐咏青,就是刘德斋最得意的学生之一。这段时期,刘德斋既亲自教学,又管理协调,做了大量开创性的工作,为画馆的稳定发展作出了很大贡献。他十分注意总结教学经验,主持编撰了不少著作,我们今天知道的就有:1887年出版的《道原精萃》,收录图像300幅;1892年出版的《古史像解》,收录图像107幅;1894年出版的《新史像解》,收录图像103幅。其中,宗教作品均由刘德斋率领画馆师生绘制,这些作品代表了土山湾画馆全盛时期的神采风貌,也成为后人考察画馆的珍贵文献。其中,尤以刘德斋亲自编写的两本美术教材《绘事浅说》和《铅笔习画帖》最具代表性。前者分两卷,后者有三册,配套使用。1907年春夏之际由土山湾印书馆正式出版。与《道原精萃》等书不同的是,这两种书并非是宗教历史书的插图,而是完全为画馆教学而作的正规美术教材。《绘事浅说》第一卷叙述习画宗旨及用笔

1907年版《绘事浅说》书影

1907年版《绘事浅说》内页

诸法，如把笔式、画线法、分色相、画方圆、绘图设色、花卉起手法等。第二卷则详细解说人物身体的构成和比例及具体画法和人像作品临摹等。《铅笔习画帖》第一册是诸色线条和各种花纹的示范，第二、三册则是人物各像的示范。此两种书配合起来使用，是一套完整的美术教材，实用性很强。

相较于土山湾画馆之前使用的内部教材。《绘事浅说》和《铅笔习画帖》是中国人编著、出版的公开出版物，前者定价三角，后者定价一元八角五分，印了1000册。商务印书馆的《中学铅笔习画帖》则畅销20年。两套丛书同根同源，都是中国人最早编写的西方美术教材。

《气学通诠》

中国最早的大学气象学教材

王　皓

1914年，上海土山湾印书馆出版了马德赉（Joseph de Moidrey）编著的《气学通诠》（Manuel Elémentaire de Météorologie），这本书是震旦学院的教材。马德赉是法国人，18岁时进入耶稣会，1898年来华传教，主要在徐家汇观象台服务。马德赉长期担任验磁台台长，编著上海地区地磁学公报，并且为中国地磁学人才的培植作出了贡献。1913年，张謇设立南通军山气象台，这是第一个由国人主持运作的现代气象台。军山气象台的实际主事者刘渭清是马德赉的学生，由马德赉亲手栽培直至能够独当一面。中华民国成立后，北京中央观象台起初没有验磁机构，马德赉写信给中央观象台台长高鲁，提请他重视验磁台的功能和意义。高鲁于是派遣刘文俊、王英伟、李春惠、辛广渊等到徐家汇观象台从马德赉学习地磁并且购置仪器。1922年，日本邀请中国一道测验中国沿海地磁，中国方面因为人才不足而求助于徐家汇观象台，马德赉指派自己的弟子鲁如增等应对日方的请求并且联合测量。1923年日本大地震，东京所藏之磁气图稿化为灰

1929年版《气学通诠》封面

> ## 氣學通詮第二版序
>
> 本書自1913年出版既已售罄，不得不重付剞劂，且因科學之突飛猛晉，前版已覺過簡，凡曩時所認為過屬專門性而予割愛之名詞茲均的量加入，但為便利起見，前版原有章卷，仍勉予保存，而本版所加筯號碼即就原定者引伸分晰。（第四卷不在此例）至普通適用之字及阿剌伯號碼則皆直接取用書末並附中法文對照字彙以資參考。
>
> 再自實行高處測驗及飛機無線電發明後，氣象界受賜非淺，將來研究發明定能與日並進，即如濛氣高度經數次探討以來氣象學原名乎抑別創範圍更廣之名詞以名之，惟目下尚可置而不論，蓋未來之氣象學祇能俟諸本書下版。
>
> 一日千里之勢是則將來斯學登仍襲用氣象學原名乎，抑另創範圍更廣之名詞以名之平惟目下尚可置而不論，蓋未來之氣象學祇能俟諸本書下版。
>
> 明能與日並進即如濛氣高度經數次探討以來氣象學已漸趨革新大有
>
> 索，詳之獲要之凡此進化莫非造物所賜而讀者如善用造物之宏恩加以研討探索，獲有心得，則安知其姓氏不能於未來之氣象學出版物中占一席地乎。

1929 年版《气学通诠》二版序

烬。于是日本方面又致函徐家汇观象台，索取底稿，马德赉等将稿件复制整理，寄至东京。马德赉在华生活 25 年，他去世时，当时在爱丁堡举办的国际地磁年会特别向他致敬，公认其为中国地磁学研究的先驱。除了《气学通诠》以外，马德赉还有关于中国天主教史论著多种。为了表彰他对中国气象学和地磁学的贡献，时任总统黎元洪颁受马德赉五等嘉禾章（l'Epi d'Or）。

《气学通诠》主要取材于法国气象学家阿尔弗雷德·安戈（Alfred Angot）的《气象学概论》（*Traité Elémentaire de Météorologie*）和《气象学须知》（*Instructions Météorologiques*）。1929 年，震旦大学毕业生刘晋钰和潘肇邦将《气学通诠》修订和增补后再版，仍由土山湾印书馆印行。此书除了作为震旦大学教材以外，还走出学院，成为当时社会上较为专业的气象学科普类书籍。

《气学通诠》的初版和再版相距 15 年。在此期间，气象学在欧美和在中国都有了巨大的发展。这一点既是此书需要修订的依据，也是后来的读者在阅读时

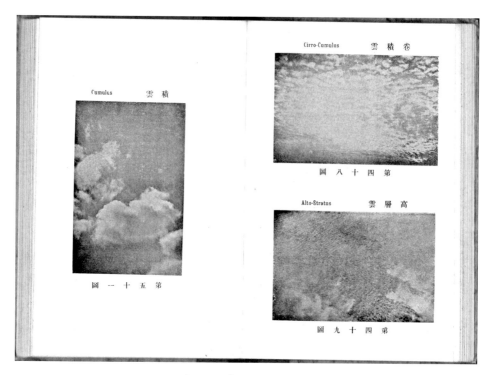

1929年版《气学通诠》中云的分类图

需要关注的差异。比较两个版本的目录,可以看出两书的架构大致相同,但有明显的调整。如果对书的内容作进一步的比较,可知再版《气学通诠》对初版中的很多科学术语做了较大幅度的修订和更新。

初版《气学通诠》包含法文序言一篇,中文序言一篇,目录九页,正文分四卷,共178页,此外全书含有图片57张。再版《气学通诠》保留了初版中马德赉的法文序言,将初版中马德赉的中文序言删除,代之以"第二版序"。再版目录五页,全书将图片增补至80张,正文仍分四卷,共209页。

《气学通诠》系统地介绍了测量温度、气压、风向和降雨的相关仪器和方法,描述了温度和气压等变化的规律,指出了各种影响温度、气压和风向变化的因素,并且对各种天气现象如雾、露、霜、雪、云、虹、雷、霹雳、龙卷风等给出科学的解释。在《气学通诠》中,有蒲福(Beaufort)12级风力等级表的内容,也有国际气象组织依据高低和形状而将云分为卷云、卷层云、卷积云等10种类型的分类方式,以及天气图的制法等内容。在书的最后,作者给出了书中科学术语的法文和中文对照表。1920年前后,竺可桢在南京高等师范学校和东南大学讲授气象学,自编并且向学生发放《气象学》讲义,该讲义在中国现代气象学教育史上占有奠基性的地位。从此时开始,中文世界中才有了系统地超越《气学通诠》的气象学著作。比较初版《气学通诠》和竺可桢的《气象学》讲义,可以发现两者的内容重合度颇为明显。《气学通诠》未能在发行初始就走向中国广大社会,进而发挥更大的影响并且占据重要的历史地位,无论对中国社会还是对徐家汇天主教社团来说,这种情形都是较为遗憾的。

马德赉在初版《气学通诠》的中文序言中说,华人没有独立的气象观念,他们总是将从事气象研究和气象预测的徐家汇观象台称为"天文台",而不是"气象台"。他说,从名实相符的角度来说,这一点有必要予以纠正。然而有趣的是,无论是《气学通诠》的初版还是再版,其正文中都多次出现"徐家汇天文台"的说法,可见习俗的惯性之强大。初版《气学通诠》的首卷前三章分别是"气候测验""气候之变"和"气候之分",再版时更改为"温度测验""温度之变更"和"温度之分布"。以今天的眼光来看,再版的表述固然更为确切,但是这也反映在初版《气学通诠》问世时,徐家汇的耶稣会科学家面临着较大的术语标准问题。对比两个版本的《气学通诠》,还能看到很多类似的例子。

在近代西学东渐的大潮中,气象学的输入是一个不太显著的支流。明末意大利耶稣会士高一志(Alfonso Vagnoni)译述出版《空际格致》,这是中文世界中最为系统的有关前现代的欧洲气象学的著作。作为一本早期气象学教材,如果将《气学通诠》放在西方气象学传入中国并且实现中国化的知识脉络中进行审视,可以看出它占据着一个不容忽视的位置。

《报风要则》
近代中国早期的台风预报手册

王 皓

1916年,竺可桢在《科学》杂志上撰文称:"中国沿海四千余英里,飓风(typhoon)为患,岁必数十起,而东西航驭艇舶,均赖上海徐家汇气象台之报告而定进退。"既然徐家汇气象台对社会的意义如此巨大,那么这种决定船舶进退的报告机制便值得关注和探讨。其中,有一本《报风要则》,作为天文台预报台风的工作手册,值得引起我们的关注。

1897年9月,上海徐家汇天文台出版《报风要则》,由土山湾慈母堂刊印。该手册是对信号台功能的详细解说,手册包含"叙两叶,正文十三叶,附三叶"。

"报风"的规则大致如下:0至9十个阿拉伯数字分别对应一个旗号,罗马字母B、C、D至V、W等,也分别对应一个旗号。如果是预报台风,则采用数字间的组合,以数字表示台风中心所在地,如48号表示台风在台湾之东北,63号表示台风在上海之东南,等等。如果是预报烈风,则采用"罗马字母+两个数字+罗马字母"的组合,如G28M,G表示烈风,28表示方向由西北来,M表示烈风的地点在扬子江口。《报风要则》中附有数字组合和字母的全部意义。人们看到旗号之后,对照《报风要则》,将其还原为数字和字母,便能识别出预报的具体意义。

"报时"的地点在外滩信号塔,规则大致如下:每天11点45分,将大铁球扯至旗杆中部,11点50分时扯至旗杆顶上,11点55分铁球第一次坠下,然后迅即再次扯至旗杆顶端,12时正午时分,铁球第二次坠下。人们看到铁球的信号,可以自行校正时间。

这套预报系统在全国乃至东亚地区获得了推广,《申报》上多次登文介绍"中

1884年版《点石斋画报》"日之方中"

国海滨风潮象号",实际上就是这套"报风"规则。北至牛庄、秦皇岛、大沽、烟台,南至镇江、宁波、厦门、汕头,以及海上的牛山岛、崆峒岛、猴矶岛等70余地,均依照这套规则向江海船只发布大气信号。上海巡工司或工部局报风雨处均可取阅《报风要则》手册。到了1930年,竺可桢主持制定全国气象标准,仍然决定"国内各气象台天气预报所用各种天气旗号,一律采用徐家汇观象台所定之天气旗号"。

该书作者是劳积勋(Louis Froc),法国人,生于1858年,1883年10月来华,是徐家汇观象台第三任台长,任职台长几乎达30年,在历任台长中在任时最久。劳积勋致全力于台风研究,他所制定的报风规则,在东亚地区的朝鲜和日本以

1897年再版《报风要则》扉页

外,被普遍采用。江海中的航业深受其惠,人们称他为"飓风之父"。劳积勋有数种气象学专著,均用法文出版。由于劳积勋在气象学研究中的卓越成绩,被选为梵蒂冈宗座科学院(Pontificia Accademia dei Nuovi Lincei)院士,多次代表徐家汇观象台出席国际气象学会议。民国初年,政府授予他五等嘉禾章。1921年,又得到法国政府所授荣誉勋章。1927,法国公董局改震旦大学北边的"天文台路"为"劳神父路"(现合肥路)。1931年,劳积勋因年事较高退休,返回法国。离沪之前,两租界当局及海关总税务司以其社会功绩卓著,设筵相送,出席者包括总税务司梅乐和(Maze),法总领事甘格林(Koechlin),《字林西报》(*North China Daily News*)主笔霍华特,《申报》经理张竹平,《大陆报》经理董显光,美国驻华

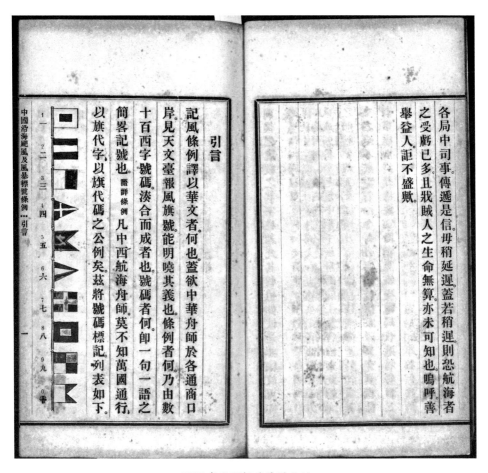

1897年版预报旗号图示例

领事克宁汉(Cunningham)、工部局总董麦克那登(Macnaghten)、秘书长费信敦(Fessenden)、总办麦基(McKee)、会办何德奎、华董袁履登、徐新六、虞洽卿、刘鸿生,以及沪上名流如沈田莘、郑锡棠、许佐庭、王晓籁、徐佩璜等,可见劳积勋的社会影响力确实不同凡响。

徐家汇观象台的气象观测事业,按照功能来说,大致可以分为两个部分。一是研究,主要是将以上海为中心的各地气象数据进行汇集和整理,研究其变化规律,然后纳入全球的气象数据网络,构成了全球气象学的中国参与。二是应用,主要体现在天气预报,将即时性的气象变化及时地告知社会,起到未雨绸缪的作用。

《蒙学课本》

中国人自编小学教科书的开端

雷舒宁

1901年版《蒙学课本》扉页

晚清时期,随着教育改革的开展,新式学堂如雨后春笋般涌现。传统私塾使用的以"四书""五经"为代表的教材,已然不能满足新式办学的需要,新式学堂于是开始尝试自行编纂教科书。在这些自编教材中,以南洋公学外院1897年编写出版的《蒙学课本》最具代表性,被誉为"中国人自编小学教科书的开端"。

南洋公学由盛宣怀创办于1896年,是中国高等教育的先驱。创校之时,全国新学风气未开,师资与生源均极度匮乏,遂以设立师范、小学为急务。1897年4月,南洋公学率先成立师范院,首批招生40人,以培养师资为第一要务,是近代中国最早的师范教育机构。同年11月,设立外院,相当于师范院的附属小学,招生120人,由师范院的学生担任教师,承担教学任务。南洋公学外院是我国近代最早的初等教育办学机构之一。

在教学实践中,由于缺少现成的教材,担任外院教师的南洋公学师范生遂着手自行编写教材,《蒙学课本》由此诞生。《蒙学课本》初版印制于1897年,但该版

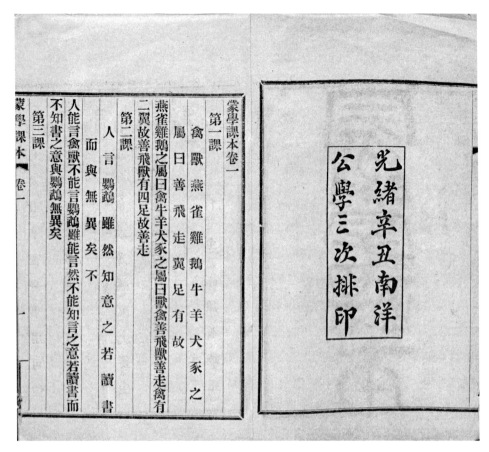

1901 年版《蒙学课本》内页

本已经佚失，留存至今的为第二版与第三版。第二版排印于光绪乙亥年（1899年），由上海商务印书馆代印，第三版问世于光绪辛丑年（1901年），由上海华洋书局代印，除印制年份、出版机构外，第二、三版在开本大小、书本内容上几无差异。留存的两版《蒙学课本》均无作者署名，无序言，目前学界对于该书的作者说法不一，当时就读于南洋公学师范院的朱树人、陈懋治、沈庆鸿等都有可能参与该课本的编写。

第二、三版《蒙学课本》均为两卷一册本。第一卷共130课，每课无标题，课后无习题。每课课文内容十分简短，以介绍、科普性质的文段为主，例如第一课内容为对飞禽走兽之概念的简单叙述，"燕雀鸡鹅之属曰禽，牛羊犬豕之

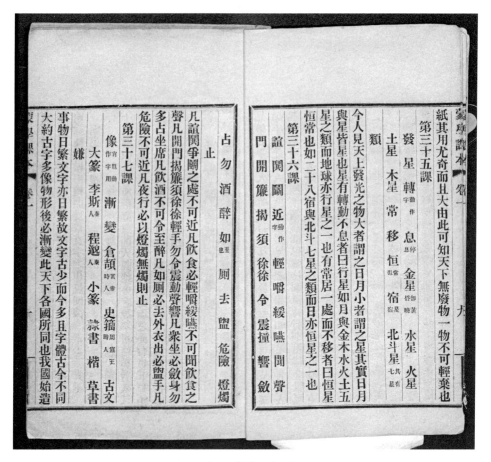

1901年版《蒙学课本》内页

禽善飞，兽善走。禽有二翼故善飞，兽有四足故善走"。纵览第一卷，课文内容总体呈由简到难，篇幅由短到长的进阶趋势，各课时主题丰富，但彼此间无明确的逻辑联系，例如第八十课内容为对"冰块、变质、流质、定制"等物理概念的介绍，随后的八十一课则转而叙述儒家伦理中的"亲亲之道"。

第二卷共32课，虽然课时数量缩减，但课程编排更为合理完善，每课设有标题作为内容提要，课后配有练习题。例如第1课内容为《四季及二分二至说》，课后留有"何为四季""每季有何种分法""何谓二分二至并如何分法"等习题六道，以训练学生的记忆力，增强对课文内容的理解。此外，第二卷32课之间的内容主题具有一定的逻辑关联，第1到8课为天文学主题，包括"地球问答""恒星说"

"行星彗星说"等,第9到20课为有关人体的生物学主题,诸如"论血之运行""呼吸论""论耳""论目";第21到32课的内容则围绕食物展开,例如有关食物制作的"制面包法""制蔗糖法",有关饮食习惯的"论食""论饮"。

相比第一卷,《蒙学课本》第二卷的编纂质量明显提升,课时数量安排更加合理,课文内容更具有整体性和逻辑性,同时在编写中融入了一定的教学法意识,通过设置课后习题,关注学生的反馈与掌握情况,总体编排更有利于老师开展教学与学生巩固学习。这一改进,可能与当时担任教师的师范生们一边教学、一边编写的编纂模式有关,有了初步的教学经验和第一卷的编写心得,待编纂第二卷时,教师们的教学方法和对教科书的认识都愈加科学与全面。1901年,在原有《蒙学课本》的基础上,南洋公学外院又出版了《新订蒙学课本》,共三编,每编一册,初编和二编为新撰,三编是对原《蒙学课本》的修订出版。这套三册本的《新订蒙学课本》内容通俗易懂,课程难度循序渐进,同时还有对教材使用上的方法指导,比原《蒙学课本》更为科学、实用。

诚然,作为中国人自编教科书的最初尝试,《蒙学课本》有许多不足之处。例如,课文内容过于简洁,缺乏阐释性与启发性,也没有任何插图说明,因此既不利于低年级学生理解,也不适用高年级学生提高。由于当时尚未建立完善的学制,《蒙学课本》在编排上并未区分层次与年级,内容较为笼统。但《蒙学课本》的问世,满足了当时新式小学教育对教科书的急切需求,课本在内容上兼顾中西,既包含儒家传统典范,又介绍西方科学知识,还尝试将中西知识比较、贯通,体现了当时旧学与新学碰撞、交互的时代特色。

"汇学课本"

徐汇公学采用教材

雷舒宁

徐汇公学是近代上海最早建立的新式学校之一,自 1850 年建校以来,学校积极适应时代更迭与社会发展,不断调整学制,完善课程设置。值得一提的是,徐汇公学将自己编写教材称为"汇学课本"。所谓"汇学课本",狭义上应是专门为徐汇公学编纂的教材,以满足老师课堂教学和学生课余阅读之需。但从广义上来说,凡是公学采用的课本,无论从欧洲引进、还是当时通行的教材,它们共同构成了徐汇公学的教学特色,这些"汇学课本"涵盖国文、外语、世界历史、哲学宗教、科学、音乐、体育等各个学科。

徐汇公学虽然由外国人创办,但国文一直是教学重点。办学初期,中国尚处于科举时代,学校课程设置以国文为主,选用"四书""五经"等作为教材,内容晦涩深奥。其后学校不断进行课程改革,1900 年后将外文与"泰西科学"列入课程,国文仍得到相当的重视,但也进行了相应的调整,教材上寻求更适合普通学生的读本。其中具有代表性的课本有《古文拾级》,由耶稣会华籍神父李问渔编写,初版于 1909 年问世。因当时已有的古文选集内容精深,不适合学童阅读,徐汇公学委托李问渔另编选集,供学生学习古文时参考。李问渔选取中国古代经典文章百余篇,包括《海上平寇记》《徐文长传》等。全书分为上下两册,共八卷,书名定为《古文拾级》,取"拾级而升"之意。

除《古文拾级》外,《通史辑览》被当作徐汇公学的历史教材。《通史辑览》由意大利籍司铎翟彬甫(Candido Vanara)原著,原书为法文,为翟彬甫在徐汇公学教书时编写,而后李问渔将其重新编译成中文,1915 年已是第二次出版。全书分为四卷,分别为上古史、中古史、近代史、今世史,共 31 课,旨在以相对简单易懂

1909年版《古文拾级》封面

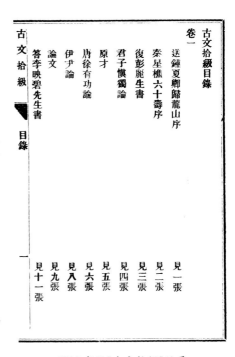

1909年版《古文拾级》目录

1917年版《透视学撮要》封面

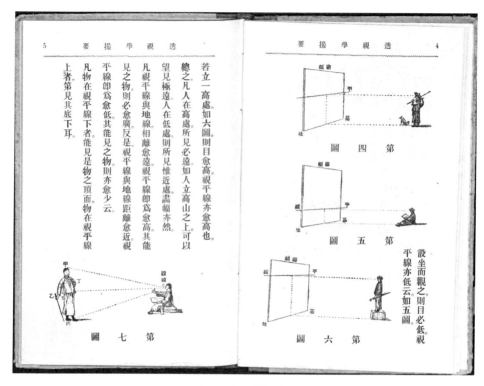

1917年版《透视学撮要》内页

的方式向学生介绍世界历史。此外,徐汇公学还在1914年至1918年间印行《世界历史课本》,由胡诚临、盛恺等译著,意在为历史教学提供记事详尽、价格优廉、册数适中的教材。《世界历史课本》共五册,上古史、中古史、近世史各一册,今世史两册,是我国出版最早、篇幅最大的世界历史课本。徐汇公学更早期采用的历史教材还有《希腊志略》《英法俄德四国志略》等。

徐汇公学建校之初,法语、英语仅供学有余力的学生选修,1900年之后,学校顺应清政府的学制革新,对课程进行改革,法语、英语被列为正式课程。据1913年修订的《徐汇公学章程》,"外国文"达到每周13课时,为所有科目之最。外文科目又以法文为主科,学校中学阶段有许多科目用法语教授,对学生的法语水平有一定要求,而且法语水平优秀也有助于学生毕业后升入震旦大学继续学业。学校早期的法语教材有耶稣会士编纂的《法兰文字》,后来也选用当时通行的教材,例如《法文初范》(Grammaire Française Élémentaire),高年级则采用震旦大学课本《法文菁华》(Extraits des écrivains Français),其中收录法国名家作品选段一百余篇,包括都德的《最后一课》、雨果的《沉沦》等。学校采用的英文教材有《英文捷诀》(A Method of Learning to Read, Write and Speak English)、《分类英语》(A Classified Conversation)等。除英、法语言外,徐汇公学从1859年开始设有拉丁文课程,面向教内学生,所用教材有《拉丁文入门》(Latinæ Linguæ)等。

徐汇公学不仅重视国文、历史等传统科目,在音乐、美术上的教育也独树一帜,颇具特色。徐汇公学是中国最早实行西洋音乐教育的学校,早在1858年,徐汇公学就有了近代中国第一支由中国人组成的西洋管乐队。《徐汇公学音乐课本》《徐汇公学唱歌集》《风琴小谱》等留存的音乐课本,见证了学校音乐教育的辉煌。美术教材具有代表性的有《透视学撮要》。该书底本为法国人"戴买尔格克罗(Demarquet-Crauk)《透视摘要》一书",由沈良能编译,潘谷声作序。早前,沈良能曾翻译《透视学》一书(1917年3月商务印书馆出版),"特为专门及示范生应用",内容翔实、周全。而稍晚出版于1917年9月的《透视学撮要》则面向普通人和"绘图学童","译笔简洁,插图明显",满足初学者的需要。全书主要内容为透视学及相关概念阐释,例如"画幅""地线""视平线"等,书末四节介绍如何利用透视原理作风景画。

汇学课本出版年限跨度大、覆盖学科广泛,从中可见徐汇公学从初创到扩大,再到课程、学制革新的发展历程。印在泛黄纸页上的诗文词句、字母音韵、绘图释义,历经百年,依然生动地向我们展示当年徐汇公学中西兼顾、励精办学的风貌。

《风琴小谱》

一本被书名耽误的音乐教科书

郭登杰

《风琴小谱》由天主教圣母会的一名中国修士卞依纳爵编写,1908年由上海土山湾印书馆印制发行,后多次再版。仅从书名来看,很容易让今人误解为是一本曲谱。事实上这是一本向中国学生教授西方音乐知识、技能的教科书,内容包括乐理、弹奏法、练口(视唱)、练手(曲谱)、辨声(练耳)、国乐(音乐欣赏)等。

在初版序言中,作者记述了编写此书的起因与目的,即"自明诏兴学以来……殆无学堂无音乐者……蒙小学堂等苦无音乐善本"。意为自光绪帝宣示变法大计的诏书即1898年维新变法以来,作者观察到各式学堂中即使开设音乐课程,依然缺乏严格校勘的音乐知识教材。为此,他从解决现实问题出发,为培育"新人",特为小学生群体编写了此书。该教科书出版后,除供圣依纳爵公学(徐汇公学)与土山湾乐队等教育机构使用外,因为在1926年版底面明确标有书籍市场价格,可以判断还有其他社会教育机构使用。此后多次再版也说明《风琴小谱》的受欢迎程度。

1908年初版的第一册是一本乐理教科书。为便于学生理解知识,作者借用中国传统音乐术语来阐述一些西方乐理知识,如用"工尺"对应"音符",用"长音四板者从""次长两板者从"对应今人所熟悉的"全音符""二分音符"等,一方面给初学者颁发了一根"助学拐杖",打消了学生畏难情绪;另一方面强化了中西音乐知识之间的联系而非"对抗",从而体现了作者的教学法意识。

1911年版第三册为《练口》。"练口"即为今天所讲的"视唱",包括6条练声曲和76条视唱谱。可见,清末民初上海天主教会学校的音乐教育已经出现"分科立学"的意识。

1911年版的第四册为《国乐》。"国乐"并非今人所理解的"民族器乐曲选集",而是刊印了21个国家的国歌声调谱。其中的中国国歌声调谱是根据清朝法定正式国歌,也是中国历史上第一首法定正式国歌——《巩金瓯》的工尺谱所编写,并刊印在内容页首页(含歌词,其他均为有谱无词),只是歌名换成了《中华》,体现出作者所具有的世界意识和家国情怀。

1926年版的第二册为《练手》。该版是一本风琴曲谱,包括112首练习曲和30首乐曲。内容进阶设计,由易到难较为科学、合理,尤其在练习曲谱上标注了指法,非常适合初学者使用。

1927年版的第一册为《辨声》。该版内容与1908年首版相同,但在文字字体和五线谱编辑方面发生了变化:

光緒三十四年　主母會卞依納爵記

自　明詔興學以來殆無學堂無音樂者而敝會同人每承乏蒙小學堂等苦無音樂善本即有亦於初學程度不甚合宜因遍訪精於此者將風琴簡要法譯餉初學非敢謂道在於斯聊自比矇誦而已

1927年版《辨声》序

光緒三十四年　月　日主母會卞依納爵記

自　明詔興學以來殆無學堂無音樂者而敝會同人每承乏蒙小學堂等苦無音樂善本即有亦於初學程度不甚合宜因遍訪精於此者將風琴簡要法譯餉初學非敢謂道在於斯聊自比矇誦而已

1908年版《辨声》序

二　第二　五線

五線者平行橫列所以標明聲位之高低也線從下數起聲低者居下刀極低西極高皆以圈點代之或騎線或居線間各按線之上下以位聲之高低其數線及圈點如左

六十六　問　均此樂聲而剛柔異須有時加勁有時則否如何揭示之

答　仍用意大利文且可用簡筆顏於架上如

Piano　(p)　　　　　柔聲
Pianissimo　(pp)　　極柔
Forte　(f)　　　　　勁適
Fortissimo　(ff)　　極勁適
Mezzo forte (mf)　　半勁適
Crescendo　<　　　　漸柔高
Decrescendo　>　　　漸柔
Mezza voce　　　　　半意
Ad libitum　　　　　隨定
Tenuto　　　　　　　持

1927年版《辨声》内页

五线谱的印刷对于印刷技术无疑是一个挑战。通过上图我们发现，1927年版所使用的字体为宋体，字形端正，更易读者阅读与理解，体现了土山湾印书馆的字模及印刷技术的改变。事实上，在清末民初，土山湾印书馆就相继引进了欧洲石印、珂罗版和照相铜锌版印刷新技术，并采用机械排版和外文铸排机印制图书。该版的文字编辑顺序仍遵循中国传统书籍印制习惯，但五线谱则直接采用西方乐谱式样，显示出当时上海社会音乐教育中对于西方音乐文化的推崇。

　　综上，我们了解了《风琴小谱》中的知识图谱内容，发现书中所蕴藏的教育教学理念与方法至今依然有穿越时空、直达本心的能力。与此同时，我们也发现了音乐知识图谱中的共通性，看到民族国家、文化的界限越来越无法限制人员、知识、技术乃至文化观念的全球性流动。因此，我们要从中国与世界的互动关系中来理解中国近现代音乐教育的历史。《风琴小谱》的发现再次提示我们除了关注沈心工、曾志忞、李叔同等留日人员所开创的"学堂乐歌"之路外，还应该关注到包括传教士在内的来华西人的音乐教育实践价值，否则无法完整把握中国音乐教育的历史、现状及发展趋势。

《松江方言练习课本》

将法式语言科学秩序引入吴语方言

莫 为

在世界各国,方言无疑普遍存在。而历史上,为了便于交流,各大语种都存在通用语,或是官话,但在晚清时期的中国,方言依然是当时绝大多数市民唯一的口语形式。因此,外国传教士们在徐家汇建立自己的机构时,面对识字率较低的盲众,最终还是选择以方言与中国的普罗大众交流。在该过程中,来华西士将西方勃兴的语言科学方法论运用至汉语方言口语中,突破传统中国学者的语文学专注于书面成形的文献范式。由应儒望(Paulus Rabouin)所著法汉对应方言教材《松江方言练习课本》(*Exercices de Langue Chinoise, Dialecte de Song-kiang*)(简称《课本》)于1883年由土山湾印书馆出品,可视为将法式语言科学秩序引入吴语方言的典型一例。

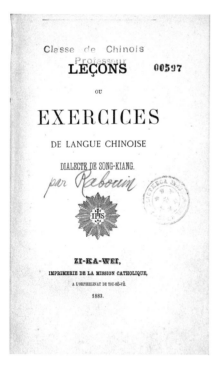

1883年版《松江方言练习课本》封面

《课本》点明"松江话",所记方言实为当时通行于徐家汇土山湾地区的上海话。徐家汇依傍上海法租界而立,但行政区划上仍属松江府。作为松江府的两大重镇,松江和上海在语言上天然存有不可剥离的内在肌理,构成"种属关系",即上海话是松江方言在黄浦江两岸的一个分支,府

《课本》目录　　　　　　　　　《课本》第三课"关于人体"

城松江方言也一直是上海人心目中的权威方言,加上现代意义上的上海话当时尚未完全形成。因此点题为"松江话",体现彼时方言谱系之高下。

《课本》体量庞大,计有前言(Préface)、缩写/符号(Abréviations ou Signes)、课文(Leçon)、内容表(Table des matières)及附录(Index des caractères)五部分,共 320 页。前言部分明确受众为来华传教士中的辅理修士群体。与神父们不同,一方面他们的文化程度不似神父那么高,仅接受寥寥几年的专业技术培训便匆忙上岗,语言水平有限;另一方面他们从事技术性的工作,如医务、园艺、建筑等,经常要和社会上各界人士打交道。故除了对教材要求浅显易懂之外,他们仅需对当地语言的基础语法有大致了解,并以口语为首要学习对象。42 篇课文,先将教学重点内容罗列,如前十课的字词教学,将口语最为基础的词语、俗语、短句列出,汉字位于最前,后接方言拼音,再辅以法语翻译。而后学生可据所掌握的字词,通过造句的方式加深掌握程度。课文的内容拾级而上,通过亲切的家常对话为徐家汇的诸多群体提供语境素材。自第 11 课起至第 29 课,分别就一些简易的话题(人体、住房、家具、天气、货币、测量、杂役、服饰、称谓、医疗、礼拜等)开展谈话情景的演练。自第 30 课起,徐家汇土山湾地区生活又可复现,如去法华镇(今法华镇路两侧一带)购买农具,交流农艺经验,土山湾画馆面试问答,学徒装裱画作工艺,神父参访接待等。书末附上以汉字笔画为纲编排的汉字上海话读音,并提供课文内页数索引,亦是近现代图书编撰与目录索引的一次尝试。

据上海方言学家钱乃荣先生的研究,《课本》所用语词规范,全面涵盖各种语法现象,采用音系是传教士方言著作中实录上海方言音位最多的一部,可以说比较完整地呈现了 19 世纪晚期上海方言的面貌。作为运用法式语言科学标准研究上海方言的首倡,《课本》所订立语音系统、字母记音、声调记录(入声不标明,在汉字右下角以半圆形式圈出)、沪法指示词对应等,都为后续来华法国人对中文方言的语言学研究奠定了学术规范的基石。

除这本《松江方言练习课本》外,应儒望另著配套辞书《法华上海方言松江方言词典》(*Dictionnaire Francais-Chinois Dialecte de Chang-Hai, Song-Kiang, etc.*)(简称《词典》),以 1 300 页的巨大篇幅,分上下两卷,共 10 个单元,介绍汉字笔画、语音。就其微观结构而言,该书无疑是一部法语词典。先以法文词条为纲,列出方言同义词,后分别排列与法语词义关系密切的方言同义、反义词,在义项模式上重字解,并侧重介绍了松江方言着重虚词的特点。还有一本语法小书《上海、松江等地方言(与官话对照)语法简述入门》(*Petite Grammaire du Dialcecte de Song-Kiang, Shanghai etc. Compare au Mandarin*)(简称《语法》)为应儒望手书的印刷本,其中的部分章节与《词典》内容接近。由于其工艺属于土山湾早期石印技术,可视为《词典》逐步完成的阶段性成果。但《语法》更强调松江方言与官话在对话情境中在语法层面的差别,具有比较视野。可以说,《课本》《词典》《语法》各从其重,相得益彰,是近代徐家汇耶稣会士方言研究逐渐体系化的体现。

震旦与复旦的哲学课程

王启元

20世纪初马相伯创立震旦与复旦时,其学科设立比较偏重于文理等基础理论学科,无法做到像国立、官立学校那样,开设更多应用专业。诸多基础学科中,外语与哲学,又是马相伯极为看中的。而相比于民国后明确规定"文科"中的"哲学"学科,震旦与复旦早就开始讲授这门经典学科,可能是近代学堂教育中最先开授哲学尤其是西方哲学的两所新式学堂。

马相伯在1902年底发布的《震旦学院章程》中,规定的"功课"只有两门,第一门为拉丁文,兼带讲解西塞罗(Marcus Tullius Cicero)、阿奎那(Thomas Aquinas)哲学;第二门为笛卡尔(René Descartes)哲学,总之"非名家著Classical author 不授"。马相伯在《致知浅说·小引》中说道:"时年六十余,既从(震旦)诸子请,有《拉丁文通》《致知浅说》之作,有旁及度数与流形变现等。"其中不单单是哲学、外语等课程,震旦时期的马相伯还要承担数学、代数等理科课程。马相伯在《一日一谈》二三中提到:

我就向孑民(蔡元培)先生提议,最好由他在学校中选择一些比较优秀一点的青年学生到我这儿来学,更为有益而切于实际。孑民先生深以为然,于是就选派了二十四个学生来学。我起初还是不打算教他们拉丁文,但他们也和孑民先生一样,拿定主意要我教他们,我没法,只好教了。当时在我们徐家汇教会中的法国人,都在背后笑我们,以为中国人如何能以学得好拉丁文?但是我却大胆地教他们读拉丁文最有名的文学作品,最有名的演说家季宰六(Cicero,今通译西塞罗)的演说。四个月后,经过考试,他们都居然写得出来,说得出来(发音自然有些不确)。从前笑话我们的外国人,也不能不钦佩我们的青年学生的努力,胡敦复就是其中之一……后来我又教他们哲学,凡哲学术语,一本拉丁,"不徒欲探欧语之源流,并欲探希腊拉丁人震古烁今之爱知学也"。(见余所著《致知浅说付刊叙》,商务书馆版)。《致知浅说》与《拉丁文通》原稿本已散佚,民国以后所刊,系"辑散补亡,勉续未成"之作。

震旦及"前震旦"时期,马相伯就非常强调西方哲学的训练,并为学生们编订了两本教材:《致知浅说》和《拉丁文通》,这两门课程他亲自上。《致知浅说》(1903年)标题中的"致知"两字是指哲学,于是这门课程现在可以称作"哲学导论"。马相伯时代的学者并不采用日文汉字"哲学",他们更喜欢用"致知学""爱智学"来翻译 Philosophy,保留了明末徐光启他们对"西学"的那一套译法。马相伯引朱熹《大学章句》解释说:"'致,推极也;知,犹识也。推极吾之知识,欲其所知无不尽也。'殆即西儒所谓 Philosophia。"按马相伯的理解,西方哲学和《大学》的"格物致知"之学类似,是一门用逻辑推理导出新知识的学问。

《新史合编直讲》封面

《致知浅说》封面

1905年，马相伯离开震旦，再创复旦，复旦公学里的哲学课依然由他来担任。复旦在匆匆间草创，唯有重视教学一端，科研学术尚无从谈起。同时财务拮据，校舍逼仄，学生也是流动的，复旦公学吸引学生的地方只有深孚众望的老师，再有就是优质课程。早期复旦已是新式学堂，偏重文史哲、数理化基础学科，讲授"四书""五经"之外的"西学"；同时师生关系融洽，有一股明清书院的"讲学"气息，是一个研读共同体，但又不比经费充裕的国立工科学校，所以只能更推崇文科。复旦公学创校时有两位名牌教师，即马相伯和严复，都教西方哲学。马相伯掌握多门外语，精通神学、科学和哲学，在当时的新派人士中间享有德高望重的声誉。比马相伯年轻14岁的严复，早以翻译《天演论》（1897年）成名，被邀请来帮办复旦。清末讲"西学"，以"严马"并称。严复擅长英国近代经验主义的政治哲学，马相伯则全面掌握希腊罗马古典哲学、欧洲中世纪哲学和近代法英政治哲学。

1905年的《复旦公学章程》中的办学宗旨，仍然与之前的震旦学院类似，是"内之以修立国民之资格，外之以裁成有用之人才"，是一所"注重科学，崇尚文艺，不谈教理"的人文主义学校。按照这个办学初衷，哲学课最重要。复旦公学本科（"正斋"）文、理两个学部的学生，必修"伦理学"和"拉丁文"两门课程。这里抄一下正斋一部（文科）的课程体系："伦理学、国文、英法文、英法或德文、历史、地理、数学、论理、心理、理财、法学、簿记学、体操、音乐、拉丁文。"伦理学放在第一门修，拉丁文则是最后一门修。这里的"伦理学"就是哲学，教材还是马相伯的《致知浅说》；"拉丁文"是翻译欧洲哲学的工具，教材也还是《拉丁文通》。可以确定复旦公学从1905年办学之初，最重要的课程就是西方哲学，以及学习西方哲学必需的辅助工具——拉丁文、法文、英文等专业外语。这一哲学学科体系是全中国新式学堂（大学）中最早与最成熟的。

民国高等教育制度确立后的1919年，复旦大学在文科下设立国文部、外国文学部、哲学部、政治法律部、历史地理部等；哲学部下包含"名学""伦理学""天演学""人种学"等4门课程，后两种课程实际并非真正意义上的哲学类。此时复旦大学尚未实行自由选课制度，学生需要修满各学部所有课程才能毕业，而哲学部教员仅有李登辉(1873—1947)一人。1927年,复旦计划在文科系部中"哲学部"的基础上增设哲学系,不过未成功。1949年同济文、法学院并入复旦,由于复旦大学未设哲学系,同济大学哲学系仅有的8名学生只能并入复旦大学社会学系。1956年,复旦大学受命创办哲学系至今。

震旦大学的医学教育

任 轶

　　震旦大学于1903年由华籍耶稣会士马相伯和天主教江南教区在上海徐家汇共同创立,起初设有文学(Lettres)和理学(Sciences)两科。1908年,震旦大学从徐家汇迁至卢家湾广慈医院附近,为建立医学院创造了地理优势。1909年,在关汝雄(François Le Coq)神父的建议下,韩绍康(Hyacinthe Allain)院长开设理化博物(P. C. N)课程。1912年起,正式开设医学课程。

　　现代医学诞生于巴黎,以法国为代表的临床医学极大地推动了欧洲向"科学医学"的演变。由于法国政府的支持对震旦大学医学院至关重要,20世纪初确立的"科学医学"标准贯穿了后者的整个教育模式。

　　震旦大学医学院六年制确立后的《博物医药科课程表》显示,六年制医科课程分成两个部分。前两年为理化博物科,即博物学,主要课程有法文、心理学、生理解剖学、物理学、化学、动植物学、生理学等。医学预科阶段的学习科目是开始医科学习前必须掌握的基础类课程。同时,医科学习的难度和强度都很大,先安排两年基础学科课程作为缓冲适应期,有助于学生判断自己是否适合继续走学医之路。医学生们从第三年起正式进入医科专业学习,后四年称为"博士课程"。主要课程包括细菌学、(内、外科)病理学、产科学、儿科学、五官科学、眼科学等医学专业课程和放射科、外科手术等技术课程,从第三学年起每天上午安排在医院的实习课程,第五、六学年安排临床实习。

　　法国医学的特点是临床的科学观察和病理解剖及活检相互验证。因此,震旦大学医学院的课程设置非常重视医学实践。平时的解剖、病理等课程都采用理论与实验相结合的方式。三、四年级的学生,每天下午都要进行2小时的解剖

1917年6月,震旦大学医学院第一届医学毕业生与教授合影

练习,三个学期一共要完成270场解剖练习和2次完整的人体解剖。为此,学校配备了优越的实验和实习场所。医学院拥有细菌、有机化学、组织学、自然理化四个实验室。

作为震旦大学附属医院,广慈医院是医学生后三年的实习医院。医院设施完善、规模大、入院人数众多,能遇到各种类疾病,为实习学生提供了得天独厚的学习环境和条件。根据医学院第22届毕业生(1935—1941年)统计的在学习期间所见患者数量:从1937年9月至1938年6月为1 147人,1938年9月至1941年3月为293 733人(不包括产科),4年内共计294 870人;3年中在广慈医院共见习外科大手术3 011次,小手术则不计其数。四年级时,每人做2个月接生实习,全体学生共接生736名婴儿。六年级时,外科手术实习,以犬代人练习外科手术,用犬288只。如果说震旦大学医学院在中国享有无可争议的声望,这不仅

1932年"一二八"战役,震旦大礼堂前第二十八伤兵医院全体医务人员

得益于负责教学的老师、医生,还受益于广慈医院向其开放使用的先进医疗设施,让医学生们能在大学讲堂之外,在患者的床头和手术台旁学习成为合格的临床医生。

震旦大学医学院教师以法国籍为主,均具备完整的医学专业教育背景。医学院从建院之初,就依托广慈医院的支持,1913年,李固(Ricou)和佩莱(Pellet)两位医生就在震旦大学开设医学和卫生学课程。此后,医学院教师队伍中医师和教员兼任的双重身份比重一直很大。广慈医院为震旦大学医学院提供教员,这些经验丰富的中外名医不仅在医学院教授专业课程,还在临床医疗中指导震旦的医学生,为震旦大学医学院的人才培养、课程设置等方面作出了卓越的贡献。20世纪30年代起,随着一批本校培养的优秀毕业生留校,师资开始本土化的趋势。

震旦大学医学院的考试严格且频繁。每周六上午是固定的考试时间,各科目轮流进行。学生若想要跟上进度,不仅每天必须完成当天功课,还要准备每周

1930年代，学生在震旦大学医学院大解剖室

六的考试，长期处于紧张的备考状态，课业压力远远大于其他科系。医学院学生首先必须完成为期两年的理化博物科学习，获得理化博物科证书后，才能升读四年医科。理化博物科考试科目包括：动物学和骨科学的笔试和实验，植物学、化学的笔试和实验，物理的笔试和实验，作为基础课程，只要有一门课不及格就会被淘汰。之后的四年中，为获得医学博士学位，学生们还必须通过包括细菌学、征候学、解剖学、胚胎学、病理学、妇科学、产科学、寄生虫学、法医学、皮肤科学、五官科学、卫生学、临床内外科学等25门考试拿到6张结业证书，笔试试卷由两位医生分别批改并给出分数，口试须在由三位医生组成的评委会前进行。1941届毕业生统计出六年内他们共完成各项科目总数42项，大小考试168次。如此严格的淘汰制度，形成了医学院"少而精"的人才培养特色。1917—1947年30年间医学院共毕业人数仅为345人。这也完全体现了法国医学体系注重品质而非数量的特点。

医学院的中国教师主要是震旦医学院的毕业生，例如1935年12位中国教师中，有10位是毕业于震旦的。随着淞沪会战和第二次世界大战的全面爆发，

20世纪20年代,震旦大学医学院校舍

一批法国医生离开上海,而一批震旦医学院毕业生陆续从欧洲学成回国接替他们在医学院任课。1943年后,震旦大学医学院大部分的教学和实验室研究均由震旦毕业的中国医生完成,1945年36位医学院教师中法国教师为15位,牙医系9位教师中只有1位法国教师。除去留校任教和在附属广慈医院担任医师的"反哺模式"外,还有很多学生或工作于主要由法国传教士管理的各地天主教医院,或活跃于各地法租界成为私人开业的医师,或就职于法国控制的企业(例如陇海和正太铁路)和部门(例如法租界公董局),或赴法语国家留学深造(例如法国和比利时)。

震旦大学医学院的法籍教师运用对现代知识的占有来制定其改变中国的战略,将法式精英教育模式融入中国近代专门人才培养中。在震旦医学院接受教育的中国青年医生不仅构建了中国现代社会模式的新兴职业阶层,形成了一个享有社会地位和影响力的新型知识分子群体,也成为西方文化的主动传播者,推动了西方医学在中国的立足。震旦大学独具特色的办学方式丰富了中国近代高等教育的多元化格局。

徐汇公学的博雅教育课程

李 强

1850年耶稣会在徐家汇设立了具有其修会公学模式和特征的学校：圣依纳爵公学(le Collège Saint Ignace)，即"徐汇公学"。徐汇公学的设立是耶稣会教育体系在地化的一种实践：上海移植耶稣会在欧洲的教育传统，也进行了一些适应本地化的改良。类似徐汇公学这样的耶稣会学校是耶稣会在华开展各类工作的重要根据地。

为此，徐汇公学的博雅（一般指通识教育或通才教育）课程不仅仅限于满足传教的需要。在课程设置上，徐汇公学设立伊始即注重中文教育，注重适应中国社会的需要。1857年，该校有9名中国教师，其中多数不信教，因为当时受"礼仪之争"禁止敬孔的影响，天主教内少有人能够参加科举，无法补充教师的缺额。学生们的绝大多数时间都用来学习中文，进步快的学生则有余力学习法语、歌唱、音乐、图画等。

实际上，全世界耶稣会公学的课程设置遵循1599年设定的《教育准则》(*Ratio Studiorum*)的统一要求。为了适应现代社会需求，耶稣会于1832年修改了该《教育准则》。根据修订后的《教学大纲》，在世界各耶稣会公学的课程设置中，拉丁语和希腊语依旧作为基础学科，但更多的时间要置放于母语和本国文学的学习上；语法课上要读古罗马拉丁文名家的著作；基础神学、博物学也是课程内容之一；数学、自然科学、历史、地理等科目也在教学过程中得到加强。

在《教学大纲》指导下，1859年徐汇公学开设了拉丁文课，作为学习西方哲学和天主教神学的语言基础。开设拉丁文课，主要满足进修院和耶稣会的学生

20 世纪 20 年代，徐汇公学校舍

们的需求。但是，徐汇公学在每年年终评价学生的学习成绩时，则侧重从以下八个方面加以考察：品行、圣学（宗教知识）、文课（文学、写作等）、尺牍（书信写作）、讲读、算术、舆学（地理）、书法。

可见，徐汇公学的课程设置体现出一种明显适应本地文化和社会需求的倾向，博雅式的教授内容则影响了该校毕业生的知识结构，塑造了晚清社会一批新型的知识分子。徐汇公学的毕业生一定程度上积累了考取科举功名的知识储备，同时也埋下了走向宗教"圣召"的种子。比较典型的例子是马相伯。马相伯及其同学中的优秀者如李问渔等毕业后一起加入了耶稣会。他们借助徐汇公学博雅教育的中西双重知识积累，在一定程度上参与近代西学东渐的浪潮中。

徐汇公学培养了一批又一批接受中西博雅教育的学生。相继担任徐汇公学校长（彼时一般称"理学"）的中国耶稣会士有马相伯、蒋邑虚、潘谷声、张秉衡等。尽管1897年该校开设了法文班，增加了教育活动中外语的比重，但全体学生依然都要读中文，有修道意愿者则兼读拉丁文，此外还聘请中国秀才教授经书，外

1920年,徐汇公学70周年庆祝日来宾合影

籍神父或修士三人教法文,一人教授拉丁文。曾有一段时间,欧洲籍的修士也在该校学习中文。

　　徐汇公学的中文教育也为学生参加科举考试提供了较好的基础。据《徐汇公学第七十周年纪念册》记载,1860年有72名在校生,学生每日所背之书无外乎艰深难解的"四书""五经",幼童只知吟诵,年长学优者则赴考乡试,成为生员、秀才者为数不少;书法也是中文教育中重要的科目。学生中最优秀者则加入耶稣会,进入修道院,修习哲学、神学,典型者前文多已提及。

　　徐汇公学学科设置的变化虽然促进了毕业生国际性的增强,但中文教育的存在使得他们与中国社会和文化传统紧密地联系在一起,进而影响他们社会实践的各个方面。比如,后来成为上海教区主教的张家树早年也是徐汇公学的学生,青少年时期即有强烈的爱国意识和民族情感。他在徐汇公学读书期间,长于写作,多次在校刊《汇学杂志》(En Famille)发表文章。"汇学课艺"能够反映徐汇公学针对中国学生设置的中文教学的宗旨和目标。统观张家树及其同学在徐汇公学时期的文章,大都关注时事、论说古今,表现了该校学生的国家意识、社会意识和民族情结。

1920年,徐汇公学70周年庆祝日校友合影

此外,徐汇公学的博雅教育也为毕业生更全面深入地介入近代中西社会的交互提供了知识储备。该校毕业生组成的"学行赞襄会"就是一个典型案例。该会原名"汇学会",主要由徐汇公学毕业生于1906年间组成,每个星期日聚会6小时(上午十点至下午四点),也可通信,会员之间"教授会友各种科学,如算术、物理、化学、图画、音乐、武艺、体操、演说、英法文等",立会的主要宗旨是"慨同学之涣散,实学之不兴,互相计议,纠聚而成,以期品学兼备,知识增广"。1907年在老天主堂会集改名"学行赞襄会",并向非徐汇公学毕业生会员开放,借此也进一步扩大了徐汇公学博雅教育的社会影响。

在记叙晚年思想的《一日一谈》中,马相伯回忆自己在徐汇公学的经历时,特别强调了他的老师晁德莅向其教授自然科学和哲学知识的深远影响,彼时幼年的马相伯自己也因古文和经学底子扎实,14岁即在徐汇公学一面当学生一面当先生。后来马相伯相继创办震旦学院和复旦公学,从教学章程中也可隐约看出徐汇公学以博雅课程培育全才式人才的"影子"。

校长、教师与校友

盛宣怀

南洋公学的创始人

陆丹妮

盛宣怀,中国近代著名实业家、教育实践家。作为深谙实业之重要性的洋务派人才,他先后创办了轮船招商局、湖北煤铁开采总局、天津电报局、华盛纺织总厂……19世纪末,盛宣怀掌握轮船、矿务、铁路、银行、纺织等近代中国各类重要的实业,是毋庸置疑的"中国实业之父"。而还有一项并没有那么为人熟知的贡献:那便是在上海徐家汇创办了南洋公学(原址今为上海交通大学徐汇校区)。

1921年,盛宣怀铜像

在操办实业的过程中，盛宣怀深刻认识到了人才的重要性。1875年，盛宣怀开始主持创办湖北煤铁开采总局，聘请了外国矿师马利师（Morris）。然而这个所谓的"矿师"并不知道如何勘查矿产，耗时半年，勘查花费甚多，却没有一点进展。后来盛宣怀才知道马利师根本不懂力学、地学知识，他只是会操纵采矿机器而已。这个所谓的"矿师"给了盛宣怀一个深刻的教训：一味依靠洋人并不现实，必须培养属于我们自己的人才，唯有如此，洋务企业才能长久地发展。在操办各类洋务企业的过程中，盛宣怀逐渐形成了自己的教育理念。他十分重视实业教育，强调学以致用，在盛宣怀看来，实业人才的培养至关重要。"自强之道，以作育人才为本；求才之道，尤宜以设立学堂为先。"

为了培养电报技术人才，盛宣怀先后在天津和上海主办电报学堂，为当时的电报事业培养了众多技术人才。除电报学堂之外，盛宣怀主持、参与筹办或赞助的学堂还有烟台矿务学堂、北洋医学堂、卢汉铁路学堂、轮船招商局驾驶学堂等。这些技术学堂虽然为当时的实业企业输送了一批人才，但是也存在明显的不足：这些学堂培养的都是针对岗位的技术人才，他们大多数没有接受过系统的理论学习，没有得到完整的全面教育。

在创设各类技术学堂的同时，盛宣怀也在思考仿照现代教育模式，建立新式教育机构。早在1892年，盛宣怀便与美国教育家丁家立（Tenney Charles Daniel）接触，商讨建立新式中西学堂的相关事宜。1895年天津中西学堂成立，1903年改名为北洋大学堂，1913年又改名为国立北洋大学。北洋大学是中国近代新式教育的起源，是中国近代第一所大学，盛宣怀也成为首任大学校长。北洋大学是近代中国第一所仿照美国大学模式创办的学校，以工科为主，设有头等学堂与二等学堂；头等学堂相当于大学，二等学堂相当于预科，二者学制均为四年。1897年增设铁路专科，翌年设立铁路班。1903年为了培养翻译人才，学校又增设了法文班与俄文班。北洋大学自创立以来便成为全国各地大学的范本，对中国近代教育的发展影响深远。

1896年底，盛宣怀调任铁路总公司督办，开始常驻上海。作为中西文化交流汇聚之地，上海有着得天独厚的办学条件。盛宣怀早已打算在上海创办一所中西学堂，调任上海没多久，他便上书光绪帝，提出筹办南洋公学，此计划得到了光绪帝的御批。1896年末,盛宣怀在上海徐家汇创办了南洋公学,他亲自担任公学督办,并邀请何嗣焜任总理,美国传教士福开森(John Calvin Ferguson)任监院。南洋公学设有师范院、外院、中院以及上院,其中师范院学制三年,外院、中院和上院学制均为四年。师范院是近代中国最早的师范教育机构,外院、中院和上院相当于小学堂、中学和大学,这三个阶段相互衔接,学生在外院毕业之后,升入中院,接着再升入上院,这套学制是中国最早的三级学制体系。此外,南洋公学还设有译书院、东文学堂、铁路班以及政治班等。作为近代中国最为知名的新式教育学府,南洋公学与国立北洋大学共同扛起了近代中国新式教育的大旗,二者一南一北,交相辉映。

老年福开森像

除了兴办、筹划各式学堂外,派遣留学生是盛宣怀培养人才的又一重要实践。早在筹办国立北洋大学与南洋公学时,盛宣怀就对派遣留学生出国深造有所规划,在创办之时便将派遣留学生写入学校的章程之中。1901年,盛宣怀委托傅兰雅(John Fryer)带领八位国立北洋大学的学生前往美国深造。20世纪初,陆续又有多批南洋公学与国立北洋大学的学生被派遣出国。不少留学生在学成归国之后,在各自不同的领域中,为推动近代中国的发展作出了自己

1922年,南洋公学军乐队合影

的贡献。

纵观盛宣怀的一生,"教育"二字贯穿始终。从筹办新式学堂,到创立国立北洋大学、南洋公学,再到派遣留学生出国深造,盛宣怀无愧为"中国高等教育第一人"。

张元济

从南洋公学走出的"现代出版第一人"

徐锦华

张元济是近代中国重要的出版家、教育家、爱国实业家。他曾担任过南洋公学的代总理,全面主持公学的工作。也正是在这段时期,他完成了自己思想上的一大重要转变,从而走上兴办出版,收藏图书,开启民智的道路。

他诞生于海盐张氏家族,这是一个非常典型的传统士大夫家族,祖上或科举有成,入宦海沉浮,或守业在乡,以耕读传家。同时也兼有以藏书、著书闻名之人。到张元济父亲这一辈,恰逢太平天国运动之时,1863 年,张父张森玉按当时习

张元济像

俗,避祸至广东,因此,张元济于清同治六年农历九月二十八日(1867 年 10 月 25 日)生于广东。

13 岁时,张元济随母亲返回海盐。一年多以后,张森玉去世,张元济家的物质条件有所顿挫,辞退佣工,并不再延请塾师而是外出读书,但是依旧走在传统的读书、科举以图进仕的道路上:1884 年,中秀才;1889 年,乡试中举;1892 年,中进士,朝考为翰林院庶吉士,三年后散馆,分至刑部为主事。到此时,张元济的人生与其他许许多多比较成功的传统读书人并无二致。但历史进程却已经到了一个转折时刻:1895 年,甲午战争清廷落败,《马关条约》签订,前所未有丧权辱国的同时,也激起了读书人的汹汹物议,并让其中许多人,开始从传统学术,转向探索"经世致用""富国强兵"之路。

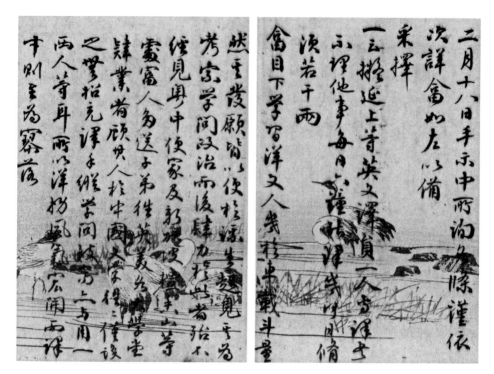

1899年4月,严复致张元济函提及《原富》译稿进展情况

在此时刻,张元济开启了第一次人生转向,他转考入总理各国事务衙门,开始学习英语。他在1896年给好友汪康年的信中说自己"近读公羊,兼习公法"。公羊学在当时是强调变法维新的人士所重的传统学说;公法则是当时对西方哲学、修身、伦理为一体的学说的统称。除了自习新学外,张元济认为"今之自强之道,自以兴学为先",他与好友一起创办通艺学堂,旨在"专讲泰西诸种实学"。

戊戌变法失败后,通艺学堂被迫并入京师大学堂,张元济本人被革职并永不叙用,他不得不离京南下,开始了他的又一次转向。经李鸿章关照,张元济到上海后,得到盛宣怀的照应,聘请他到位于上海徐家汇地区的南洋公学译书院任职。由于张元济身上还背着清廷"永不叙用"的处分,无法出任译书院长,因而名为"总译",实为院长。自此他由从政改向了教育之路。

早在张元济任职之前,南洋公学译书院主要从事从日文书转译西学著作的工作。张元济到任之后,除延续之前的翻译工作外,更重要的是,在张元济的力主下,南洋公学译书院不仅引入了严复译著,并且试图聘请严复到译书院任职。在晚清的翻译、引入西学著作的历程中,严复的重要性是绕不开的,他翻译的《天演论》《原富》等西方经典著作,对近代中国社会都产生了巨大的影响。《原富》一书,就是在张元济主持下的南洋公学译书院出版的,在此之后又出版了严复翻译的《社会通诠》等书。张元济给予了严复充分的信任以及远超过同时代水平的丰厚稿酬,这些举措对于严复译著的顺利出版,都起了重要的作用。

1901年,张元济接任南洋公学代总理,他继续发挥自己爱好新学、讲求实学、重视教育的风格,把严复的译著纳入学生必读书目,鼓励南洋公学的学生读新书;还经常和学生一一面谈,勉励学生治学向上,以期将南洋公学建成名副其实的"新学"。

1900年4月,张元济就南洋公学译书院工作近况致盛宣怀函

同年,在张元济的主持下南洋公学开设了经济特科,招收有良好旧学功底,同时又有志于学习西学的青年学子,又开设了英语、经济、政法等科目。张元济特地聘请了与他同科进士的蔡元培为总教习。特科第一届,招收了黄炎培、邵力子、李叔同等诸多有才学、有理想的青年学子,之后这些学生都成为各方面的一时俊秀,这与张元济的悉心谋划是分不开的。

但与此同时,他从理念到行事方面,与当时公学监院福开森(John Calvin Ferguson)逐渐爆发了诸多冲突;更重要的是,张元济的教育思想又有了新的发展,他开始认识到:"国家之政治全随国民之意想而成……国民教育之旨即是尽人所学,所学亦无取高深,但求能知处今世界所不可不知之事,便可立于地球之

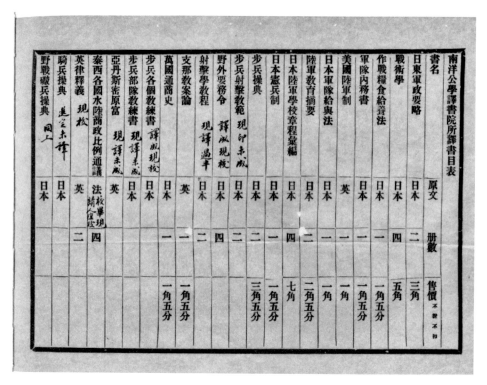

書名	原文	冊數	售價
日東軍政要略	日本	二	三角
戰術學	日本	四	五角
作戰糧食給養法	日本	一	一角五分
軍隊內務書	日本	一	一角五分
美國陸軍制	英	一	一角
日本軍隊給與法	日本	二	二角
日本陸軍學校章程彙編	日本	四	七角
日本憲兵制	日本	一	一角
步兵操典	日本	一	一角五分
步兵射擊教範 現印未成	日本	二	三角五分
野外要務令 譯成現校	日本	四	
射擊學教程 現譯過半	英	二	
支那教案論	日本		
萬國通商史	英	一	一角五分
亞丹密斯原富 現譯未成	英		
步兵各個教練書 現譯未成	日本		
泰西各國水陸商政比例通議	法校畢現請覆校	四	
英律釋義 現校	英	二	
騎兵操典	日本		
野戰礮兵操典 同上	日本		

1899年，南洋公学译书院所译书目表

上。"也就是说，在当时情况下，办学校，特别是高等学校，所能惠及的人群依然是少数；而出版教材，特别是小学教材，这样才能最大程度地开启民智，推广新学与新思想，才能"无良无贱，无城无乡，无不在教育之列"。

正是在这一新思想的指导下，他又开始了他人生的第三次转向：从教育界转向出版界。他很快就辞去了南洋公学代总理的职务，并在1901年底退出了南洋公学译书院。之后不久他斥资数万，入股商务印书馆，并且加入商务印书馆的经营活动之中：成立了商务印书馆编译所，亲掌其事。

此后，张元济参与编纂《最新初等小学教科书》，并且一生中出版多种小学教科书，努力实现用教育最大限度开启民智的理想；他还在商务印书馆组织了《四部丛刊》《百衲本二十四史》等书的影印，创设东方图书馆，为中国保留传统文化作出了贡献。他在商务印书馆前后近50年，不仅出版图书，收藏图书，还培育了大量优秀人才，立足出版而为中国保留文脉，为华夏开启民智。张元济曾为北京

1933年,张元济为徐光启逝世300周年纪念所作题词

商务印书馆手书对联一副,词虽旧词,却恰是张先生一生的写照:"数百年旧家无非积德,第一件好事还是读书。"

唐文治

推行"尚实"教育的"近现代吟诵第一人"

张晓依

在上海交大的历史上,有一位校长,他不仅在教育理念上独树一帜,还亲身投入传统文化的改革与传承中。他就是曾任上海交通大学校长(唐任校长期间,交大曾称邮传部上海高等实业学堂、南洋大学堂、交通部上海工业专门学校)的唐文治。至今他仍被上海与西安两地的交通大学一同纪念。

根据西安交通大学官方网站上的资料,唐文治,字颖侯,号蔚芝,晚号茹经,江苏太仓人。他16岁时入太仓州学,后师从理学家王紫翔,18岁时中举人。21岁入读江阴南菁书院,师从黄以周、王先谦等名家。正是这段学习经历,为他打下了深厚的传统文化基础。光绪十八年(1892年),唐文治中壬辰科进士,同年五月,以主事分部学习,任户部江西司主事。其后还担任过总理衙门章京,外务部榷算司主事,商部右丞、左丞、左侍郎,农工商部署理尚书等。光绪三十二年(1906年)因母亲病逝而回乡奔丧,其后退出官场,开始从事教育事业。

光绪三十三年(1907年)起,唐文治出任邮传部上海高等实业学堂(交通大学)监督(校长)直至1920年因病辞职。后在无锡创办无锡国学专修馆并任馆长长达30年,1950年学校(此时已改名"中国文学院")并入苏南文化教育学院后任名誉教授。1954年在上海逝世。

唐文治的办学思想中,最突出的一点就是"尚实"。传统的中国教育提倡"学而优则仕",而唐文治则独辟蹊径,提倡以"求实学、务实业为鹄的",以期"造就学成致用,振兴中国实业"的专门人才。

唐文治担任校长期间,还尝试参与基础教育:1910年,他在徐家汇开设了"兴业小学堂",虽然仅仅五年后,这个学校就改为公立的法华乡立第二初级小

1947年1月，文治堂奠基典礼照片

坐者为唐文治，其左着中装戴眼镜者为吴保丰，基石之右为交通部次长凌鸿勋，其右为工务局局长赵祖康，基石之左为公用局局长赵曾珏

学，并搬离了徐家汇，但作为当时中西结合基础教育的实践，无疑是值得肯定的。

在践行教育改革的同时，唐文治还努力参与中国传统教育，尤其是国学部分的改革。其中影响最大的，便是由唐文治先生亲自创造的"唐调"。

"唐调"是唐文治对文气理论进行总结后，在桐城派基础之上，创造出的一种读文实践，这种独树一帜的"读文法"，吐字铿锵有力，音调高亢激昂，语势一气呵成，旋律抑扬顿挫，激昂处铿锵有力，平抑处悠扬婉转，特别是极富艺术感染力的尾腔。有史以来，以个人名字命名吟诵调的只此一人一调，具有极高的音乐、社会价值，尤其是文学价值为世所重，唐调因此被誉为"近现代吟诵第一调"。

早在徐家汇担任上海交通大学校长期间，唐文治先生就专门为"唐调"开设课程，每年举行国文大会，每星期日进行国学演讲，并在演讲中亲自示范读文法，其铿锵悦耳的唐调令亲聆者无不为之震撼。在"无锡国专"担任校长期间，他更是大力提倡这种独树一帜的"读文法",风靡学界,受业弟子众多,该校因此被誉为 20 世纪国学精英摇篮。

1934 年,上海华东电气公司为唐文治先生灌制古文诵读唱片发行。1948 年,上海大中华唱片厂为其灌制诵读唱片二集 15 张,诵读古文 30 篇,并有英文翻译,广为发行,风行一时。发行名称为《唐蔚芝先生读文灌音片》。唐文治先生是中国最早发行读书唱片之人,该唱片所录是目前所能听到最早的中国人读书声。《唐蔚芝先生读文灌音片》在海内外发行,更使"唐调"蜚声四海。

1939 年春,唐文治在租界创办无锡国学专修学校分校(沪校)。校址历经变迁,最后于 1941 年迁至爱文义路(今北京西路)970 号。学生萧善芗回忆:唐文治每周三会来该校礼堂为全校同学讲演。除国学外,唐文治还继续推行他的"尚实"教育,他反复强调:他所教育的国专学子,绝非"两耳不闻窗外事,一心只读圣贤书"的人。萧善芗在就读期间,曾在唐校长的批准下多次参与社会活动。

20 世纪初的邮传部上海高等实业学堂外景

2022年,"唐文治先生读文法(唐调)"被徐汇区人民政府列入第十四批徐汇区级非遗名录。2023年,在上海交通大学校史博物馆举办了主题为"传夫子之音·养浩然之气——唐文治先生读文法(唐调)讲演"。活动期间,上海交大校史博物馆唐文治学术研究专家欧七斤教授将唐文治先生称为"国学大师、工科先驱",充分肯定他出任上海交通大学校长十四年间倡导工文并重,将先进科技知识与中国传统文化相结合的"尚实教育"。

南从周

被作为"反派"的震旦创始人

张晓依

1885年,青年南从周像

以往的文献中,南从周(Félix Perrin)往往被作为马相伯的对立面,是"西方民族主义者","长期仰仗西方教会"甚至"西方中心主义者"。然而随着近年来更多史料的挖掘,我们发现了另一个完全不同的南从周:虽然在震旦学院创办的初期,他与马相伯在课程改革的问题上意见相左,并最终导致"从震旦到复旦"。但必须承认的一点是:南从周对于震旦学院的发展功不可没。

1858年11月21日,南从周出生于法国西北部布列塔尼大区的北部滨海省,今阿摩尔滨海省(Côtes-d'Armor)的金廷(Quintin)。1877年,为抗议并回应"周围所有针对耶稣会士的最愚蠢和最不可信的诽谤",他毅然加入耶稣会,并于1885年来到上海。

正在此时,刚创办震旦学院不久的马相伯向耶稣会方面提出,要派人管理震旦学院,而教会第一时间就选择了当时在安徽的南从周:因为他负责的工作态度、出色的工作能力和领导才能,加上其之前在圣芳济学校(St. Francis Xavier College)担任学监的经验,让教会觉得他才是最适合震旦学院管理职位的人,而同时,这一看似妥当的人事安排也因为南从周的性格以及阅历等原因,为日后的变局埋下了伏笔。

当南从周服从安排来到当时位于徐家汇的震旦学院之后,才发现:"虽然马(相伯)以他的名声赢得了这些高层人物的支持,并赢得了这些阶层和才能迥异的学生,但这也为继任者带来了巨大的困难。"

他面对的是一个需要调整学制的震旦学院,学制改革的目标是从"译学馆"(Akademie)向常规大学转型。

为此南从周全身心地投入新生震旦学院的建设中。为让震旦建设成为一所"伟大的学校",他制定了自己的计划。

20 世纪初,老年南从周像

然而正是基于对完美工作的强烈渴望和工作的责任感,最终却导致了他与马相伯的分道扬镳。

当时正是中国社会现代大学创立,新旧教育转折的关键时期,社会上对于"西学"的推崇都是公开的,而震旦的诞生本身也与这股"崇尚西学"的思潮有关。正是这样的社会背景,让南从周误以为,将震旦建设成为一流大学的方式是在中国社会加强"西学"研究。在阅读了洋务派人物张之洞的《劝学篇》之后,南从周更进一步错误地认为,中国社会需要的"西学"是指西方的所有学问,并希望通过研究来自西方的知识让中国"从无知中走出来"。因此根据南从周的学制改革方案,改革后的震旦学制分为文学、致知(哲学)、象数(数学)、形性(理科)四科,这些课程即使在今天看来,明显偏向研究性。

但是他忽视了一点:在当时上海经济快速发展的大背景下,这些来震旦的学生大多只是为了毕业后能找到一份好的工作来赚钱。因此,以"谦虚和乏味的研究"为目的的学习显然不符合当时上海学生的需要以及上海社会对这些学生的希冀。最终,这样的矛盾在"英语还是法语"的问题上爆发,之后学生集体去找前校长马相伯,继而发生退校以及舆论曝光的事件。

经过震旦的这场风波之后,南从周开始逐渐学习与中国高层人物打交道的诀窍,并在实践中逐渐积累了自己与中国文人打交道的经验和能力。

"震旦到复旦"的惨痛经历,使南从周从此意识到,在震旦初创的时代,需要各种资源来克服困难,其中包括需要联合上海社会的各界尤其是高层人物,才能吸引更多优秀的青年来震旦读书。尤为重要的是让他意识到了教学工作的重要性。这也让他在震旦复校后开始努力地投入教学工作,在教师缺乏、经费有限的大背景下,他成了学校的"全科老师",从不缺课,教授所有的初级课程,被称为"语言机器"和"科学之钥"。

"从早到晚,他一直处于压力之下,给他那台可怜的机器施加了最大的速度。他不上课时,学生们在他的房间里围着他;课间休息时,他分发书籍、纸张等。当他不上体育课时,他会在午休时上一节素描课。他经常会一天上六小时的课。到了晚上,他会批改作业,有多少次他无法在午夜12点前睡觉!事实上,坚持这种极大的工作量是一种奇迹。"

通过每天16~18小时的教学工作,他逐渐在学生中建立了权威。在教学工作之外,他把教务长、全科教授、总学监、管家、总务等学校不同工作的责任结合在一起。之后,他还因为最初分配给学校的校舍已经不合适,向上级力主震旦搬迁事宜。最终于1908年将震旦学院从简陋的徐家汇老天文台旧址校舍迁至卢家湾新校舍。

同时,他逐渐改变自己,让自己更迎合中国的高层人物。他好客的举止,加上他对中国人心态的了解,对风俗习惯的尊重,使他赢得了所有人的好感,同时也使得震旦复校之后迅速成为上海著名的私立大学。可以说震旦能取得这样的地位,与南从

1911年,在安徽参与赈灾的南从周(前排右一),其后为基督教罗炳生牧师

周是分不开的:为了吸引更多的学生来震旦,他真的是倾尽全力。

1908年,一纸调令把南从周又调回安徽,"在这个场合,他必须表现出他如同一个多么顺从的孩子。他使劲地控制着自己的感受;然而他还是为此哭泣"。

离开震旦后,他再次回到皖北地区,他会骑马16英里(1英里=1.609344千米),去镇上的学堂给孩子们上英语课。也许这样的课程能让他想起在震旦上课的时光。

1911年5月,南从周在赈灾过程中传染了斑疹伤寒,最终在今隶属于安徽省蚌埠市的怀远县附近去世。他的性格一直很要强:在去世前几天,他还在蒙城救济饥民。而此时,他曾倾注全力的震旦,已经是上海知名的大学。

黄炎培

近代中国职业教育第一人

陆丹妮

黄炎培是近代中国职业教育的创始人,他曾在当时位于上海徐家汇的南洋公学学习。1899 年,黄炎培考中了松江府的秀才,1901 年考入上海南洋公学特班,同班同学有李叔同、邵力子与章士钊等。作为当时上海最为著名的教育机构,南洋公学实行的是新式教育,在南洋公学的这段时间里,黄炎培受到了现代教育的洗礼。其中,蔡元培的爱国主义与教育思想对黄炎培影响颇深。1901 年 9 月,蔡元培被聘为上海南洋公学特班总教习,在南洋公学开始了他的中西教育改革教学,同年考入南洋公学特班的黄炎培,自然而然地成为蔡元培的学生。

在南洋公学任教期间,蔡元培始终主张中西结合,他认为东西文化交流互通是大势所趋,中西教育思想各有优劣,应该相互交流,取长补短。这一思想在南洋公学特班的课程设置上体现得淋漓尽致。

1922 年,《申报》编辑合影
从左至右:沈湘之、李嵩生、薛雨孙、陆以铭、黄炎培

南洋公学的特班课程主要有英文、数学、化学、格致、政治、历史等,在上课之余,蔡元培还会与学生交流时事感想,为学生制定课程书单,交流读书心得等。正是在南洋公学,黄炎培开始了从旧式教育到新式教育的转变。蔡元培的教育观,尤其是职业教育的思想对黄炎培产生了巨大的影响。

蔡元培主张实利主义教育,即对以杜威(John Dewey)为代表的实用主义教育思想的一种概括,强调教育不仅要传授科学文化知识,还需要进行职业培训,以适应社会生产的需要。

正是在蔡元培的实利主义教育思想启发下,离开南洋公学后,黄炎培便提出"实用主义"教育思想,随后又进一步提出了职业教育思想。1903年川沙小学堂开办,在这个他出生的地方,黄炎培开始了教育思想的第一次实践。1905年,经蔡元培介绍,黄炎培在上海加入中国同盟会,任中国同盟会上海分会会长。同年,黄炎培加入了江苏省教育会,担任教育会的常任调查干事。辛亥革命之后,黄炎培又任江苏省教育司司长、江苏省教育会副会长等职务。1914年,黄炎培辞去江苏省教育司司长一职,全身心投入到教育事业之中,以《申报》旅行记者的身份开始了教育考察。他的足迹遍布安徽、浙江、江西、河北、山东、天津等省市,著有《黄炎培教育考察日记》。除了在国内进行教育考察之外,黄炎培还积极前往国外考察现代教育情况。1915年首届巴拿马太平洋万国博览会召开,黄炎培随中国实业团前往美国,考察美国的教育。在美国的这段时间,黄炎培到访了超过50个城市,接触了多位美国教育界人士,实地

1937年,中华职业教育社外景

1937年，中华职业学校机械科学生实习照

了解考察当地的教育情况。1917年，黄炎培又前往日本、菲律宾等国进行教育考察。正是在国内外教育考察期间，黄炎培逐渐确定了他的职业教育思想，认为教育要与生活紧密联系，教育要沟通职业，爱国的根本在于职业教育。

1917年，黄炎培在上海联合蔡元培、宋汉章、张謇、梁启超等教育界、实业界人士在上海西门外林荫路江苏省教育会楼（位于今上海黄浦区半淞园路辖区内）创办了中华职业教育社，发表《中华职业教育社宣言书》，奋斗目标是"使无业者有业，有业者乐业"。教育社设有议事部与办事部，黄炎培为办事部主任，蒋梦麟为总书记。作为近代中国第一个研究宣传职业教育的机构，中华职业教育社是黄炎培践行他职业教育思想的重要平台。1917年9月，中华职业教育社创办《教育与职业》，此刊物除记录中华职业教育社的工作情况外，还会介绍欧美、日本等国家的职业教育以及我国职业教育开展情况等。翌年，中华职业教育社在上海南市小西门外陆家浜南侧（原址今为上海商业会计学校）创办了近代中国第一所以"职业"二字为名的学校——中华职业学校。学校以"敬业乐群"为校训，

1918年，中华职业教育社第一届年会合影

重视生产劳动，附设有木工、铁工、纽扣与珐琅工厂，做到了职业与教育相结合。

作为近代中国职业教育的先驱，黄炎培将自己的一生都奉献给了中国的职业教育事业。20世纪上半叶的中国，风雨飘摇，而就在这个动荡的年代，黄炎培坚持发展职业教育事业，而其职业教育思想的起点，可以追溯到上海徐家汇的南洋公学，追溯到其恩师蔡元培先生的教育。

李叔同

从贵公子到佛教大师

徐锦华

青年李叔同京剧扮相

"长亭外,古道边,芳草碧连天。"李叔同填词的这首《送别》,从学堂乐歌到电影插曲,百多年来久经传唱,脍炙人口。创作这首歌词时,李叔同35岁,他度过了绚烂多彩的前半生,从浊世佳公子,到文章惊海内,金石书画无不通的文艺大家、教育家。此时的李叔同正站在自己人生的十字路口,寻觅人生的不同境界。

李叔同,谱名文涛,字息霜,后出家,法名演音,号弘一。清光绪六年农历九月二十日(1880年10月23日)出生于天津,家中排行第三。其家祖籍浙江平湖,迁至天津经营钱业及盐业数世;其父李世珍,与李鸿章为同科进士,在吏部任职,后辞官返津经营家族产业,因其人脉广泛,经营有道,家业兴盛,开设有钱庄"桐达"号,时人称之为"桐达李家"。

李叔同诞生在这样的家庭中,虽是三房姨太太所出,但幼时衣食无忧,"高枝啼鸟,小川游鱼,曾把闲情托。儿时欢乐,斯乐不可作"。这歌词大概就是源自其童年记忆。五岁时,其父过世,李叔同母子生活在这户大家庭中,精神上并不如意,但物质条件不改。李叔同七岁开蒙后,按照传统教育模式学习经史诗词,并研书法篆刻,家中所延请的也多是一时名师。17岁时,入天津县学,次年按母亲及兄长之命成婚。

1898年,李叔同与当时诸多仁人志士一样,迫切期望看到能够打破僵局的有力举措,认为"中华老大帝国,非变法无以图存",并自刻"南海康君是吾师"的印章。戊戌变法失败后,李叔同举家南迁上海。

当时的上海,华洋杂陈,有着更为活跃与多样化的文化氛围,这让年少多才的李叔同,如龙入大海,迸发出全新的生命活力。他加入了"城南文社",与沪上文艺界名士诗文唱和,多有佳作,时论称其"二十文章惊海内""直把杜陵呼小友"。在短短两三年内,李叔同出版著作多种,涉及瓦砚、印谱、诗歌等多个领域,还参与发起组织"上海书画公会",编撰出版《书画周报》。

在日留学时期的李叔同

但"一霎光阴,底是催人老"。到1901年,"城南文社"的成员或物故,或星散,李叔同本人又经历了长子夭折,加上庚子之变,国事不堪,让其性格中沉郁的一面逐渐显露。不过当时的李叔同,还是20出头的年纪,胸中尚有传统文化中热血报国的一面。因此,在1901年9月时,他以"李广平"的名字报考南洋公学新设的特班,谋求以新学强国的可能。

南洋公学位于徐家汇,其开设的特班,"为应经济特科之选,以储国家栋梁之材",希望通过从旧学功底深厚的年轻学子中选拔优秀人才,为国家培养能够经世致用的政治、经济人才。与李叔同同班的20余

1924年,李叔同44岁留影

李叔同:从贵公子到佛教大师 | 207

人,包括黄炎培、邵力子、谢无量等,都是一时英杰。而特班的中文总教习,正是在教育界开风气之先的蔡元培先生。

蔡元培在特班采取了全新的教学方法,除体育、外语、数学三门必修课外,不设其他必修课,学生根据自己的爱好与特长,自行选取一到三门作为主修方向,并且教学以自修为主,每天根据老师开设的书目提交学习札记,老师进行答疑指点。此外,蔡元培还经常与学生议论时事,介绍世界变化。

黄炎培先生在回忆中曾提及当时李叔同给人的印象:在他的宿舍中布满书画,待人温和又静穆,令人感觉可亲,同学都很喜爱他。

在这样的环境里,李叔同潜心学习,试图寻找一条对当时中国有助益的路径。他选择了学习日文,翻译日本学者的法学著作。在一年多的时间里,李叔同在蔡元培的指导下,完成了《法学门径书》《国际私法》两部著作的翻译。他试图通过这样的方式,唤起国民的主体意识,从而能够认识到当时中国面临的危难图存大势。

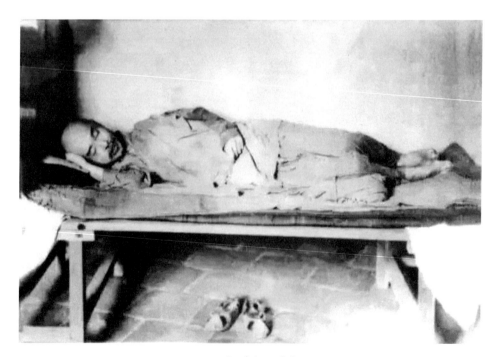

1942年,李叔同遗像

南洋公学作为一所官办新式学校,其管理层与教师群体亦是新旧杂陈,校内各种思潮的交锋激烈,犹如当前中国社会的写照。1902年底,新旧团体之间的矛盾愈发激烈,最终酿成学潮,校方采取强硬措施应对,蔡元培等教师愤然离校,而深受其熏陶的特班学生也同样集体退学,以此明志。

退学后的李叔同虽然还曾在《苏报》担任编辑,但从此更多转向音乐、戏剧等文艺的世界。1905年,重新取得南洋公学的文凭后,李叔同东渡日本,将艺术研究确立为自己的新方向,"破碎山河谁收拾,零落西风依旧""听匣底苍龙狂吼,长夜西风眠不得"。在日本专攻西洋美术、戏剧五年多。

1911年,回国后的李叔同开启了任教生涯。他的名声日隆,但本人心底那抹沉郁的色彩也日渐浓郁。1915年,李叔同将美国歌曲《梦见家和母亲》填词为著名的《送别》,弹唱之间,既是触景生情,送别故人,亦有回顾自己人生之叹。他渐渐向佛教中寻得精神解脱,终在1918年出家为僧,并选择最为清苦,近于严苛的律宗,箪食瓢饮,青灯古佛,留下"悲欣交集"的感悟。其一生,如赵朴初所言:"深悲早现茶花女,胜愿终成苦行僧。无数奇珍供世眼,一轮明月耀天心。"

1929年,李叔同为《护生画集》题字

邹韬奋

用笔尖捍卫民主的新闻出版家

杨明明

1933年,邹韬奋肖像照

邹韬奋是近代中国著名的记者和出版家。他曾在上海徐家汇的南洋公学附小(今上海南洋模范中学与上海交通大学附属小学)及南洋公学(今上海交通大学)学习。

1895年,邹韬奋生于福建永安一个日趋没落的官僚家庭。早在14岁时,因父亲望他将来做一名工程师,邹韬奋便入福州工业学校。17岁时,邹韬奋转入南洋公学附属小学(时名交通部上海工业专门学校附属高等小学校),在那里一路从外附小到中院直到大学二年级。南洋公学由盛宣怀创办于1896年,系中国近代历史上最早一批由国人自办的新式高等教育学堂之一,是当时数一数二的工程学校,被称为"工程师的摇篮"。

1897年秋天,南洋公学开设外院,招收8~18岁的学生,分大、中、小三个班,每班又分正、次两部分。1898年春,公学又开设中院。学生全部寄宿学堂,在大班学习一年后,合格者可升入中院。外院主要由师范生轮流任教。经过两年半的试行,外院招收的学生逐次递升中院后,公学就此决定停办外院。

1900年在外院停办后,何梅生先生正式提出建议:"在本校创办高等小学一所,以立模范。并于苏省南北分设同等之小学八所将以开通内地之风气,而并为他省之先导。"之后经公学商议,南洋公学附属小学(下院)定于1901年2月1日正式开学。

在自传《经历》中,邹韬奋曾谈及他在南洋公学附小及中院时,几位值得他敬爱的先生,他们在传道授业时的专业、认真,以及自身的人格魅力,被他视为模范。

邹韬奋是南洋公学附小第十届毕业生,当时与他同级的只有20个同学,时任校长沈叔逵(沈心工)在附小任教27年,邹韬奋称赞他"全副精神都用在这个小学里面,所以把学校办得很好"。南洋公学虽为工科学校,但作为老牌新式学堂,中外师资强劲,对国文和英文的教育同样重视。读附小时,邹韬奋最感兴趣的科目是沈永癯讲授的国文和历史,沈先

1927年第2卷第21期《生活》周刊

生授课时条理清晰,参考材料丰富,增添了邹韬奋对文史研究的兴趣,同时沈先生和蔼亲切、认真负责,成为邹韬奋一生依照的榜样。另一位令邹韬奋难忘的是中学初年级的国文教师朱叔子,每讲古文时,朱先生都会用尽全力大声朗诵,批改学生文章时也都以学生为中心,不断然大作删改。这两位国文老师不仅使邹韬奋在文学素养和写作方面大受裨益,也为他的言行举止树立了模范。邹韬奋在中院初学英文时,除受美籍教师教导外,还从中国教师黄添福、徐守伍两位先生处得到有效训练,并领略到学习英文的诀窍,使他的英文在听、读、写及成语运用上取得很大进展,为他今后从事翻译和外文研究打下基础。

在南洋公学就读期间,为维持学业,邹韬奋曾尝试在商务印书馆出版的《学生杂志》等刊物上投稿发表文章,赚取稿费。课外他还大量阅读书籍报刊,如《经史百家杂钞》《韩昌黎全集》等,潜移默化地增进了他的文学知识储备,而梁启超的《新民丛报》,以及《时报》上黄远生的《北京通讯》,则使他大受启发,明确自己更适合做一个新闻记者,而不是一名工程师。最终,在读电机科二年级时他弃理从文,转入上海圣约翰大学文科三年级,并于1921年毕业获文学学士学位。虽

1937年8月3日,邹韬奋等七人出狱后与杜重远会见马相伯

然邹韬奋未在南洋公学修完全部学业,但在南洋公学的这段经历是他求学生涯中最重要的一段时期,对他今后性格、品行、态度等的塑造都有着深刻影响。

大学毕业后,邹韬奋最初在上海纱布交易所做英文秘书,晚上兼职到申报馆处理英文函件,还曾应邀到上海青年会中学(今浦光中学)教英语。1922年,经自荐,邹韬奋出任黄炎培等人创办的上海中华职业教育社编辑股主任,负责编辑《教育与职业》月刊和编译《职业教育丛书》,后兼任中华职业学校英文教员和教务主任,开始从事教育和编辑工作。

1926年元旦,邹韬奋与沈粹缜结婚。沈粹缜为江苏吴县人,俩人伉俪情深,共育有两男一女。婚后邹韬奋的事业得到进一步发展,于同年10月接编上海《生活》周刊,取韬奋为笔名,意在自勉励志,这也是他实现理想的开端。

九一八事变后,邹韬奋积极参加抗日救亡运动,以笔为刃痛斥国民党妥协退让的卖国行为,被列入暗杀名单,自此开始数次流亡,他所主办的《生活》和《大众生活》周刊等也相继遭查封。1935年12月,邹韬奋与沈钧儒、马相伯等人组织成立"上海文化界救国会"。次年11月,邹韬奋等七名救国会领导人被国民党逮捕入狱,在西安事变和平解决后获释,史称"七君子"事件。出狱后的邹韬奋随即继续通过文字与反动势力斗争。1942年,邹韬奋辗转到苏北解放区不久后,因病返回上海医治,不幸于1944年7月24日病逝,中共中央遵其遗愿追认其为中共党员,后被誉为为中华人民共和国成立作出突出贡献的英雄楷模。

1932年,邹韬奋与友人创办的生活书店,至1938年时已在全国有50余家分店,是今三联书店的前身。除任编辑外,邹韬奋一生出版著译近40种,数百万字,包括《小言论》等政论杂文,《萍踪寄语》等散文随笔,及《革命文豪高尔基》(*Maxim Gorky and His Russia*)等译作,其全部作品于1995年邹韬奋诞辰100周年时被辑入《韬奋全集》。而以其名字命名的"韬奋出版奖""韬奋新闻奖"分别是我国出版界、新闻界的最高奖项。

南洋公学20周年校庆时,邹韬奋曾撰长文《对于吾校二十周纪念之感想》,盛赞母校,"吾工业专门学校者,吾中华新学之先锋,而优秀人才之渊源也""恩润无上荣幸,得躬与厥盛,而回顾吾校,万感咸集,不禁喜极而泣也"。正是在南洋公学就读时,学校的精心培育和恩师的言传身教,塑造了邹韬奋刚正不阿的品格和锐意进取的精神,促使他勇敢朝着正义的方向奋斗。

恰如其在"七君子"事件中深陷囹圄时所书"推母爱以爱我民族与人群",邹韬奋倾其一生追求民族解放和民主自由,为民主政治思想的传播和人民大众文化事业的进步殚精竭虑,作出了不可磨灭的贡献。

蒋梦麟
徐家汇走出的北大校长

陆丹妮

1919年7月,《新教育》第一卷第三期所刊《杜威之伦理学》

蒋梦麟是近代中国著名教育家,曾任国民政府教育部部长、北京大学校长、浙江大学校长。同时,他还有一个身份——南洋公学校友。

1866年,蒋梦麟出生于浙江余姚,出生时,他父亲梦到一只熊,于是便起名为梦熊,后改为梦麟。蒋家对西学颇为宽容,蒋梦麟祖父在上海经营钱庄,父亲对发明创造颇感兴趣,曾建造过一艘轮船。在这样家庭中成长的蒋梦麟,1902年考入浙江高等学堂,然而在进入浙江高等学堂之后,蒋梦麟发现这个学堂并不是他想要的,毅然决定离校寻找另一个"更理想"的学校。

蒋梦麟寻找的那个"更理想"的学校便是南洋公学。作为近代中国著名的新式教育学校,当时位于徐家汇的南洋公学又被誉为"留学生的摇篮",曾引领清末留学教育风气之先。对于想要去美国留学的蒋梦麟来说,南洋公学自然是他的不二选择。1904年,蒋梦麟考入南洋公学,开始为日后的留学做准备。在南洋公学的这段经历对蒋梦麟有着重要影响,在回忆录中他曾多次谈到南洋公学的生活。当时的南洋公学奉行中西贯通的教育方针,课程分为两类:一类是中学,另一类是西学,其西洋学科为英文教学,这为蒋梦麟的留美打下了坚实的基础。除了学习,南洋公学鼓励学生多运动,加强体育锻炼。在校舍前有一个足球场,学生经常在足球场上踢足球和打棒球。蒋梦麟在进入南洋公学后,认识到学问与体魄缺一不可,自己会主动加强锻炼。在蒋梦麟的回忆录中,他提到:"除了每日的体操和轻度的运动之外,还给自己定了一套锻炼身体的方法。每天六点钟光景,练习半小时的哑铃,晚间就寝前再练一刻钟……"

20世纪初,斯宾塞的教育思想已经传到中国。为了发展德育,蒋梦麟以中外伟

1919年2月,《新教育》第一卷第一期所刊《教育究竟做什么》

1919年,蒋梦麟与杜威博士及其夫人参观上海申报馆时的合影

人为榜样,对东西道德行为标准进行思考,他开始了解东西方的整体性,领悟"紊乱中的统一"。正是在南洋公学求学的这段时间里,蒋梦麟坚定了救国必先救己的想法,对立身处世有了确切的概念,得到了思想的解放。

1908年,蒋梦麟参加了浙江省官费留美考试,可惜未被录取,于是他决定自费前往美国留学。从父亲那里拿到留学的钱后,蒋梦麟便踏上了前往美国的轮船。1909年,蒋梦麟用上海南洋公学的学分成功申请进入了加州大学的农学院,半年后转入社会科学学院,主修教育,并选修英国史、伦理学、心理学与逻辑学。三年后,蒋梦麟从加州大学教育学系毕业,随后进入纽约哥伦比亚大学,师从美国著名教育家杜威(John Dewey)。1917年在哥伦比亚大学获得教育学博士学位后,蒋梦麟启程回国,积极投身于国内教育事业。

在国内期间,蒋梦麟代理北大校务,并在1930年底就任北京大学校长。担任校长期间,他将自己的留学所得与近代中国现实相结合,长期致力于现代教育思想的传播。此外,他还曾与陶行知、黄炎培等人在上海创办刊物《新教育》,主张"养成健全之个人,创造进化的社会"。

作为近代中国著名的教育家、北京大学历史上任期最长的校长,蒋梦麟一直积极投身于教育事业,对北京大学贡献良多,亦为中国近现代教育事业的发展奠定了坚实的基础。他对于中国近现代教育的贡献,不可磨灭。而其教育思想行程的起点,无疑是那个"更理想"的母校——南洋公学。

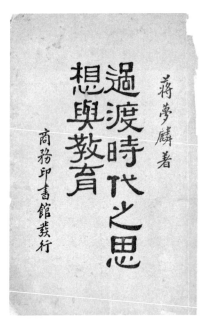

1933年版《过渡时代之思想与教育》封面

马相伯

最伟大的教育家

王启元

马相伯是近代中国最著名的教育家与社会活动家,亲手创办了震旦公学与复旦公学,参与创办了辅仁大学,而其门下从学者,从蔡元培、于右任、邵力子等名流要员,到其他早年震旦、复旦学子,可谓桃李满天下。同时,马相伯先生一生跌宕起伏,遍涉教坛政界,晚年看淡风云,隐居沪上,抗战后,远走他乡,客死异国,享年一百岁的相伯老,也算是中国当代最著名的高寿名人之一。

马相伯祖上传说为宋元之际著《文献通考》的名儒马端临,约清初迁往苏南镇江一带生活;大概在利玛窦进北京后,这一支马氏皈依天主教。马相伯的出生地有丹阳和丹徒两种说法外,因马相伯晚年自署籍贯丹阳,而得到丹阳地方学者认定,并有"马家村"一处为证。震旦学子盛成曾记马家于清初迁居镇江后,世居天主堂街,那里有镇江天主堂。此说比较符合晚清时期天主教社群聚居的习惯。马相伯早年曾署"丹徒马良"等落款,且可参考其弟马建忠小仪署丹徒籍。丹徒县为晚清民国时镇江府附郭县,则亦符合其镇江城内人称谓,则马相伯出生在镇江城的镇江天主堂社区的可能性最大。

1913年,马相伯像

他的父亲马岳熊,字松岩,于家乡镇江一带行医,惜老怜贫。他的母亲为同县沈氏。马相伯出生于清道光二十年三月六日,即1840年4月7日。家中兄弟五人,之前还有一个姐姐,成年的兄弟为大哥建勋及三弟建忠。

1851年前后,马相伯离开镇江赴上海;那时的马相伯竟没告知父母,取了积攒的几块钱盘缠后，便独自一人上路。李天纲教授《马相伯年谱简编》中记载马相伯只身赴沪上的另一重缘由，是想念自己的姐姐。据记载，这位姐姐在马相伯三岁出天花时对他照顾尤佳，感情甚好，所以才会有弟弟出门寻姐姐的事。这位姐姐当时嫁入青浦朱家，其子，也就是马相伯的外甥朱志尧，是日后上海著名的企业家。

来沪之后，马相伯经人介绍进入徐汇公学，为该校首届40名学生之一。1862年，徐家汇耶稣会初学院成立开学，23岁的马相伯又成为首届学生之一，开始初学。两年初学院学习之后，他进入了哲学院学习，时间是1864年6月3日，那天他发愿加入耶稣会。在哲学院学习之后，马相伯又转入为期四年的耶稣会专业神学训练，直到1870年，31岁的马相伯通过耶稣会士"ad gradum"（拉丁文，意为升级）考试，又因教会"江南科学计划"，短期被派往南京住院学习科学。同年马相伯担任了徐汇公学监学，直到1874年离开耶稣会为止。

20世纪50年代，马相伯墓
（图片来源：息焉公墓教堂）

1874年起，由大哥马建勋介绍马相伯来到山东淮军系圈子做事，做过布政使的幕僚，机器局的督办，也参与开矿的工作。此后的10年间，马相伯应黎庶昌、李鸿章等派遣，出使过日、朝、欧美等地。

54岁（1893）时，马相伯妻子与幼子死于探亲的海难，此后不到10年的时间，他的母亲、弟弟建忠相继离世，让马相伯陷入了深深的悲痛之中。1900年起，马相伯陆续捐出家产，重归教会，希望借助教会力量办学。1902年底，马相伯在徐家汇旧天文台院址创办震旦学院，发布了学院章程，并于次年春正式开学，当时有来自国内多地的学生数十名，不久慕名而来的学生便达数百人。但是在1905年春，马相伯因为学生事务与当时主管教务的南从周神父不合，最终酿成学潮，带领一众学生与中方教师出走，至宝山吴淞新创复旦公学，并亲任校长，便是今天上海复旦大学之始。同时，马相伯也频繁参与社会活动，成为晚清新政派的中坚。民国成立后，他得以70多岁高龄出任南京府尹，正式踏入政界。

1914年，马相伯子马君远病故，学生们鉴于马公毁家兴学，家无余资，遂筹集万元为其寡媳、幼孙作教养费，马相伯却托人将该款移作启明女子中学（今第四中学）教育经费。此后马相伯开始隐居于徐家汇土山湾。

九一八事变时，马相伯已届91高龄。他深感国难深重，为救亡呼号奔走，并亲自挥毫作榜书、对联义卖。1937年八一三淞沪会战后上海沦陷，马相伯移居桂林，辗转滇、蜀，道经越南谅山。1939年百岁诞辰之际，全国

马相伯"三七"追思弥撒与礼纪念

各地和有关团体都举行遥祝百龄典礼。国民政府对他颁发褒奖令,中共中央特致贺电,称他为"国家之光,人类之瑞"。是年11月4日,马相伯于谅山溘然长逝。噩耗传出,举国哀悼。

邵力子
承业徐汇，力学报国

潘致远

1939 岁末年初，马相伯与蔡元培相继去世，时任国民政府委员的邵力子撰文缅怀道："马先生与蔡先生，是我在青年时代亲承教诲，而四十年来最所敬爱的两位老师。"邵力子早年先后在徐家汇南洋公学和震旦学院学习，后传承二位先生的教育精神，力学报国、兴学育人。他任教复旦中国文学科 10 年，随着学校从公学到大学，从徐家汇到江湾，开拓学科建设，又在复旦公学及复旦大学困难之际屡次襄助。作为同盟会早期成员，他在第一次国共合作期间以国民党党员身份加入中国共产党。中华人民共和国成立后，邵力子担任全国政协常委等职，为中国和平统一作出了贡献。

1902 年，邵力子入徐家汇南洋公学（上海交通大学前身）特班。公学旨在培植高端法政人才，于 1901 年特设一班，以养成新式从政人才，聘蔡元培为主任教员。据《特班生成绩表》：邵力子（闻泰）"专研外交学，洞明公法原理，能持平诚于外交界"；文词隽永、算术、英文、日文皆列甲等。在蔡元培指导下，阅读赫胥黎（Huxley）、约翰·穆勒（John Mill）、斯宾塞（Herbert Spencer）等的著作，接触进化论、社会平权论、代议政体，启蒙革命思想。

1902 年末，南洋公学爆发"墨水瓶事件"，100 余名学生退学，以致教务频临崩析。次年，特班裁撤。当时马相伯应蔡元培之请，借耶稣会徐家汇天文台楼舍办震旦学院，为南洋公学生肄业焉，邵力子随即转入。1905 年，因与南从周（Félix Perrin）意见相左，马相伯与一批学生决议退出震旦，另立一校。筹备期间，邵力子与于右任等七人为干事，租一房舍为复旦公学事务所，暂存部分教具、图书、标本等物品。同年秋，复旦公学借吴淞提镇行辕创立，邵力子随之入学，兼

1902年，南洋公学特班生成绩表（部分）

部分教学、行政职。

邵力子自述在震旦与复旦时："开拓心胸，汲汲于力学报国，匹夫之责，实矢誓于此时。"马相伯以言传身教，强调国家社会之责；又以养成学生自主之能力为要务，尚自治、导门径、重演讲、习兵操。邵力子出校后，即投身政治革命运动。1906—1913 年，他前往日本，结识孙中山，加入同盟会；与于右任一同创办《神州日报》《民呼报》《民吁报》《民立报》，传播革命。

辛亥革命后，复旦吴淞校舍被军队占用，一时难以为继。邵力子等在民立报馆二楼，设立复旦筹办事务所，连续刊登复旦公告直至 1912 年 9 月迁至徐家汇李公祠（今复旦中学），复旦正式开学。1914—1924 年，任复旦国文课教学。国文，自复旦开办起即定为必修：1905 年章程规定，有意唾弃国学者，"虽录取，亦随时屏斥"，并每月考试；1920 年复订"国文一科，以尊重国学，故特设专部教授""凡于国文一科，至少须学完本级四年程度，方授予大学文凭"。1917 年，邵力子任国文部主任；1920 年，与陈望道为唯二中国文学教授；1924 年，与刘大白等起草《复旦大学中国文学科章程》。

任教同时，邵力子致力于社会运动，并将其与课堂结合。1916 年起，所办之《民国日报》于国内最早报道十月革命、五四运动；其副刊《觉悟》刊发李大钊、陈独秀等的文章 200 余篇，宣传马克思主义。1920 年，参与上海共产主义发起组，以国民党党员身份跨党参加中国共产党。1922—1925 年，任国共两党合作创办的上海大学副校长、中国文学系教授，聘大批共产党人任教，包括邓中夏、瞿秋白、蔡和森、恽代英等。五四、五卅运动期间，带领复旦、上大师生积极参与声援。

1922年，复旦大学中国文学教授像

其所开国文课，既讲古代文学也教新闻学；在《觉悟》上刊登复旦、上大师生"促进觉悟，维护觉悟，光明温热的文字"。

1926年后，在国民政府中历任中央监察委员、陕西省政府主席、中央宣传部部长、驻苏联大使等职。1949年，任国民党政府和平谈判代表团成员，后留北平，脱离国民党；同年出席全国政协第一届全体会议。中华人民共和国成立后，历任全国人大和全国政协常委、民革中央常委等职。1967年，在北京逝世。

为表彰邵力子对复旦发展的贡献，1934年徐家汇复旦大学附属中学（时大学部已迁江湾）将新建教学楼命名为"力学堂"，有勉励复旦学子"努力学习"之意。

1923年，《复旦年刊》中的《民国日报》广告

1934年,徐家汇复旦大学附属中学新教学楼——力学堂
(今复旦中学力学堂)

李问渔

办报育人，著作等身

邓　岚

在晚清天主教耶稣会于江南地区所培养的本土神父中，以"Scribe et ora"（拉丁文，意为"写"和"祷"）为人生目标的李问渔，无疑是其中最具贡献性的耶稣会士之一。他学贯中西，是徐汇公学草创时期的优秀学生，也是天主教在华的第一份中文刊物《益闻录》、近代上海刊龄最长的宗教刊物《圣心报》的创办人。他以"写作"传教，著译颇丰，有"无年无书"之称，曾在上海耶稣会修院中教授中文、拉丁文、哲学等课程，还曾在震旦学院、南洋公学任教，且担任过震旦学院校长。可以说，他的一生在传教、办报、著译、育人等方面均有突出的贡献，是当之无愧的"中国天主教第一报人""公教作家""翻译家""教育家"。

李问渔，名杕，圣名老楞佐（Laurent），原字问舆，后改为"问渔"，1840年，出生于江苏南汇县（今属上海浦东）。李家是一个天主教世家，据其称，他家"自先祖奉教以来，业已八世"。幼年时，李问渔跟随川沙的庄松楼，明经学举业，后于1851年进入徐汇公学，与马相伯、沈则恭、沈则宽等为同班同学。在徐汇公学就读期间，李问渔不仅继续学习国文等中国传统课程，还兼习科学、法文等西式课程。同时，他还在1856年加入该校善会组织"圣母始胎会"，历任该会的副领袖、书记等职。1862年，李问渔从徐汇公学毕业后，进入当时刚建立的耶稣会初学院，成为首批初学修士。1869年，李问渔晋升司铎。1871—1877年，其外出至江苏的松江、青浦、南汇（此三地今属上海），安徽的建平、宁国等地传教，其间，曾于1875年返至徐家汇小修院教授中文。1878年，李问渔调任上海董家渡小修院教授拉丁文，后返回至徐家汇，此后33年间，长居徐家汇，不再外出传教。

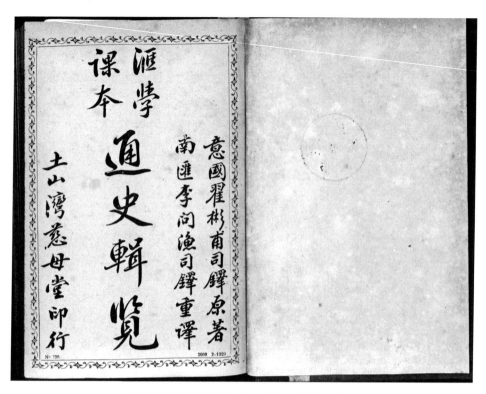

1929年版《通史辑要》，土山湾慈母堂印行，扉页

在李问渔重返徐家汇之初，徐家汇经过耶稣会士多年的建设，已经初步发展为耶稣会在上海的事业中心，教区大修院、耶稣会会院、徐汇公学、天文台、藏书楼、圣母院、圣衣院、土山湾孤儿院等各类宗教事业机构都已建设完备。此时的耶稣会尚需一个"言论机关"宣传公教文化，这项工作本计划由马相伯、马建忠兄弟承担，然因其退出修会，而最终交付李问渔。由此，李问渔于1878年底试刊《益闻录》，次年3月正式发刊，后又于1887年创办《圣心报》。

其中，《益闻录》是当时继《申报》等报刊之后的又一份中文刊物，且是天主教在华的第一份中文刊物。该报内容最初以报道宗教内容为主，后则以刊登时事、介绍西学为重，几经改版、合并、更名，最终成为一份涵盖时事新闻、科技、宗教、人文社科的综合性报刊。在当时的刊物中，《益闻录》对于知识的传播，尤其是"西学"知识方面，贡献良多。《圣心报》则"专录天主教事理"，是面向当时教会

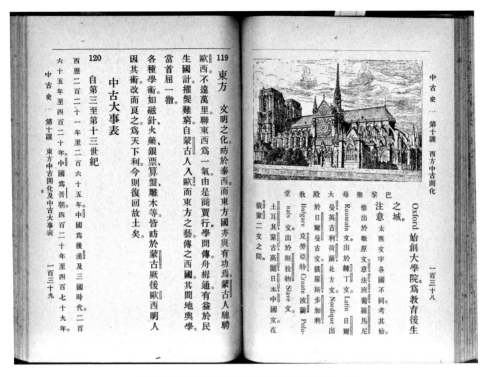

1929年版《通史辑要》，土山湾慈母堂印行，正文

内部的报刊，其因用词平浅、通俗易懂，从而在教会内部有着广泛的影响。

作为创办人与主笔，李问渔在此两份刊物中，发表了不少文章，其中一些文章，后被结集出版，如其生前由土山湾慈母堂于1886年出版的《理窟》，内容主要来自李问渔在《益闻录》中发表的与天主教教义、教理等相关的文章。而这仅为李问渔众多著作中的一种。根据新近的统计，李问渔一生撰著、编写、译写的书籍，有70余种，内容广泛，涉及神学、史地、文学、社会、科学等。其中，不少书籍被当时的学校采选为教科书，如其编译的《形性学要》，译自法国中学物理教师阿道夫·迦诺（Adolphe Ganot）所著物理教科书，曾作为震旦学院的物理教材；其为帮助国人学习古文及写作所选编的《古文拾级》（两册），根据意大利学者翟光朝（Candido Vanara）的《万国史》所译的《通史辑览》等则被徐汇公学作为学校教材"汇学课本"使用。

1899年初版《形性学要》，徐汇汇报馆刊印，扉页

  此外，李问渔在返回徐家汇之后的数十年间，还曾担任徐家汇大修院监理院长、献堂会神师等职。他不仅关心徐家汇地区天主教会学校的发展，而且还在相关学校中讲课授业。1898年，他取"崇德进取"之意，为已迁至徐家汇的经言小学题名"崇德女校"。1904年，主要负责教外女子教育的启明女校（与崇德女校同为今上海市第四中学前身）成立之时，他不仅为学校定名为"启明"（K'i-Ming），还代拟了学校章程。1905年，由于震旦学院内部的冲突矛盾，耶稣会全权管理震旦，其于次年至1908年间，受命出任该校校长，负责管理校务，并教授

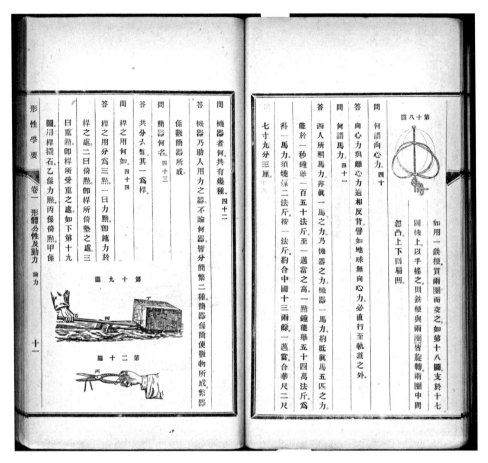

1899年初版《形性学要》，徐汇汇报馆刊印，正文

学生哲学。在此期间，他因崇高的德行和虔诚的信仰而受到学生的尊敬。据署名为"执矛"的文章《写作传教的李问渔神父》所称，当时在震旦就读的一些教外学生，曾赞叹他是耶稣会里的圣人。同时，他在教授哲学之时，为帮助学生记诵，随教随译了国外不同学者的著作，最终编译有《哲学提纲》（六卷）。1910年，已至古稀之年的李问渔，还在南洋公学为学生教授哲学、伦理学。

1911年，在圣神瞻礼日前夕，李问渔忽患寒疾，四日后于徐家汇逝世。同年8月，其所创办之《汇报》（即《益闻录》，此时已更为此名）也随之停刊，而《圣心报》则由潘谷声、徐励等中国神父继续编办。

老年李问渔像及其创办的《益闻录》在不同时期的报头

于右任

从震旦寓客到复旦元老

潘致远

于右任是近现代高等教育奠基人之一,他曾参与创办复旦大学、上海大学、西北农林科技大学等高校。因曾客寓震旦之故,对复旦发展尤为尽心,数次力挽学校于行将中辍之际。工草书,由其所题复旦校名一度作为校门匾额。

1904年,于右任因作诗讥讽时政,为清政府通缉,欲将之正法。逃至上海,马相伯听闻,便招之入新办的当时设址于徐家汇耶稣会天文台楼舍的震旦学院。马相伯不但不惮其因言获罪、对校不利,反而极为器重,称赞"右任吾小弟,弱冠

1904年,于右任(左四)初到上海时的合影
中坐者马相伯
(图片来源:《百年巨匠于右任》,祁硕森,文物出版社,2019年出版)

负异姿"。对此等保士之举,于右任始终感激图报。次年,因与南从周意见相左,马相伯与一批学生决议退出震旦,另立一校。筹备期间,于右任与邵力子等七人为干事,租一房舍为复旦公学事务所。同年秋,借吴淞提镇行辕为校舍,创立复旦公学。

次年,于右任为办报东渡日本,结识孙中山,加入同盟会。在投身革命和政治之间,不忘扶助复旦,1907—1913年间,与邵力子等倡导革命,屡遭禁而屡办《神州日报》《民呼报》《民吁报》《民立报》。辛亥革命后,复旦吴淞校舍被军队占用,学子一时星散,几至停办。1912年,于右任出任交通部次长,联合胡敦复、伍特公等校友呈请中华民国临时大总统孙中山,拨借校舍及经费,复办复旦公学。获批,复旦得以迁至徐家汇李公祠(今址为复旦中学)重开,1917年改为"私立复旦大学"。

复校当年,复旦设立学校董事会制度,于右任与孙中山、唐绍仪等出任首批校董。董事会成员一般由社会名流和校友组成,由聘用或推选产生,人数历年不等,为15~30人。主要职责是扶持学校发展,包括聘请校长、筹集及管理经费,例如1920年时筹款购置江湾地块,以新建大学部校区,应对学校规模扩大之需。

1913年起,于右任虽因公职常年奔波于陕、宁、沪、汉、京、粤等各地,又两度赴日、赴俄,仍多次出现在复旦董事会成员名单中。为维护辛亥革命成果,先后参与二次革命,组织陕西靖国军——北方唯一响应孙中山所倡护法运动的军事组织,赞成国共合作,延请冯玉祥五原誓师协助北伐。1928年,南京国民政府成立后,历任中央常务委员、审计院院长、监察院院长等职。在兴办教育方面,于1922年出任国共合作创办的上海大学校长,于1934年在陕西创办国立西北农林专科学校(西北农林科技大学前身)。辗转各处期间,犹拨冗履职,几度出任复旦校董。1933年《复旦大学校董会规程》明确:校董任期为3年,每学期至少开1次常会。1930年复旦成立25周年之际,于右任任职期间被授予名誉法学博士,并到场演讲。1937年初,又与校董会一同发起马相伯寿辰庆祝会。

1937年抗战全面爆发后,于右任随国民政府一同迁往重庆。次年,部分复旦师生亦迁至重庆北碚,建成渝校,滞留上海的师生另组沪校,暂分两部。于右任即任在渝校董。此时渝校各项经费支出,虽经政府每年补助,仍难以维持。为

1922年,复旦大学部分校董

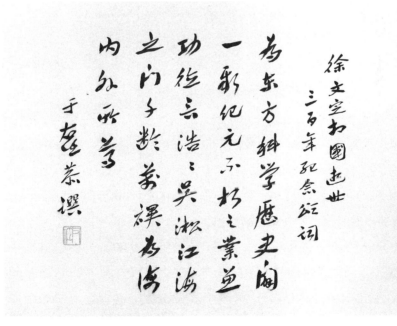

1933年,纪念徐光启逝世300周年于右任题字

1958年，于右任出席桃园县复旦中学纪念节及为复旦的题字
（图片来源：《落落乾坤大布衣》，于江，陕西师范大学出版社，2019年出版）

挽救学校于窘境，于右任与在渝校董孙科、邵力子、叶楚伧等商议为复旦谋求国立，将其费用开支列入国家预算。此议案于1941年末经行政院会议通过，自次年1月起改为"国立复旦大学"。经费有着落后，复旦办学条件大为改善、质量随之提升。抗战胜利后，于1946年离渝，重回江湾原址，与沪校合并。

1949年，于右任前往台湾。旅台复旦校友因恢复大学计划受阻，先行开办中学部，定为台湾桃园县私立复旦中学，于右任为创办人之一。1957年，任中国台湾复旦中学董事会名誉董事长，次年主持学校兴建开工典礼，于同年秋正式开学。现与上海市复旦中学同为"复旦基础教育联盟"成员之一。1964年，于右任在台北逝世。

于右任书法造诣深厚,尤以草书闻名。1942年,复旦大学改为国立后,其手书"国立复旦大学"悬于校门门楣。学校自渝回沪后,沿用此校牌直至1951年。今复旦中学内,仍可见其1934年为当时复旦大学附属中学新落成的教学楼"力学堂"所书的匾额,以及"复旦图书馆"之题字。

项 骧

爱国忧民创震旦的"洋状元"

蓝天晴 程若枫

1910 年，项骧留美毕业照
（图片来源：《瑞安项氏与早期现代化》，
瑞安市政协文化文史委员会，
中国文史出版社，2019 年出版）

项骧是民国著名爱国知识分子，震旦学院的创始人之一，并担任首任干事长，同时他曾就读于南洋公学。项骧先生自号微尘，自比于平凡的微尘，却有无穷的伟力。他是民国中外文化交流的见证者与亲历者。

项骧为浙江瑞安人，出生于 1880 年，孩童时期就读于瑞安方言馆，在这里打下了学习英语与日语的基础。

1899 年，在族叔项湘藻的资助下，项骧赴上海梅溪书院学习，师从张经甫。之后考入南洋公学，进入经济特班，与邵力子、黄炎培、马君武、李叔同、谢无量、郭弼等成为同学。1902 年 11 月 14 日，南洋公学爆发了"墨水瓶事件"，引起学生退学风潮。项骧等特班学生也一同退学。

1903 年 2 月，项骧与马相伯在上海徐家汇共同创办了震旦学院。当时震旦学院是一所新型的学校——"以广延通儒、培成译才为宗旨"。项骧任震旦学院总干事，马相伯任监院。1903 年 3 月 1 日《苏报》的"学界风潮"刊登了《震旦学院开学记》，报道："此震旦之设，实东瓯项君渭臣发起之。院设于上海西乡徐家汇，即天主堂古天文旧屋也。"《震旦学院章程》也由项骧起草，刊发于《翻译世界》第二期，《复旦大学百年志》第一编有转载。

瑞安市区草堂巷 46 号,项骧故居

中年项骧及其夫人

1922 年,项骧与家人在北京
左一为其夫人,出身瑞安黄氏望族

1904年冬,项骧赴日本视学。1905年,项骧在京师译学馆翻译文稿,以稿费津贴赴美国留学,考入哥伦比亚大学政治经济科。1909年毕业,获硕士学位,毕业论文题目是 *The Exceptions of the Tripartite Governmental Powers in America*(《美国的三权分立及其例外》)。回国后,在清廷留学生统考中脱颖而出,得"洋状元"美誉,授翰林院编修。

随着清政府退出历史舞台,中华民国成立,项骧在政坛上也逐渐崭露头角。民国初年,他参与发起组织民社。后又转入由旧官僚和立宪派建立的共和党,成为共和党人的主要代表。同时曾代表共和党主持了在当时四大党派间(国民党、共和党、民主党、统一党)举行的四党宪法第二次讨论会。1913年5月,共和、民主、统一三党合组为进步党,项骧当选为参议。34岁那年,项骧任财政部参事,代理银行总办。项骧还参与修改海关税则,任第二届文官高等考试襄校官。1922年7月,项骧任全国财政讨论委员会副委员长,1922—1924年,曾三次任政府财政部次长,两次兼任盐务署署长,主持财政专门学校。

1925年春,项骧回到家乡瑞安,专心教子读书,并以诗文自娱,间居上海。1929年6月,他被推举为国际商会中国委员会专门委员。1931年9月1日上海《申报》第17版报道《项骧为灾民请命》。当时,我国各地水灾极重,项骧因与美国总统胡佛有旧交,以私人名义致电华盛顿,呼吁赈济,为灾民请命。1933年,在上海任中国兴业银行股份有限公司董事兼总经理。

不久,抗日战争全面爆发。项骧及其亲属皆全力支持抗战活动。1939年1月21日,由抗日自卫会组织联合举办的瑞安书画展览会在文庙举行,项骧积极参加,拿作品参展,以义卖所得支持抗战。女婿王超六任瑞安中学校长时,曾将岳父项骧在美国留学时购置的整套《哈佛丛书》连同书柜捐赠瑞中己巳图书馆。

家乡瑞安沦陷后,项骧忧愤成疾,血压升高,1943年卒中(中风)瘫痪。1944年9月,日军再陷温州,瑞安受到威胁,项骧不堪奔避,毅然绝食,1944年11月4日逝世于草堂巷家中,终年65岁。1944年11月9日,《阵中日报》报道《革命先进项骧绝食逝世》,认为是"国丧耆旧,乡失导师"。为彰扬先贤风节,1945年11月16日,瑞安各界特开会追悼。第二天《阵中日报》第3版报道《瑞安各界追悼

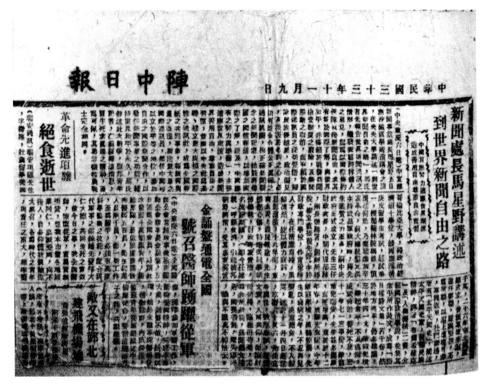

1944年1月9日,《阵中日报》项骧逝世的报道

项微尘》。总结他的一生,无论是开办学院,培养人才,还是投身革命,参与政事,其爱国之情昭昭。作为南洋公学精英辈出的特班学生,他又参与了震旦学院的创办,在近代中国教育史上,留下了精彩的一章。

胡敦复

自立兴学，数理先驱

潘致远

20世纪40年代，胡敦复像

胡敦复，著名数学家和教育家。在数学学科建设方面，参与审定数学名词，编写算术、几何学等教材，为现代数学在我国的传播奠定了基础；担任交通大学数学系主任达15年。在教育方面，任清华学堂首任教务长，选派的庚款留美学生包括梅贻琦、竺可桢、胡适、赵元任等日后著名学者；创立民国第一所私立大学——大同大学，培养的知名校友包括钱其琛、傅雷、于光远、严济慈等。与其弟胡明复、胡刚复并称数理界"胡氏三杰"。

胡敦复早年亲历南洋公学（上海交通大学前身）、震旦学院和复旦公学的肇建与沿革。1897年，南洋公学外院（上海交通大学附属小学前身）于徐家汇开课，胡敦复入校就读。南洋公学为盛宣怀创设，旨在建立培植高端法政人才的大学堂。但初创时，新学风气未开，师资生源均极其匮乏，因而以师范、小学为急务，先行开办师范院及外院，而后建成中院、上院，形成拾级而上的四院建制，以逐步实施大学办学规划。1901年，公学又开设特班，培养新式从政人才，聘蔡元培为主任教员。同年，在上院开设政治班，选入师范生及中院高级生。1897—1902年，胡敦复依次在外院、中院和政治班学习。

1902年，蔡元培介绍24名学生前往马相伯土山湾居处求教拉丁文，胡敦复也在其中，并深得赏识。晚年谈起当年的学生时，马相伯说道："从前笑话我们的外国人，也不能不钦佩我们的青年学生的努力，胡敦复就是其中之一。""我教他们,除了拉丁文外,还有法文和数学……其中很有几个,后来都对于数理的研究有了深造。"同年11月,南洋公学爆发"墨水瓶事件",因反对公学总理专制武断,胡敦复与100余名学生集体退学。蔡元培率部分离校学生,如胡敦复、邵力子、项骧,前往马相伯处,请他创立一校使学生们继续求学。马相伯为此向耶稣会提请,并于次年2月借徐家汇天文台楼舍成立震旦学院。1905年,因与南从周意见相左,马相伯与部分学生离开震旦,另立新校。据《复旦办学始末备忘文稿》称:"院生等若胡敦复、邵力子、于右任等乃另组复旦。"遂借吴淞提镇行辕为校舍,创立复旦公学。

1907年初,胡敦复为两江总督端方选中被派遣赴美留学。9月,进入康奈尔大学学习,仅两年即获得学士学位。毕业归国,恰逢清政府设立游美学务处(1911年改名清华学堂)办理庚款留美之事。胡敦复被聘为游美学务处教务长,主持甄试庚款学生三批。又与吴在渊等10人创办"立达学社",以自立教育为己任。

1911年,胡敦复因不满美国人对校政控制辞职回沪。马相伯聘其为复旦教务长。辛亥革命后,复旦吴淞校舍被军队占用。12月,公学借无锡惠山李鹤章公祠为课堂,由马相伯、胡敦复联名布告复学,月余后又迁回上海。1912年3月,胡敦复与立达学社成员一同创立大同学院,设在南市西门外肇周路南阳里,因而兼顾大同与复旦事务。4月,临时政府大总统孙中山将徐家汇李公祠拨作复旦公学校舍,但因其内尚有兵队,公学借一临时校址先行开课,胡敦复、沈步洲等任分科教授。9月,复旦在李公祠开学,因马相伯赴京,胡敦复作为教务长于开学典礼时首先报告学校概况。

1912年底胡敦复辞去复旦之职后,在立达学社同仁协助下专注建设大同学院。经数年发展,设有文、理、商学院,图书仪器完备。1922年改为私立大同大学,任首任校长至1928年,其间兼任国立北京女子大学校长、国立北洋大学理学院院长。1930年,交通大学成立科学院,扩充数学系,聘其为系主任。在其任内,基本形成课程体系。1935年,任中国数学会董事会主席;1941年,与苏步青一同当选数学学科唯二的国民政府教育部部聘教授。1949年到中国台湾,不久应美国华盛顿州立大学聘,任客座教授,1978年病逝于西雅图。

1925年版《近世初等几何学》封面及扉页
（胡敦复等编著）

1935年，交通大学科学学院全体教员合影
前排左六为胡敦复
（背后建筑为今上海交通大学总办公厅）

1935年5月8日,复旦同学庆祝马相伯96岁寿辰
前排中者为马相伯,右七为胡敦复
(背后建筑为今复旦中学力学堂。图片来源:《落落乾坤大布衣》,于江,陕西师范大学出版社,2019年出版)

苏步青回忆起胡敦复时曾说:"先生待人也非常和气,当时我们议论,数学家中英语最好的是胡敦复先生,他的文学也很好""是很好的教育家……这些老前辈之间很团结,对我们非常爱护、提拔和帮助。难能可贵。"

蔡元培
但开风气不为师

郭登杰

蔡元培是一位思想家、革命家、教育家，其道德人格、学术文章，受到世人推，他还是一位"但开风气不为师"的音乐教育家，毕生提倡美育，实践美育，创办了中国第一所独立建制的国立高等音乐学府——国立音乐院，并兼任首任院长。在他72年的人生旅程中为我国近代音乐文化事业的发展，作出了历史性贡献。

1868年1月11日，蔡元培出生于江南水乡绍兴府山阴县城笔飞弄的一个商贾世家，入私塾，勤奋好学，科举及第后授官翰林院编修。历经洋务运动破产、甲午战争以及戊戌变法失败之痛状后，他意识到要使民族独立、国家振兴，非造就具备完全人格的国民不可。于是竭力提倡新学，力行教育救国。何为完全之人格？音乐美育不可或缺。从其撰写的《审乐知政疏》（1892年）一文中，可窥见他对音乐社会功能的认识。他认为，"音之变动而影响于民族之精神。民族精神为国难中最可注意的一端，而特受音乐影响，可以见音乐的关系了"。此后，他也多有音乐论文问世，据统计，截至1936年3月共有17篇涉及音乐的起源、音乐的性质、音乐社会功能、音乐教育事业、音乐理论研究与建设的方向以及中国近代音乐文化的发展道路等内容。其中，既有对重塑新时代理想人格所提出的设想，也有出于纠正专治科学之偏的考虑；既有对包括基督教在内宗教传统的批判与超越，也有对儒家礼乐传统的反思与继承。可见，他的美育价值取向的建立与发展，不仅是开设一门课程，而是将美育与中国教育、中国社会改造结合。他提出"以美育代宗教"和"文化运动不要忘了美育"观念，对中国近现代美育和音乐教育实践产生了深远的影响。

更可贵的是，他的理论建树始终与音乐美育实践相结合。蔡元培最早在上海的音乐教育实践应是在南洋公学任职期间。1901年9月15日至次年11月他接受张元济校长的邀请任南洋公学(上海交通大学前身)经济特班总教习。"特班"是当时南洋公学为解决急需商务、政治人才而设立。1901年4月首次面向社会招生,最终录取42人。同年9月21日蔡元培起草撰写该班学生学习办法,注重中英文及修辞学等课程,并强调读书札记写作要求。在教学中,他注重培养学生的批判性意识与世界性眼光,通过在绍兴、上海等地搜集国内外参考资料,对各级学校的课程进行研究,并撰写《学堂教科论》。其中,将音乐列为"无形理学"中文学的一个分支学科,称之为"音乐学",尤其重视音律之学对于女子教育的重要性。他认为:"文学者,亦谓之美术学,《春秋》所谓文致太平,而《肄业要览》称为玩物适情之学者,以音乐为最显,移风易俗,言者详矣。"在特班就读的学生中,涌现出众多政治、文化、教育界名人,如日后成为新音乐文化先驱的李叔同。由于学潮原因,成立不到两年的特班解散,蔡元培也愤然辞职。

1927年国立音乐院(今上海音乐学院)在陶尔斐斯路(今徐汇区南昌路)56号的创办,正得益于蔡元培的教育革新驱动,即大学院制的实施。国立音乐院

任职南洋公学期间的蔡元培

蔡元培70华诞时与其为国立音乐院栽植的松树合影

蔡元培:但开风气不为师 | 245

组织条例第一条便强调其性质:"本院为国立最高之音乐教育机关,根据大学院组织法第八条之规定,直辖于大学院。"显然,国立音乐院的创办并由他亲自担任首任院长一职,正折射出蔡元培美育思想中的音乐情怀和社会理想。萧友梅在蔡元培70华诞时曾提及:"中国艺术教育之发展,端赖先生之振发,而音乐教育被重视尤赖先生之倡导。"虽然大学院制的存在仅有一年时间,但国立音乐院的建立与发展,乃至成长为今天的上海音乐学院,恰恰反映出大学院制的成功。

卸任大学院院长后的蔡元培专任中央研究院院长,贯彻对学术研究的主张,并持续关心着国立音乐院的发展,直至1940年3月5日病逝于中国香港。

南格禄

近代徐家汇文化教育事业的奠基者

李 强

1842年7月11日,法国耶稣会士南格禄(Claude Gotteland)到达上海。1814年恢复后的新耶稣会自此在江南地区展开传教活动。南格禄1803年6月12日出生于法国萨瓦省巴桑(Bassens),1856年53岁时死于徐家汇,可以说奠定了徐家汇后来各项文化教育事业的基础。

南格禄是新耶稣会在江南地区的第一任会长。根据耶稣会总会长的最初计划,新耶稣会来江南本要恢复17、18世纪在华耶稣会士的事业,即利用科学和教育进行间接传教,这种传教方法不仅有效,而且也是接近上层社会的唯一方法。

为了实现这一目的,南格禄在行前接受了天文学等科学知识的培训,并计划前往北京,而其他两位来华法国耶稣会士艾方济(François Estève)和李秀芳(Benjamin Brueyre)则主要负责传教事务。三人所取中文姓名则分别向早期来华老耶稣会士南怀仁(Ferdinand Verbiest)、艾儒略(Giulio Aleni)、利玛窦(Matteo Ricci)表示敬意。

尽管新耶稣会重来江南的决定在1840年之前即已酝酿,这三位新耶稣会士前往江南时(1841年4月10日出发)正值进行中的中英"鸦片战争",南格禄等

1943年版《江南修院百周纪念》对南格禄等来江南的记叙

不仅在来华行程上因此得到便利，而且最后的行程是直接乘英国舰船抵达吴淞口。此外，再加上法国对华传教政策的保护，新耶稣会的传教活动之后被认为与西方列强的侵略活动纠合在一起。

新耶稣会士在江南地区的首要任务是培植本地神职人员，即神职教育。李秀芳于 1843 年在张朴桥（今属上海松江区）开设的修院开课，该修院隶属于当时的南京教区，院中 13~18 岁的学生有 22 人，其中有 5 个是罗伯济带来的山东人；1844 年 11 月有 32 个学生，其中 6 个山东人。1843 年 7 月间，修院迁到横塘（今属上海青浦区），最初的课程都由李秀芳负责，以拉丁文为主。据南格禄记

20 世纪 40 年代，张朴桥和横塘的历史照片

载,年轻修道生们"懂得拉丁文几乎比官话还好"。尽管如此,修院的课程设置中汉语及中国经典的教育仍占有很大的比重。此外,课程中还有物理学等自然科学。

1850年,施于民(Alexandre Rose)把修院由横塘搬至张家楼(今属上海市浦东新区)。南格禄任修院院长,并担任此职务直至去世。1852年时南格禄作为院长教授天主教历史和物理学,当时刚来华不久的晁德莅(Angelo Zottoli)也曾在此担任神学教授,不久调至徐汇公学任理学。南格禄认为中国修生对于学业方面之才能不亚于欧洲的青年,他还特别强调修生们学习中文的重要性。

除发展教区修院外,为了维护耶稣会的权益,南格禄也曾计划建立耶稣会会院,用来专门培养本修会的会士,以便在这些新成员晋铎后派往中国各地传教。

1844年新耶稣会在横塘设立会院,1846年,南格禄本打算将此会院迁至佘山,后鉴于上海的通商地位日益明显,为了便于传教,于是将目标锁定上海县城内(今上海黄浦区老城厢地区),计划在上海县城内建立传教中心、教士休养院、天主堂、养老院以及天文台等。南格禄让梅德尔(Mathurin Lemaitre)留在上海县城内具体负责处理此事。梅德尔先在董家渡设立会院,后因罗伯济(Lodovico Maria Bési)决定把主教府搬至董家渡,不愿耶稣会会院同设在一处,最终在南格禄的首肯下,耶稣会士选定徐家汇作为他们的会院。新耶稣会在徐家汇的会院于1847年完全成立。

徐家汇靠近肇嘉浜水道,北通上海县城,南通松江的区位优势,加上这里是明代大学士徐光启墓地所在地,徐光启生前曾与耶稣会士利玛窦、汤若望(Johann Adam Schall von Bell)等交好,即使在19世纪中期,依然有一批徐氏家族的人在此族居,因此当地的天主教信众也对天主教及耶稣会有着较强的感情认同。此后,徐汇公学等耶稣会附属事业逐步成立,徐家汇也逐渐成为江南地区天主教的中心。可见,徐家汇两大教育机构修院与徐汇公学的成立都与南格禄密不可分。

与此同时,南格禄也没有放弃他的科学研究。据高龙鞶(Auguste Colombel)的《江南传教史》(*Histoire de la Mission du Kiang-nan*)记载,徐家汇天文台曾藏有南格禄初到江南地区时,与巴黎天文台科学家往来的书信手稿。

1918年,徐家汇小修院历史照片

这些学术交往也记录在南格禄寄回欧洲的信中。另据高龙鞶记载,南格禄还曾向法国王后玛丽-阿梅莉(Marie-Amélie)请求捐助,后者慷慨解囊,捐款给南格禄。南格禄借助这笔款项购置了一台复测经纬仪、一台三角测量仪和其他仪器若干件,这些都为徐家汇天文台的后续发展奠定了基础。

晁德莅

徐汇公学的"创造伟人"

邓 岚

在近代徐家汇教育发展和文化交流中,晚清来华的意大利籍新耶稣会士晁德莅(Angelo Zottoli)是一个不可忽视的人物。他曾是徐汇公学草创时期的主要推动者,也是耶稣会"江南科学计划"中汉学部分的负责人、法国汉学"儒莲奖"(Prix Stanislas Julien)的获得者,被历史学家方豪誉为"耶稣会二度来华后罕见之才"。

1826 年,晁德莅出生在意大利中南部萨勒诺(Salerno)的一个富裕家庭中,幼时天资聪慧,熟读希腊语和拉丁语,曾就读于萨勒诺的皇家公共学校,后又进入萨勒诺大学(Fiorentissimo Collegio)学习修辞学、哲学等。1843 年,17 岁的晁德莅,不顾家人的反对,加入天主教耶稣会。1848 年,为响应耶稣会士马再新(Renato Massa)神父的号召,晁德莅与马奥定(Agostino Massa)等前往中国传教,此后再未回过欧洲。

晁德莅神父像

晁德莅来到中国最初的两三年时间里,其主要在上海徐家汇修院学习神学和中文。1850 年,为收容受江南水灾影响的难民子弟,法籍耶稣会士南格禄(Claude Gotteland)在上海徐家汇地区正式创办了圣依纳爵公学(徐汇公学)。次年,晁德莅开始协助管理徐汇公学。1852—1866 年,晁德莅担任此所学校的"理学"和教师。在此期间,作为主持学校工作的"理学"教师,晁德莅"整饬课业,厘订规条,种种于学务上,构设进行,几以一身,而兼德育、智育、体育三种重任"。

在他带领下,徐汇公学得到了长足的发展,学校课程与建制不断完善,学校规模和学生人数也不断扩大。可以说,晁德莅在早期徐汇公学的建设与发展中起到了关键性的作用,因而不少人将其视作徐汇公学"真正的创始人",徐汇公学的师生也称其为"汇学创造之伟人"。

作为教师,晁德莅在教授哲学、神学、拉丁语等多门课程之外,还编译过不少教材课本。如在 1859 年,其根据 Emmanuel Alvarez 所著的拉丁语语法书籍编译的《辣丁文字》(*Emmanuelis Alvarez institutio grammatica ad Sinenses alumnos accomodata*)。该书曾被有些学者视为"真正意义上的第一本中文版拉丁语语法教程"。据言,当时不少修院都把其作为拉丁语学习教材,而书中用汉语所翻译的拉丁语语法术语等内容,也在其出版后的几十年间持续使用,为相关研究撰述提供了重要参考。另外,晁德莅以自身渊博的学识和对学生"循循善诱""因材施教"的教学方式,培育出不少杰出的学生。如近代著名教育家马相伯早年就读于徐汇公学时,就曾深受晁德莅的鼓励与栽培。马相伯在晚年回忆时,曾言:"我在同学中间,天资还不算坏,晁教习很欢喜我,他教我各种自然科学,我非常有兴趣,而我对于数学更是欢喜。"此外,李问渔、刘德斋、潘谷声等在中国近代教育、宗教、美术、报业等领域具有重要影响的人物,也皆出其门下。

除此之外,晁德莅还曾负责徐家汇初学院、神学院(1866—1869 年)、徐家汇藏书楼(1862—1869年)、徐家汇会院(1853—1865 年)、土山湾孤儿院(1864—1865 年、

1869 年版《辣丁文字》封面

1869年版《辣丁文字》扉页

1871—1874年)等耶稣会事业机构的工作。同时,他精通中文,熟读儒家经典,在汉学研究上也有着极高的成就。1872年,江南代牧区主教郎怀仁和耶稣会会长谷振声(A. Della Corte)等在上海徐家汇发起"江南科学计划",旨在对江南教区的科学、文化等开展系统性研究,其汉学部分的主要负责人便是晁德莅。1879—1882年,晁德莅陆续出版了《中国文化教程》(或译为《中国文学教程》)(*Cursus Litteraturae Sinicae*)一书。是书编撰的最初目的主要为来华传教士学习中文之用,共分五卷,以中文、拉丁文对照的方式编排,内容从"四书""五经"到诗词、歌赋、杂剧、小说,再到简牍、典故等无不涵盖,可谓包罗万象。然而此书在结构与内容上虽然宏大、广泛,但其翻译却多有创新与突破,具有极高的学术价值。此书出版后,颇受欧洲汉学界的关注,不仅为晁德莅赢得了汉学界的至高荣誉——"儒莲奖"(1884年获奖),而且还为彼时来华传教士的中文学习及后来的汉学研究提供了诸多借鉴。

1869年版《辣丁文字》引言

纵观晁德莅的一生,其在华时间长达54年之久。其间,除在南京、苏州等地短期传教外,其大部分的时光都在徐家汇度过。在徐家汇,他身兼耶稣会内部的多项职务,无论是对徐家汇教育事业的发展,还是对中西间的文化交流,晁德莅都有着卓著的贡献,且影响深远。

张家树

徐汇中学首任中国籍校长

杨 磊

张家树的一生与徐汇中学有着三段不解之缘：少年求学问道、青年教书育人、壮年执掌校务。这段特殊的经历，使他获享桃李满园，春晖四方，更是为徐家汇地区的教育事业作出了重要的贡献。

1893年6月30日，张家树出生于上海老城马园街的一户世代教友家庭。因出生于端午节前后，故又名瑞六，字庭桂，圣名类思。张家祖籍南汇西八灶，祖父张雪香是马相伯在徐汇公学的同窗好友，因躲避太平天国战乱，始定居于上海

1941年，张家树像
（时任徐汇中学院长）

城内的老天主堂附近。张雪香曾就职于法国驻上海总领事馆，担任文案长一职长达50年(1862—1912年)之久，并且在退休告老之际由土山湾印书馆出版了《法领政略表》(*Liste Chronologique des Consuls de France à Chang-hai et Aperçu de Leurs Principaux Travaux*, 1848 - 1912)。张父伯笙是清朝的秀才，书法技长。根据张家后人回忆，土山湾印书馆的正楷铅字便是根据他手写的楷书浇铸而成。但他弃文从商，出任过十六铺渔业公会的会长。张伯笙共育有四子二女，张家树是他的次子，子女从小受到书香熏陶，耳闻目染。

1907年，张家树从老天主堂的上智小学（今已不存）毕业，考入徐汇公学。这所由天主教会创办于1850年的学校，素有"西学东渐第一校"之称。在徐汇公学求学期间，他既勤学刻苦，又涉猎广泛。徐汇公学有一本校刊，名为《汇学杂

志》(*En Famille*)，少年时期的张家树曾多次在该刊撰文论说。既有展现拳拳报国之心的《扶植民气说》，道出振兴中华之本在于"扶植民气"。也有流露强烈爱国情操的《论日俄盟战之机关》，直截了当地指出项庄舞剑意在沛公："日俄之忽战忽盟，殊令神州酣睡之狮今后不能一日安枕矣"。更有借题讽刺时政的《申江观剧记》："优界之剧，观之而警动人心。政界之剧，观之而令人思睡。"

16 岁那年，张家树决定弃俗修道，因此解除之前家人所订的婚约，剪掉辫子加入耶稣会。1911 年 11 月，他在初学结束之后经由西伯利亚铁路前往英国坎特伯雷耶稣会公学攻读文学和哲学。七年之后的 1918 年，第一次返回母校徐汇公学任副学监、法文和理要教员，兼做出试。两年间，他将在英国学习的西方文学知识和所见所闻引入课堂，开拓了学生的知识和视野。1920 年，张家树再次启程，赴英国泽西岛耶稣会神学院继续学业。1923 年 8 月 24 日晋铎，他是出自上海洋泾浜会口的第一位神父。次年神学毕业之后，他被派往法国服务当地的华侨和留学生。1925 年 10 月回国，出任浦东傅家天主堂副本堂。

1926 年，张家树重返母校徐汇公学，开始执教科学、护教学、地理等课目。之后又相继担任学监、教导主任和校长之职，经历了徐汇公学的登记立案和学制改革，见证了徐汇公学正式更名为"徐汇中学"。1936 年"双十"之际，当时日寇伺机行动，中国的命运危在旦夕，身为校长的张家树发表了《怎样在国难期中庆祝国庆》的讲话，勉励身处国难之中的全体徐汇师生："努力求得使用学问，更要养成坚决意志、牺牲精神，将来不论入政界哪、学界哪、商界哪，都要做一个好国民，为国家有一点实在的贡献。"

自创校以来，徐汇中学的院长一职均由外籍传教士担任。1937 年 8 月，张家树成为第一任中国籍院长，由此开启了学校的新风貌。不久，八一三淞沪会战爆发，数以万计的难民蜂拥抵沪。徐汇中学在院长张家树的领导下，积极投身难民救助工作，无不以实在的行动表现出自己对于国家的一份赤子之心。开战后的两个月中，徐汇中学共收容 2 000 余人。随着战事深入，难民人数不断增加，到年末时，收容者达 4 000 人之众。在陆士熙辅理修士的率领下，学校组织工友每日施粥两次。在解决温饱的同时，徐汇中学圣母会会友与在校的备修生一起开办难民儿童学校，施以识字教育。

1941年，徐汇中学师生合影
张家树前排中坐

20世纪30年代，徐汇中学学生演剧团合影

1943年,张家树出任浦东张家楼总铎区总本堂,自此离开了求学和服务了将近四分之一个世纪的徐汇中学。1944年10月,上海传教区复兴以培养中小学教师为宗旨的修会:主母会。曾在徐汇中学担任校长的张家树被任命为该会的神师神父,兼管初学院,直至1949年。

当张家树重回徐家汇这片故土时,已是1960年,他当选为上海教区第一任自选自圣的主教,并且将主教府由洋泾浜迁往徐家汇。1988年2月张家树去世,他的骨灰被安放在与母校徐汇中学一墙之隔的徐家汇天主堂内。

抗战期间,徐汇中学西校舍收容难民

翁文灏

中国第一位地质学博士

陆丹妮

翁文灏是我国著名地质学家、地质教育家,中国历史上第一位地质学博士,是我国地质学奠基人之一,被誉为"中国地学泰斗"。1906年,翁文灏考入当时位于徐家汇老天文台旧址的上海震旦学院。在震旦学院学习的翁文灏接受了西式教育及新思潮的洗礼。当时的徐家汇天文台已经开始天文和地磁方面的研究,因此在课程设置上,震旦学院设有天文学、地质学等课程。正是在这里,翁文灏获得了地质学启蒙。在校期间,翁文灏刻苦学习,学习成绩优异,与胡文耀、孙文耀并称"震旦三文"。1908年,翁文灏通过了浙江旅沪学会举办的留学选拔考试,1909年前往比利时鲁汶大学(Katholieke Universiteit Leuven)留学,专业为地质学。

比利时的留学生活开阔了翁文灏的眼界,丰富了他的思想,这段学习经历为他日后的发展打下了坚实的基础。翁文灏在鲁汶大学得到了全面而系统的现代学术训练,1912年翁文灏获得博士学位,成为中国第一位地质学博士。翌年,翁文灏回国在北洋政府农商部地质研究所任教,负责教授地质、矿物等自然科学课程。翁文灏认为教育要与实践相结合,在任教期间,作为专任教授经常带学生野外考察,培养学生实地考察能力,并且根据学生情况调整课程内容,有的放矢,因材施教。学生们写的田野考察实习报告,被翁文灏与章鸿钊一起编成了《地质研究所师弟修业记》。并且,翁文灏还完成了一部简单明了、浅显易懂的《地质学讲义》(*Lectures on Geology*),这也是我国第一部现代意义上的地质学教材。

1916年,翁文灏转入地质调查所工作,他的工作重点转向出版学术刊物,在

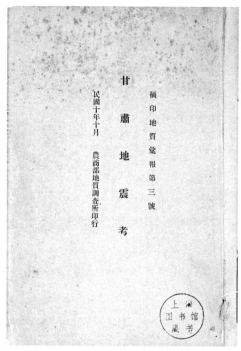

1921年版《甘肃地震考》封面　　　20世纪20年代版《中国矿法要义》封面

1925年版《中国山脉考》封面　　　1925年版《中国山脉考》内页

他看来,学术刊物是学术交流的重要媒介。1919 年,翁文灏主持创办《地质汇报》与《地质专报》。《地质汇报》主要刊登地质调查报告、专题论文;《地质专报》是不定期的专刊,分为甲、乙、丙三种。作为我国地质机构出版的学术期刊,《地质汇报》与《地质专报》对我国地质学的发展与学术研究交流具有重要作用。与此同时,翁文灏还致力于地质图的编制工作。当时中国在地质图领域几乎是一片空白,翁文灏入职后,致力于矿产资源的调查与研究,并带领调查所开始大规模的地质调查与填图工作。同年,《地质专报》刊载了《中国矿产志略》,对我国矿产资源的分布进行了分类与总结,是第一部由我国学者编写的矿产志,书中附有一张《中国地质约测图》,这张图看似简陋,却是我国学者编制的第一张地质图,对于我国地质学的发展具有重要意义。

此外,翁文灏还曾在清华大学与北京大学教授"地质学"课程,参与北京大学地质学系的课程设置等工作,为北大学生教授"高等岩石学""地质构造学""地文学"等课程。翁文灏重视学术交流,在北京大学任教期间,他还曾参加学术社团"北京大学地质研究会"的活动,为社团成员们做指导。此外,翁文灏曾亲自带队,带领北京大学地质学系的毕业生前往热河考察调研,对学生的调研成果进行指导。

早年比利时鲁汶大学的留学经历让翁文灏认识到,地质学要发展,要走向世界,因此他注重国际科学交流,曾多次参加国际学术会议,努力与国际接轨。1922 年在翁文灏的主持下,中国地质学会成立,翁文灏任副会长,学会刊物为《地质评论》与《中国地质学会志》。同年,翁文灏作为中国代表前往比利时布鲁塞尔参加第 13 届国际地质学大会(International Geological Congress),并当选为国际地质学会副会长,这是中国代表第一次参加国际地质学大会。后来翁文灏又参加了第三、四届泛太平洋科学会议,并且 1937 年作为中国代表参加了在莫斯科举办的第 17 届国际地质学大会,将中国的地质学研究展现给世界。

作为近代中国第一位地质学博士,翁文灏为中国地质学事业作出了巨大贡献,他与章鸿钊、丁文江、李四光并称为我国地质学的四大奠基人,推动中国地质学事业大步向前发展。

值得一提的是,在他的学术研究中,始终可以看到早年震旦教育对他的影

1929年,第三届泛太平洋科学会议中国出席代表全体合影
前排右一为翁文灏

响。除中西会通的学术风格外,他在20世纪20年代研究甘肃地震问题、编辑《甘肃地震考》时,更是将徐家汇土山湾印书馆出版的、黄伯禄编著的《中国大地震目录》(Catalogue des Tremblements de Terre Signales en Chine)作为主要的参考资料,并将其简称为中国地震"法文表",来自徐家汇天文台中外传教士们的研究成果也由此为中国社会所知。

傅　雷
法国文学中译巨匠

雷舒宁

　　傅雷是中国著名翻译家、艺术鉴赏家、批评家,少年时期曾相继在徐家汇地区的两所学校求学,后留学法国,考入巴黎大学(Université de Paris)文学院。傅雷翻译了大量法国文学作品,罗曼·罗兰(Romain Rolland)、伏尔泰(Voltaire)、巴尔扎克(Honoré de Balzac)、梅里美(Prosper Mérimée)等名家的著作,都是经由他的译笔而被中国读者所熟知。

　　1908年,傅雷出生于原江苏省南汇县周浦镇渔潭乡(今上海市浦东新区航头镇)。傅家曾是当地大户,一度拥有四五百亩土地,30多间房子。自傅雷祖父辈开始,家道逐渐衰落。傅雷是家中长子,原名傅怒安,取义于《孟子》"一怒而天下安",后改名为雷,易怒安为字。

　　与普通孩子相比,傅雷的童年是"悲惨"的。不满四岁时,其父遭人诬告入狱,不久含冤而死,幼弱的两弟一妹相继夭折,家中只留孤儿寡母二人。面对家庭巨变,母亲将所有希

傅雷(四岁)与母亲合影
(图片来源:《傅雷画传》,叶永烈著,
复旦大学出版社,2005年出版)

望寄托在傅雷身上，管教极为严苛。傅雷七岁起念私塾、读"四书""五经"，同时学习英语与算术。母亲不仅在课上旁听监管，在课后也督学严格，打罚为常有之事。幼年的家庭变故加之母亲严厉的态度塑造了傅雷"孤傲倔强，严谨刚直"的气质秉性，修道院式的苦学使其积累了深厚的中国传统文化功底，为日后的文学事业奠定了基础。

1920年，傅雷的学习生涯发生了第一次重要转变。时年12岁的傅雷离开周浦来到徐家汇求学，考入交通部上海工业专门学校附属高等小学（今为南洋模范中学与上海交通大学附属小学）。彼时的徐家汇经过数十年的发展，已具备了各层级、各类型的教育机构。傅雷就读的交通部上海工业专门学校附属高等小学效仿日本小学办学制度，在课程上设置修身、国文、历史、算术、体操等九门科目，其丰富程度，为当时罕有。在这里，傅雷接受了与私塾截然不同的"先进"教育。

1921年，傅雷考入徐汇公学（现徐汇中学）继续初中学业。正是在徐汇公学，傅雷与法语结缘。徐汇公学由耶稣会神父创立并管理，其中以法国神父居多，法语教学一直为其特色。学校内有法国籍神父任教师，采用当时通行的法语教材，为学生创造了尚佳的语言学习环境。傅雷在徐汇公学学了三年法语，虽自述"学习成绩很糟"，但也算入了法语的门，打下了法语阅读的基础。除了外语教学，徐汇公学当时还积极在学生中开展话剧演出活动。傅雷就读期间参演过话剧《言出如山》，通过接触这一新颖、多元的艺术形式，在一定程度上打开了文艺视野。

傅雷在上海接受最"前沿"教育的同时，也经受着动荡时局最直接的冲击。为寻求一个能安心读书、真正增长学识的环境，1927年傅雷自费前往法国留学。得益于徐汇公学三年的法语基础，到法后，仅经过半年的语言学习，傅雷便于1928年11月考进巴黎大学文学院，主修文艺理论，课业之余，他积极旁听各类艺术讲座，流连于巴黎各大博物馆、美术馆，尽情地吸收法国文学与艺术的养分。留法期间，傅雷结交了刘海粟、梁宗岱、刘抗等诸多优秀青年，在与他们的交流、切磋中不断坚实自身文艺造诣。

1930年，傅雷翻译的《圣扬乔尔夫的传说》刊登在《华胥社文艺论集》上，这是傅雷首次发表译作。同年，又翻译并发表泰纳的《艺术哲学》。傅雷1931年自法回国，1933年开始全职从事译书工作。傅雷生平译著30余种，影响了一代又一代的读者。在家国动荡、民族危亡的30年代,傅雷翻译了罗曼·罗兰的《巨人传》《约翰·克利斯朵夫》,试图以"英雄"的故事为读者提供精神支持。而他对巴尔扎克作品的翻译最为经典,中国人耳熟能详的《高老头》《欧也妮·葛朗台》《邦斯舅舅》等,皆译自傅雷之笔。傅雷在翻译上强调神似,注重译出原文的神韵,而不拘泥于字词、句法的机械对应,加之深厚的中文功底,其译文优美流畅、可读性强,直至今日,依然备受读者喜爱。

傅雷翻译事业的成功,离不开妻子朱梅馥无条件的帮助与支持。青梅竹马的二人1932年结婚,育有二子:长子傅聪,后来成长为蜚声国际的钢琴演奏家;次子傅敏,在教育领域颇有建树。或许是受童年经历的影响,傅雷对儿子的教育同样是严厉但又是关怀备至的。傅聪远去波兰留学期间,傅雷通过一封封信件寄去对儿子生活上的关切、音乐上的指导与教诲。这些

1930年,傅雷在巴黎与刘海粟夫妇合影

1934年,傅雷夫妇合影
(图片来源:《傅雷画传》,叶永烈著,
复旦大学出版社,2005年出版)

信件后来由傅敏整理、编辑,以《傅雷家书》之名出版,成为教育史上的佳话。

2009年,法国驻华大使馆有意设立奖项,褒奖译自法语的中文佳作,鉴于傅雷在法文作品译介上的卓越贡献,最终定名为"傅雷翻译出版奖"。傅雷的精神与风骨在当代学者与大众心中,回响犹存。

杨 绛

民国最后一位女"先生"

杨明明

20世纪50年代,杨绛在北京大学中关园寓所前
(图片来源:《杨绛:永远的女先生》,周绚隆,
人民文学出版社,2016年出版)

很多人最初认识杨绛,是因她钱锺书妻子的身份。但她本人在文学、剧作、翻译方面的才情,即使没有丈夫的光芒辉映,亦成绩斐然。她的文字细腻感人,话剧剧本曾得到李健吾、柯灵等的高度评价,她翻译的《堂吉诃德》(*Don Quixote de la Mancha*),是我国首部翻自西班牙语的中译本。被尊称为民国最后一位女"先生",杨绛当之无愧。

杨绛本名杨季康,祖籍江苏无锡,世代为爱读书的文化人。父亲杨荫杭,是近代较早一批革命家、法学家,曾由南洋公学公费派遣到日本早稻田大学留学,毕业后至北京译书馆译书,后官至京师高等审判厅厅长。母亲唐须荌是一位贤惠温婉的知识女性,曾在上海务本女中(今上海市第二中学)读书。

1911年7月17日,杨绛出生于北京,家中兄弟姊妹八人,她排行老四。因生于辛亥革命前夕,时局动荡,杨绛少年时代曾先后在北京、无锡、上海、苏州等地生活,此间读书经历纷繁复杂。但因父母自由开明,她尽可能地受到了良好的教育。

　　杨绛五岁开蒙,初读于北京女高师附小(今北京第二实验小学)。后因父亲职场失势,全家南迁无锡避难,杨绛遂在大王庙小学(今已不存)度过半学期。1920年,杨绛同三姐杨润康一起前往大姐杨寿康毕业留校任教的上海启明女校(今上海市第四中学)念书。杨荫杭认为启明女校教学条件好,管束严格,中外文同授有益于打好语言基础,因此启明一贯是他为女儿们择校的首选。

　　当时启明女校专招教外女生,学生官宦富商出身居多,校址位于徐家汇。在启明纯粹、友爱、遵纪的学习环境中,杨绛度过了愉快且备受关爱的三年时光,其间除专修法文、英文和中文外,她还修了历史、地理、算数、音乐和体操等科目,并在那里结识了幼年挚友朱书清,两人一同学习进步。虽然杨绛后来随父母移居苏州,未在启明毕业,但在启明受到的教育熏陶对她今后的勤奋求学和宽容仁爱都有深刻影响。在2002年一篇回忆散文《我在启明上学》中,杨绛追忆了她在母校寄宿读书时的趣事,"我一到启明,觉得这学校好神气呀",学校里的一砖一木都使她感到新奇,花瓷砖长廊、大花园、秋千架、跷跷板等都是她之前就读的大王庙小学里所不曾有的。而启明女校的严格纪律,如饭后必须到课堂外游玩散心,自修时上厕所要先问准许等,也给杨绛留下了深刻印象。逐渐熟悉了启明女校的生活后,杨绛在校园内也找到了自己的乐趣,和好友一起跳绳、赶癞蛤蟆、造房子、堆假山,不亦乐乎。此外,杨绛还特别回忆了学校修女们对她生活上的照顾和关爱,比如在"月头礼拜"时送"乌龟糖"给她解闷,给她包扎膝盖伤口,为她提供课外读物等,她们的仁慈也在杨绛幼小的心灵种下了良善的种子。

　　1923年暑期举家迁居苏州后,杨绛转入振华女中(今苏州第十中学)。在启明时打下的功课基础,使她总名列前茅,并于1928年考入东吴大学(原址今为苏州大学)政治系。1932年,杨绛在清华大学借读一年,也就是在清华校园里,她与钱锺书相识相恋。翌年,杨绛考取清华大学研究院外国语文研究所研究生,她在写作课上的第一篇课卷《收脚印》,后经老师朱自清推荐发表于1933年12月30日的《大公报·文艺副刊》,成为杨绛的处女作。次年初,她的第一部短篇小说《璐璐,不用愁!》再登《大公报》,才能初露锋芒。

　　1935年,杨绛与钱锺书在无锡婚后不久,便共赴英国牛津大学(Oxford

University)学习,后入法国巴黎大学进修。1938年祖国危难之际,两人携女儿钱瑗回国,钱锺书直赴西南联大任教,杨绛则和女儿暂居上海,其间任苏州振华女中上海分校校长、工部局北区小学(今上海市静安区闸北第一中心小学)代课教员,业余时间从事文学及剧本创作,所编话剧《称心如意》《游戏人间》等相继搬上舞台。1946年,在杨绛甘做"灶下婢"的支持下,钱锺书的《围城》问世,杨绛也始任震旦女子文理学院(原址今为上海市向明中学)外文系教授。

1949年,杨绛任清华大学外国语文学系兼职教授,后因院系调整,辗转于多个研究所任研究员,译有《小癞子》(*La Vida de Lazarillo de Tormes*)等作品。在特殊时期,杨绛与家人虽历经磨难,但她从未气馁绝望,而是在黑暗中静待云开日出,《堂吉诃德》就是在此期完成。晚年杨绛深居简出,生活俭朴,坚持读书写作,笔耕不辍,著有短篇小说集《倒影集》、长篇小说《洗澡》、论文集《春泥集》等。

1944年版《称心如意》封面

1978年版《堂吉诃德》扉页

1997年与1998年对杨绛来说,是打击深重的两年,女儿钱瑗与丈夫钱锺书相继去世。她忍住悲痛,重整心情,着手整理钱锺书生前笔记手稿,并于90多岁高龄时新作《我们仨》《走到人生边上》,追忆家庭过往温馨、终极思考人生本原。

2016年,杨绛逝世,享年105岁。童年及读书时来自父母、学校师友等的关爱,在她的内心存储了巨大能量,使她能够坦然面对一个世纪的离别变幻而荣辱不惊。

朱志尧

上下求索的民族实业家

杨 磊

90岁时的朱志尧像

朱志尧是一位民族实业家,生前创办的事业遍及国计民生的各个行业。少年时,他在徐汇公学求学;事业有成后,又以一己之力资助和促进了徐家汇地区教育事业的发展。

朱家自康熙末年起便已信奉天主教,由渔而商,自湖而海。当太平天国战乱波及江南一带时,朱家举家从位于青浦淀山湖边的诸巷,迁居上海的董家渡天主堂边。1863年9月,朱志尧出生,因为他是朱朴斋与续弦马建淑的长子,所以号开甲,家中弟兄之间称其为宠德,圣名尼各老。

此时的中国已处在西风东渐的时代,上海作为东西方交融的要冲,一举成为近代西学的传播中心。朱志尧少时曾在二舅马相伯担任校长的徐汇公学就读,这是一所以传播西学为宗旨,又保留着若干中国传统文化的新式学校。入学之后,他在马相伯的影响下发奋读书,经过新式知识结构的陶冶,脑海中产生了中西思想文化的碰撞。他一方面熟读中国古典的"四书""五经",预备参加乡试,争取金榜题名;另一方面又比较扎实地掌握了声、光、电、化等一些近代科技知识,为将来从事机器轮船制造,开办工矿企业等打下基础。离开徐汇公学,朱志尧转往当时的府城松江继续求学,以便更好地应试科举。

可是事与愿违,朱志尧参加科举屡战屡败,曾前后八次名落孙山。在此期间,他且工且读,开始在自己家族的沙船上主事。1886年,又有幸以生活助理的身份陪同马相伯游历欧美,大开眼界。他对西方的近代机器工业留下了深刻印象,意识到中国航运业要复兴,必须废弃旧业而兴新业,只有生产新式机器,才能振兴民族航运业。回国后,朱志尧加入轮船招商局,继而主持大德油厂,他对轮船机器的学问颇得要领,经常细心观察研究,意在实业救国。就在此时,他也意外地在第九次应试中考得附生。

甲午战事的惨痛失败,令朱志尧在实业兴国的道路上暂时止步。1898年3月,朱志尧和王显理一同创办《格致新报》,介绍西方近代科学知识,摘录国外报刊对于中国的报道。1901年,又积极协助英敛之筹备《大公报》。财富和知识的双重积累,奠定了他之后出任东方汇理银行（Banque de l'Indochine）买办的基础。这份收入丰厚的买办工作也给了朱志尧回馈社会的能力。

1903年,马相伯在徐家汇天文台旧舍成立震旦学院。这位外甥非但在财力上慷慨解囊,而且与二舅一同住进了这幢临时的校舍,扶持左右。不出两年,马相伯出走震旦,再创复旦公学,朱志尧仍旧鼎力相助,这对娘舅和外甥的关系,实在突出。启明女子中学创办第十一年,学生日益增多,圣母院的旧校舍不敷使用。学校为建筑新校舍于1915年1月发起了一场游艺会,以此开展募捐活动。此时的朱志尧在东沟开办了一座规模巨大的尼各老砖厂,他带头积极响应捐献建筑校舍所需的砖块,同时又不知疲倦地肩负起了募捐者的角色,甚至出面借款七万元,代学校归还了好几年的贷款利息。次年6月,新启明放下了第一块奠基石,一幢山字形的校舍大楼拔地而起。这幢大楼在1922年经过加高一层之后使用至今,成为上海市文物保护单位。在建造徐家汇圣母院女工工场时,朱志尧再次以砖代捐,协助建筑工程。而位于十二山湾的慈云桥,则是1902年新成立的求新制造机器轮船厂（简称求新厂）的开张产品,这也是上海地区的第一座铁制桥梁。

朱志尧在求新厂开办初期,聘请技师15名,工匠百余人,下设车床、钳床、外场、翻砂、冷作、红铜、打铁、电气、木模、翻铜10个车间,是当时上海民族工业

20 世纪 10 年代,求新制造机器轮船厂

20 世纪 20 年代,徐家汇圣母院女工工场

中设备最齐全、技术最先进的工厂之一。朱志尧非常注重培养民族工业的后继技术人才，求新厂的各个车间都有来自南洋公学的实习学生，他们根据各自所学的专业类别，选择一门技术进行实践，形成了现代产学一体的雏形。除此之外，他还涉足米、布、油、电、自来水、面粉、图书、呢革、铁矿、煤矿等各类实业，遍布日常生活的方方面面，由此跻身民族实业之巨擘。可惜好景不长，外有西方列强的围追堵截，内有北洋政府的积贫积弱，朱志尧的各项实业逐渐陷入绝境之地，抗日战争的爆发给了他最后的致命一击。

1909年，求新厂建造的上海小南门内救火会警钟望台

耄耋之年，朱志尧应徐汇中学邀请，以校董的身份重返母校，给师生作了题为"福国利民"的演说，细数自己九次应试科举，以及60年来创办实业的经过和经验，鼓励学生："状元宰相现在君等已无做到之可能，但福国利民却人人能为之，切盼诸位发奋自勉，努力前进，则国事庶有可成。"

1955年3月，朱志尧在93岁高寿之龄于上海万宜坊（今上海重庆南路205弄）寓所去世。他的一生见证了中国民族工业在旧时代的兴衰成败。在徐汇公学的求学经历，中西文化交融的态势影响了他一生的成长轨迹，而此后他的慷慨义举也为徐家汇今日的发展奠定了基础。

佘宾王
南洋和震旦的外籍教师

杨 磊

震旦学院因南洋公学(今交通大学)的"墨水瓶事件"而创立,因此常人往往认为两校之间必定多有龃龉。但是在一位耶稣会士的机缘巧合和不懈努力之下,两校之间的关系非常密切,不啻为徐家汇地区百年教育史中的一段佳话。

20世纪初,南洋公学已经初具规模,经常会有路过此地的耶稣会士对于这里的宏伟建筑叹为观止,梦想着有朝一日能够进入这所学校任教。可是,在"墨水瓶事件"发生之前,南洋公学和徐家汇的耶稣会士之间只有为数不多的几次联系。先是福开森(John Calvin Ferguson)在担任南洋公学首任监院时,曾将自己的儿子送来耶稣会神父处学习法文。另有一次,公学的一名学生在游戏时受伤,当时负责徐家汇住院病房的夏维爱(Henri Arvier)修士给予了及时的救治。还有一次,在一场台风灾难中,南洋公学的厨房倒塌,白裳华(Edouard Pigot)神父赶去救援伤者。但是,真正打开南洋公学大门的却另有其人。

中年佘宾王像

佘宾王(Franz Scherer),1860年出生于德国南部的巴伐利亚,1879年来华。他在经过了一系列的语言、文学、哲学和神学培育之后晋铎,被派往传教区最北部的徐州地区开始了传教生涯。1894年,他前去侯家庄接替徐州地区的开教元老艾赉沃(Léopold Gain)。然而不出一年,因在当地遭受土匪洗劫,不久就被调回上海,转而从事教学工作。佘宾王最初在徐汇公学任教,其间编译多本教材,后由土山湾印书馆出版发行:《数学问答》《数理问答》《天文问答》《代数问答》《量法问答》

等。此后,他又成为震旦学院的第一批教师。曾造访过徐家汇的美国青年教育家艾伍德(Walter Elwood)对这位耶稣会士印象深刻:"想想看,一个德国人,教中国人说法语!他一定是位名副其实的语言学家,会说德语、法语、英语、希腊语、官话和上海方言。他的英语比美国人说得还要好。"

1907年的一天,佘宾王来到海格路(今华山路)上的李鸿章祠堂(原址即今复旦中学)参观,不巧内门紧锁,不得而入。正在此时,两位衣冠楚楚的先生走了进来,一位是这座祠堂的建筑师,另一位是邮传部上海高等实业学堂(南洋公学1907年时的校名)校长唐文治。他对建筑师恭维了一番,随后又邀请校长前来徐家汇参观。无论是前往徐家汇的访问,还是之后徐汇公学学生的回访,都在唐校长的脑海中留下了美好的回忆。佘宾王在回访中认识了学堂的一位学生徐恩元,这位高才生正准备随同汪大燮前往英国考察宪政。他便请求这位学生帮忙,建议汪大燮邀请耶稣会神父在学堂开设法文课程,以满足将来对外交人才的需求。双方由此签署了一份授课协议:开设三门不同的法文课程;为期两年;每天授课三小时;每年支付600两银圆作为教师的薪金。耶稣会先后派出三批法文

1900年代,佘宾王与复旦留法学生合影
二排右三为佘宾王神父

教员：南从周（Félix Perrin）、惠济良和姚缵唐（Yve Henry），颜辛傅（Etienne Chevestrier）、梁同武（Gabriel Maujay）、赫师慎（Louis van Hée），以及佘宾王和恒文德（Pierre Ancel）。

在佘宾王身兼震旦学院和实业学堂两校的教职期间，天主教会和这所学校的关系日益紧密。每个星期天早晨，震旦学院和徐汇公学的学生都会前往实业学堂的大草坪，一起举行校际间的足球比赛。在一场赈济北方灾民的义演中，两校学生相互合作，他们在丁香花园内上演的三幕法文、一幕英文和一幕中文戏剧大获好评。而徐家汇住院的辅理修士前来实业学堂医治病患和修理钟表，也成为家常便饭。两年授课协议期满之际，正逢震旦学院从徐家汇迁址卢家湾新校区。徐家汇的院长神父同意续约两年，佘宾王和恒文德二人继续留任。学期结束颁发毕业文凭时，佘宾王还曾有幸受邀在将近 1 000 名师生和学生亲友面前，以"教育"为主题用中文发表了一场精彩的演说。耶稣会士的声誉不断壮大，学堂于是希望将各类课程都委托给他们：高等数学、微积分、几何、物理、化学和天学等。时至 1910 年，在当年 12 月出版的《邮传部上海高等实业学堂教员一览表》中，佘宾王的名字仍赫然在列，并且标注其在校教授法文和德文二门学科。1911 年，第二份协议到期，佘宾王离开已经执教四年的这所实业学堂，并于第二年 7 月返回法国。

返回法国后的佘宾王仍然关心中国人的教育事业。1920 年，他在巴黎创办联谊会（Cercle），借用法国公教青年会（l'Association Catholique de la Jeunesse Française）位于阿萨斯街（Rue d'Assas）14 号的会址，每星期三晚上 8 点至 10 点组织在法留学的震旦大学和南洋公学毕业生聚会。对于那些尚不精通法文的南洋公学毕业生，佘宾王特别为他们安排了为期一年的法文课程。源于徐家汇的这份情谊通过这位极富教育理念的耶稣会士漂洋过海，在法国继续生根发芽。

徐宗泽

公教教育的时评家

张怡雯

徐宗泽是徐光启的第十一世孙，其祖上为避倭乱，自上海县城迁居青浦的蟠龙镇，1886年他便出生于此。徐宗泽之父徐清望为太学生，长兄宗德为光绪丙午新科优贡，次兄宗贤为太学生。同时，徐光启的后人中也有担任天主教神职者。徐宗泽的祖叔徐允希，于1893年入耶稣会，后晋为司铎，曾执教震旦，主编《汇报》、主持藏书楼。因此，徐宗泽早年也习举业，19岁参加童子试，为邑庠生。不久清廷废科举，徐宗泽转向另一条路径，入读徐汇公学，再于1907年入耶稣会初学院。

徐宗泽像

1909年初学院毕业后，徐宗泽奉命留学欧洲，获博士学位，并晋升司铎，其间他曾两度短期回国，在徐汇公学任教，最终于1921年回国。1923年，徐宗泽接替去世的潘谷声神父，担任中文刊物《圣教杂志》主编以及耶稣会徐家汇藏书楼中文部主任一职。这两个职责催生了徐宗泽生平的两大学术贡献：撰写时政、神学、哲学、教会史的时评、社论，以及收集、整理明清间耶稣会士中文译著。

徐宗泽在担任《圣教杂志》主编期间曾在该杂志发表了无数有关神学、哲学和教会史的文章，后来结集并在土山湾印书馆印刷出版的有20余种。在中国天主教史研究方面，他的代表作是《中国天主教传教史概论》，1938年由土山湾印书馆出版。此外，他还在推动徐光启生平历史研究上居功甚伟。在他的倡议下，1933年上海举办了规模盛大的纪念徐光启逝世300周年的活动，为此他主持编

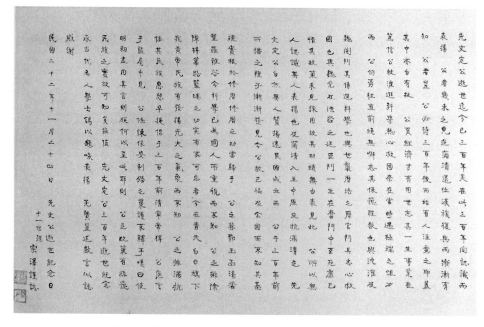

1933年,徐宗泽手迹——为《徐文定公逝世三百年纪念文汇编》题

印《徐文定公逝世三百年纪念文汇编》《增订徐文定公集》等有关徐光启的文献多种。

徐宗泽主持徐家汇藏书楼中文部期间,曾留心收集明清间耶稣会士中文译著以及地方志。其《明清间耶稣会士译著提要》后附"徐汇书楼所藏明末清初耶稣会士及中国公教学者译著书目",悉数为徐家汇藏书楼所藏,均由"近年徐汇藏书楼努力访求"所致。这部提要仿《四库全书总目提要》而成,全书分十卷,提要的内容占七卷。本书依据译著的类型自拟分类法,共有"圣书""真教辩护""神哲学""教史""历算""科学""格言"七类,介绍明清间耶稣会士译著及中国奉教士人著作 200 余种。此外,徐宗泽还着意收集地方志,曾于《圣教杂志》刊登《收买志书通启》一文请读者代为搜寻。在他任内,徐家汇藏书楼收藏中国地方志增至 2 100 余种,数量上当时列居全国第二。此后,地方志成为徐家汇藏书楼的一大特色馆藏。

除此之外,徐宗泽还指导启明女子中学及徐汇女子中学等的校务,教授教理、公民等课程。因此,他的个人著作中有多种课程教材和教学参考书,如《探原课本》(1927年)、《哲学史纲》(1928年)、《心理学概论》(1930年)、《教育之原理》(1927)、《高中教理课程答解》(1940年),等等。此外,徐宗泽还在《圣教杂志》上发表了许多讨论公教教育的评论性文章。在天主教教育的开拓上,徐宗泽与其他天主教知识分子一样,呼吁教会广设学校培养高层次人才、组织全国性的公教教育机构,根据社会需求和政府政策调整公教学校的课程安排及教材编写,开设教会师范学校、培养教会学校的师资力量。在教育改革的问题上,徐宗泽始终支持民国政府收回教育权,呼吁教会学校立案注册。针对教会学校国文教育和外语教育失衡的问题,他认为首先应当加强国文教育,兼重语体文(白话文)与文言文,强调教育的国民性,支持教育的中国化政策。

抗战胜利后,徐宗泽建议将徐家汇藏书楼改为现代图书馆,向社会公众开放,未获得长上支持。然而徐宗泽始终坚持让藏书为中国学界利用,胡道静、戈公振等学者都曾经其首肯进入藏书楼查阅图书。

1947年6月20日,徐宗泽因斑疹伤寒去世。在徐家汇天主堂为徐宗泽举办的追思弥撒上,上海市政府和商务印书馆、申报馆、世界书局、鸿英图书馆等沪上知名出版社、图书馆均派遣代表参加,可谓极尽身后哀荣。

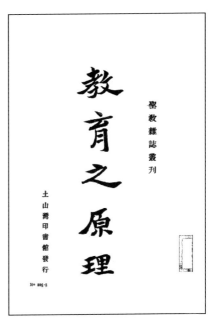

1927年版《教育之原理》封面

潘谷声

从徐汇公学的神童到关切教育的神父

邓 岚

中年潘谷声像

19世纪80年代初,在徐汇公学就读的学生中,"潘声山"不是一个陌生的名字。他天资聪慧,品学兼优,曾被时任校长蒋邑虚称为"神童"。这位"潘声山"后来名为潘谷声,是近代上海著名的耶稣会神父,《圣教杂志》的创办人,历任徐汇公学校长、震旦大学副校长。从徐家汇到卢家湾再到徐家汇,他从事教育工作数十载,对徐家汇地区的教育事业贡献甚大。

潘谷声,字秋麓,1867年出生于上海董家渡。潘家原籍江苏青浦(今上海青浦)诸巷,因躲避太平天国战乱而迁至上海董家渡。这是一个虔诚的天主教家庭,据潘谷声回忆,他们家中每听到诵念"三钟经"的鸣钟声,都必诵念"三钟经",饭前、饭后也必诵经。潘谷声幼时接受中国传统的儒学教育,曾去往董家渡的教堂请神父为其当时重病的母亲终傅。在那里,他遇到了已经成为神父的李问渔。当李问渔得知潘谷声"已知背诵四书"时,非常欢喜,勉励他用心读书。

1879年,潘谷声进入徐汇公学学习。彼时,潘谷声年仅12岁,但他在品行、西文、圣学等课业学习中却非常出色,屡获嘉奖,甚至于当时的校长蒋邑虚认为,如果他不退出学习"竞争"的话，其他的同学都无法获得任何奖品。1884年，潘谷声离开徐汇公学后，进入江南修院，学习拉丁文和哲学。1888年，潘谷声加入耶稣会，进入初学院，他的初学神师正是著名的晁德莅（Angelo Zottoli）神父。此后，直至1898年，除担任徐汇公学教员与监学（1891—1892），或教授中文、拉丁文（1894）外，其大部分时间都在研习文学、哲学、神学等。

1899年，在晋升司铎之后的第二年，潘谷声前往宿迁（今属江苏北部）等地传教。1901年，他返回徐家汇卒试。次年，潘谷声出任徐汇公学校长一职，同时兼任当时天主教在华的第一份中文刊物《汇报》（原名《益闻录》，后几经合并、更名，此时已称《汇报》）副主编。1905年，他离开徐汇公学校长的职位，专任《汇报》馆政。1906年，潘谷声再次担任徐汇公学校长。在其两度任职徐汇公学校长期间，正值清廷推行"新政"，提倡新式教育之际，潘谷声亦在学校中注重加强西方的科学教育。1908年，震旦迁址卢家湾，他被调往震旦担任副校长，兼授哲学。

三年后，潘谷声再次返回徐家汇，此后再未离开此地。其时，因《圣心报》主编、《汇报》创始人李问渔去世，他一方面接手《圣心报》的管理工作，另一方面又为有着33年之久的《汇报》停刊而感到惋惜，遂与张璜（渔珊）等策划创办一份接续报刊"以联络教中同志"。1912年1月，《圣教杂志》第1期开始发行，潘谷声、张璜分别为主编与副主编。此后20余年间，《圣教杂志》从未中断，成为继《汇报》之后，天主教在中国的又一份具有重要影响力的中文刊物。

是时，《圣教杂志》以宣传天主教教义为主，也刊登中外时事、文学、经济、教育等内容。而作为创办人与主编，潘谷声亦

1913年，潘谷声以"械才"之名在《圣教杂志》上所发表的文章《教科书之批评》

1935年版《高等小学国文新课本》(第5版)，第一册，土山湾印书馆印行，封面

在其中发表言论。虽然其发表的文章数量不多，但所作的文章，大都篇幅较长，且关注之问题紧扣时代背景，逻辑缜密。同时，他从不在文中用真名落款，而是用"师道"与"械才"作为笔名。其中，凡论"圣咏"，署"师道"之名；其他论说，则用"械才"代之，如其在《圣教杂志》的"教育业谈"栏目中发表的《圣教原理》《圣教原理续》《教科书之批评》等文章皆以后者署名。

与此同时，潘谷声还特别关注教科书的发展。在很早的时候，潘谷声就意识到教科书对于教育的重要性。他曾为徐汇公学自主编译的不少教材作序，同时其自身

1935年版《高等小学国文新课本》(第5版)，第一册，土山湾印书馆印行，课文目次1

1935年版《高等小学国文新课本》(第5版)，第一册，土山湾印书馆印行，课文目次2

也编辑教科书,著有可供教师教授与学生学习的教材《初等小学国文新课本》(八册)、《高等小学国文新课本》(六册)以及教师用书《初等小学教科书说明书》(四册)。这些教材出版后,颇受认可,屡次重版。在当时,不仅盛行于国内的天主教学校,而且还为许多非教会学校所用,甚至还被翻译成英、法文出版。

除此之外,自1911年以来,潘谷声还曾担任献堂会、拯亡会初学院修女的神师,崇德女子学校、启明女子学校的圣学课老师,10余年间,"训诲女生,指导学务",可谓"擘画周详,贡献卓著"。不仅如此,为解决教中子弟求学困难,培植人才、师资,他积极筹划创建师范学校八年之久。1921年,其终于得到教会长上的允令,于当年秋季在徐家汇地区创建了徐汇师范学校。然而此时他的身体与精神状态,却每况愈下。

1921年12月31日,潘谷声病逝。次年1月,其逝世之消息刊登于《圣教杂志》中,其法语讣告则刊登在《中国通讯》(*Relations de Chine*)1923年5—8月合刊上。1936年,在《圣教杂志》创办25周年之际,时任主编徐宗泽发表《创办本志的潘秋麓司铎》一文,详细梳理了潘谷声一生的事业与贡献,以此缅怀这位《圣教杂志》的创办人。

圣心修女与保禄修女
海那边来的女老师

张晓依

在徐家汇的百年教育史中,有两位女性的名字同样不应被遗忘,那便是携手来华的两位法国女性:圣心修女与保禄修女。说起今天徐家汇地区女子教育的历史,就不能不提她们两人。

1867 年前后,圣心修女像

1867 年前后,保禄修女像

圣心修女原名欧仁妮·拉尔丹(Eugénie Lardin),1827 年出生于法国东南部奥弗涅-罗讷-阿尔卑斯大区(Auvergne-Rhône-Alpes,简称奥罗阿大区)的圣朗贝尔-昂比热(Saint-Rambert-en-Bugey)小镇。自 1856 年拯亡会成立以来，圣心修女就始终陪伴在会祖上智(Mère de la Providence)修女左右，支持后者的事业，在上智修女去世后，圣心修女继任成为会长。然而我们今天要说的，是她与徐家汇地区女子教育的故事。

1867 年 8 月，在郎怀仁主教的邀请和号召下，圣心修女成为第一个自愿来中国的拯亡会修女。之后在新发愿的三名修女中，有一位年仅 23 岁的修女保禄也提出想去中国传教的愿望。她的理由很简单：她之前一直想加入仁爱会，因为仁爱会的修女会去各处传教。她最终却阴差阳错加入了拯亡会，之后她还因此写信要求去国外传教，然而当时所有人都告诉她这是不可能实现的。正在此时，她的机会来了，她写信给圣心修女，以恳切的言辞要求一同前往中国。最终，她的言辞打动了圣心修女，还在初学的保禄修女获准与圣心修女同行去中国。

1867 年 10 月，圣心修女与保禄修女二人作为第一批拯亡会修女来到中国。出发前，圣心修女在给母亲的信中提到："(来中国)将是我极大的光荣。"在码头上，圣心修女显得非常喜悦，而保禄修女则不断哭泣……当时的两人并不知道，她们将在万里之外的上海徐家汇留下自己的印迹。

1867 年 12 月 5 日两人到达后不久，便在徐家汇神父的陪同下入住了当时在王家堂(今址位于南丹东路)的圣母院。来到这里的第一天，她们便被带到当时本地贞女办的一所学校，学生们为两位新来的"洋修女"们表演节目。她们还被招待了丰富的中式茶点。虽然两位修女非常感动，但依然有些拘谨，没有吃茶点，只是不知所措地对着周围每个人微笑。

神父走后，这两位法国修女的身边有 98 位中国人，然而她们只会说一句完整的中文句子："Ti ha bud sa?"（迭个话啥？沪语方言意为"这个叫什么？"）就是在这样接近于零的起点下，来自东方和西方的女性开始了交流的第一步。

两位修女接管了这所位于王家堂的"经言小学"之后，便在学校的中国传统课程中加入了更多来自西方的文化知识。除了西方的宗教之外，也逐渐将一些西方的音乐、文学、艺术乃至工艺教给这些中国的女孩子们。

在学校里，与其说她们和中国的孩子们是师生的关系，不如说是"互教"的关系。其中有一个蒋姓的女生，便是保禄修女的上海话老师。后来这位女生回忆

19世纪末,保禄修女在小学教中国女生们唱歌时合影

20世纪初,圣心修女与中国献堂会贞女们合影

道,当时她还只是小学生,保禄修女总是把她叫来,指着一样东西,用她唯一会的一句上海话问她:"来,迭个话啥?",她则告诉保禄修女这样东西的上海话名称。保禄修女曾在信中提到:"我们的中国孩子并不像我们想像的那样冷漠……她们的耳朵上都有或多或少的漂亮金银首饰。当她们看我们的服装,似乎担心我们没有耳环时,我做手势想告诉她们我们没有耳环是因为不想要耳环。她们竟然客气地立刻拿下自己的耳环给我们……这自发的行为使我们感到高兴。"在她们寄给法国亲人和同会姐妹们的信中,这样的事例很多很多,在她们的笔下,展示了无数积极、乐观的中国女性形象。

两位法国修女不久便有了新的职务。第二年1月,第二批拯亡会修女来到中国,这次这两位修女已经可以担任"翻译"的工作,将新来的法国修女们迎接到圣母院,参与到王家堂的教育事业中。相比年轻活泼的保禄修女,圣心修女则努力使自己成为中国人,同时也赢得了中国学生们的喜爱。有一天圣心修女学习写中文字,一个中国的贞女走到她身后拥抱她说:"如果你穿上中式的服装,你就跟我们没有区别了。"一边的保禄修女则问一个学生:"迭个话啥?"学生回答:"讲道理。"

在中外女性的努力下,圣母院,包括其中的"经言小学"终于搬离了简陋的王家堂,在肇嘉浜的东岸造起了她们新的住院,而她们也在这里,建立起了新的学校。不久后,保禄修女被派去洋泾浜管理拯亡会的初学院,她们曾工作过的"经言小学"也发展成"崇德女校"(上海市第四中学前身之一)。1871年,圣心修女在圣母院育婴堂的基础上,组织成年的孤女们成立了女工工场,让育婴堂出身的孤女们能学习一技之长,得以在社会上立足。

因此,早在百年前,就有两位法国女性,她们不仅亲身参与到中西文化交流的事业中,而且还努力从事中国女子教育事业,希望通过教育,让更多的中国女性能够自信、独立地在社会上生活。

多明我修女

在华工作五十载的西洋女教师

陈嘉仁

1871年,多明我(Mère St. Dominique,中文亦称陶明)修女坐船从巴黎到上海,自此起她为上海拯亡会服务了56年,历任洋泾浜圣若瑟院(la Maison Saint Joseph)和虹口圣家院(la Maison Saint Famille)的院长,担任拯亡会徐家汇圣母院(Sen-mou-yeu)总院长20余年,兼任拯亡会初学院圣若瑟院的院长。她创设学校、育婴堂、圣母院工场,在她的带领下上海各住院实现了突破性发展,这也对作为国际性修会的拯亡会产生了深远的影响。

63岁的多明我修女像(约1904年)

多明我是其加入修会后的会名,欧仁妮·德·马兰白(Eugénie de Maurepas)是她的本名,她是法兰西岛大区(Île-de-France)伊夫林(Yvelines)省的旧贵族伯爵家的小女儿,生于1842年9月9日。她自幼成长在父慈母爱的环境中,虽生于良好的家庭,但伯爵家的家训要求她重视朴素的生活,由此她年幼时,先在乡村学校学习,14岁时又遵从父亲的安排,在巴黎一所由修女所办的圣母美术学院(Notre Dame des Arts)修习钢琴。

欧仁妮很早就有修道的心愿,但出于对母亲的爱,不忍离别,毕业后做家庭教师,在家侍奉双亲。直到她的母亲突然离世,经人介绍拜访了拯亡会。也正是在这次拜访中,拯亡会创办人主顾玛利亚修女(Mère de la Providence)亲自接待了她,她深受感动,随后在拯亡会进行避静,并认识到了自己的圣召。1869年9月19日,她加入拯亡会成为初学中的一员。

1870年普法战争期间,多明我修女那时虽在初学阶段,却被委任为负责人,带领巴黎总院的一部分拯亡会修女前往布鲁塞尔的住院避难。在那里,她在当地的一所伤兵医院照料伤员,并且展现了她善于调度、富有创造力的天分。

1867年,圣心修女和保禄修女率先到江南,在徐家汇开办上海的拯亡会住院。1871年,拯亡会创办人兼总会长主顾玛利亚修女离世,圣心修女从上海被召回巴黎,接任总会长一职。圣心修女在巴黎找到多明我修女询问她是否愿意去中国。多明我修女在祈祷中确认了自己的心意,1871年10月13日,她发了初愿。10月15日登船出发,11月30日到达上海,前往洋泾浜圣母院任院长,并在若瑟学校(Institution St. Joseph,也称洋泾浜西洋女学堂)教西文和音乐。

多明我修女常说:"一个院长是一口开放的井,大家都能来汲取!"她在上海50多年的院长生涯中,乐于奉献,辛勤工作,也因此成果颇丰。凭借出色的社交能力和执行力,多明我修女成功筹款、果断买地建楼,将洋泾浜圣母院从马厩改造的临时住所扩建为招收上海西欧女童的若瑟学校(Institution St. Joseph)、收留养育混血儿的上智孤儿院,以及为她们所办的上智学校(Ecole-ouvroir de la Providence)(原址位于今上海黄浦区四川南路37号)。在多明我修女的积极推动之下,在上海成立了拯亡会第三会(Agrégées,也称附属修会)。第三会的拯亡会会员,虽然受限于当时的教会规定,在身份上略不同于拯亡会修女,但是多明我修女让她们在拯亡会内的待遇基本一致,第三修会的会员也常会接受委任,在拯亡会所办的女校中担任教职,在施药房看护病人、协助施诊所,照顾育婴堂的日常事务,管理圣母院女工工场的女工。

发愿之后的多明我修女像

1893年,当多明我修女被调派到虹口圣家院时,她着手发展并扩建善导女校,这是今上海市第五中学前身,然而宝山路的圣家院于1927年被战火毁坏,1928年在百官街、昆山路附近继续办学。

1895年瘟疫夺走了很多人的生命,徐家汇圣母院院长也突然离世,于是多明我修女临危受命,被任命为徐家汇圣母院院长。她除了维持徐家汇圣母院当时的状况外,还倡导调整圣母院寄宿学校的办学方式(根据不同的年龄和办学目标将寄宿学校分为圣诞女校和崇德女校),为外教女子在圣母院内开办启明女子中学。身为院长,她需要考虑更为长远,为缓解食物短缺,她特地在圣母院中开辟耕地,设牧场、牛棚、马厩、羊圈、猪栏、狗屋、鸡埘、兔房、鸽笼,应有尽有。她还为育婴堂长大的孩子操持婚礼,考虑她们日后的生计,主持扩建圣母院女工工

20世纪初,巡阅使修女和多明我修女合影

场。圣母院旁向来设置施药房，可附近的国人一开始对西药充满怀疑，为此多明我修女特地请从巴黎来的熟知药理的修女，设法改善施药房的环境，增加药物，在她的支持下拯亡会的施药房逐渐取得了人们的信任，前来问诊的人不断增多，也因此圣母院四周增设了更多的施药房。

  多明我修女常年担任院长，事务繁重，却从未离开过一线，她在女校教学，与修女和初学院的初学生交心，为此她请求总会长不要任命她为上海拯亡会的会长。但大家都视她为可靠的大家长与楷模。当她因高龄卸任圣母院院长后，总会长仍任命她为拯亡会初学院圣若瑟院的名誉院长，直至1927年1月26日，多明我修女与世长辞，永远沉睡在她待了大半生的徐家汇圣母院中。

李秀芳

近代江南修院教育的首位负责人

李 强

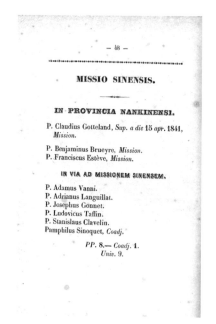

1844年,法国耶稣会会士录中有南格禄、李秀芳、艾芳济三人的信息

法籍传教士李秀芳(字雅明)是1842年首批来江南的三位耶稣会士中的一位。可以说,他率先在上海地区开设修院,是上海地区宗教教育事业的先行者之一,之后徐家汇的事业也一定程度上参照了他的做法,他"中西融合"的教育方法也成为之后各项教育事业的主导思想之一。

在到达上海之前,李秀芳曾留在舟山群岛的定海,试图在英军的保护下,创建修道院。这是罗伯济(Lodovico Maria Bési)主教给他的首要任务。《南京条约》签订后,英军退出此地,李秀芳也被罗伯济调至上海,并于1843年2月间在佘山附近的张朴桥开设修院。这所修院也被称作圣母无玷圣心修道院。

罗伯济主教对修院招生有下面几条硬性规定:

第一,凡愿来之幼童,自十二岁起至十八岁为止,定期一年,观其动静,以定去就,一年之中给与食饮,余仍为父母者应当,一年期满,视其是有天主圣意而来者,才可进入修道院读书,一切所作所用,尽系本主教料理,与伊父母无干,若无天主圣意者,仍令其父母挈领还家;

第二，凡童儿业已结婚者，不准送来；

第三，若非孩童本意而父母曲为，或孩童有意而父母不愿者，均毋庸前来报名。

以上规定充分将天主教教义与中国本土，尤其是江南地区的实际情况相结合，使西来的天主教更好更快地本地化。

1843年7月间修院迁到横塘。横塘的天主教信众对此很欢迎，因为他们知道培育本地神职的重要性。修院起初的课程都由李秀芳负责，主要以拉丁文为主。

1842年，江南修院开设时的招生规定

李秀芳在寄往欧洲的信中，记叙这所修院的具体教学情况，除了学习拉丁文，修生们也要苦读中文，背诵能够达到考取秀才程度而所必修的经典。也就是说这些修生虽然离家修道，不走科举的仕途，但在文化素养上也要达到秀才的程度。

李秀芳在信中还记载了修院设在横塘时，本地信众捐款为修院建盖院舍的情况。这座院落是呈口字式的平屋，能够容纳50多名修生，中间有庭心，四周有走廊，屋外还有一个空场以供修生们休息和游戏之用，内设的小堂装饰着中国漆的板壁，显得十分美观。

由于学生中既有来自上海周边江南地区的同学，也有来自北方地区的山东同学，为此他还在部分学生的帮助下把同一本《拉丁文规》分别翻译成了方言和官话，用来给修生们上课用。据李秀芳称，学习两年后，这些修生的学习水平基本达到了欧洲高小或中学初期的程度。第三年，一些成绩优秀的修生已经可以用拉丁语对话了，而且为了巩固学习成果，他们在每天休息时只用拉丁语对话。一些进步快的修生，还担负起给其他修生教授初级拉丁语的任务。

1846 年，施于民（Alexander Rose）代替李秀芳管理修院，李秀芳则被罗伯济主教派往山东开设修院，他离开的时候，修院中已经有 38 名修生，其中入院五年以上的有 13 名，他们可以一边继续学习功课，一面照顾帮助年幼的修生，教后者诵读和书写。他还透露修生中的江南人和山东人经常发生小小的争吵。传教士记述说，山东人比较粗鲁爽直，而江南人比较文雅、文弱，只要神父出面双方的争吵便可终止。

与上海的情况不同，虽然此时法国已将传教条款写入条约，但进入内地传教还是非法的。与李秀芳一起到山东的还有郎怀仁，他们的任务之一是在山东开设修院，但环境不允许。郎怀仁还被官府抓获，押送回上海。

独自留在山东的李秀芳处境更为艰难，再加上罗马教廷将山东委托给方济各会士管理，新任的山东主教不欢迎耶稣会士，李秀芳随即于 1851 年返回江南，仍然参与修院的教学和管理。而此时的修院已经迁至浦东张家楼，有的高年级修生们也到了读神学的阶段。

— 68 —

MISSIO SINENSIS.

IN PROVINCIA NANKINENSI.

P. Augustinus Poissemeux, *Sup. a die 15 apr. 1848, Mission.*
P. Stanislaus Clavelin, *Min., Præf. eccl., Stud. ling. sin., Cons. an. 1.*
P. Adrianus Languillat, *Mission. in distr. Pou tom septentr.*
P. Agnellus della Corte, *Mission. in distr. Pou tom merid.*
P. Alexander Roze, *Dir. semin. in Wamdam.*
P. Aloysius Sica, *Mission. in distr. Tsam kin.*
P. Amatus Regis Rocher, *Mission. in distr. Pou tom merid.*
P. Andreas Borgniet, *Mission. in distr. Tsom min.*
P. Augustinus Massa, *Lect. theol., Præs. coll. cas., Conf. in. t.*
P. Benjaminus Brueyre, *Mission. in prov. Chang-tong.*

1850 年，江南耶稣会会士录显示李秀芳在山东

— 64 —

IN PROVINCIA

TCHE-LI ORIENTALIS

RESIDENTIA ET SEMINARIUM SS. CORDIS JESU.

RR. D. Eduardus Dubar, *Vic. Apost., conser. Episcop. Canothensis.*
P. Benjaminus Brueyre, *Sup. mission. a die 23 jun. 1856, Vic. gen., Adm. Vic. apost.*
P. Constantius Bougon, *Min. dom., Conf. alumn. semin., Miss. in Hien-hien, stud. ling. sin., Adm. sup. Miss., Cons. miss. an. 1.*
Gabriel de Beaurepaire, *Præf. semin., Doc. inf. gram., Adj. Præf. eccl. et bibl., Stud. ling. sin.*

COADJUTORES.

Renatus Audoin, *Disp., Cust. vest., Excit., Hortul.*
Josephus Guillon, *Infirm., Præs. oper.*
Leo Mariot, *Adj. Proc.; Præs. famul. et orphan.*

1865 年，直隶东南代牧区耶稣会会士录显示李秀芳担任会长

1856 年,直隶东南(今河北省东南地区)划给耶稣会管理,郎怀仁成为这个新代牧区的主教。1859 年 5 月间,李秀芳也被派至直隶东南,在威县赵家庄筹办圣若瑟修院。后来该修院受到匪徒洗劫,李秀芳决意带着修生们前往献县张家庄开设新修院,此处也成为日后耶稣会在北方的传教中心。

1880 年,李秀芳逝世,葬于献县云台山教会公墓。但是他在江南地区开创的教育事业,在徐家汇结出了累累硕果。

金文祺

抗战期间舍生忘死的江南本地神父

李 强

在近代江南地区天主教史研究中,有一本题名为《八十年来之江南传教史》的参考书。该书译自法国来华传教士史式徽(Joseph de la Servière)用法语编写的小册子,后于1929年由《圣教杂志》社列入该社丛刊出版,由徐家汇土山湾印书馆发行,而此书的翻译者金文祺也与徐汇教育史密切相关。

金文祺曾就读于徐汇公学和徐汇大修院,他不仅用译笔记录了江南地区的宗教历史,他本身也是江南地区天主教史中的一位人证。而他在1937年离世时的情形,则记录了抗日战争时期中国普通民众遭受到的苦难。

金文祺1901年8月19日出生于上海浦东金家巷,这是江南地区一处重要的天主教会口,以族居为基础形成了规模颇大、历史悠久的信仰社区。金家巷在近代以来出产了多位修道人,其中包括晚清时期就被派往意大利留学深造的金轼神父,以及后来任天主教上海教区主教的金鲁贤等人。

小学毕业后,金文祺入徐汇公学读书深造。在校期间,他性情温和、学业优秀、品行端方,受到师长的器重和同学的爱戴。在徐汇公学学习初级拉丁文后,他于1920年进入小修院学习三年,其间读国文、拉丁文等中西文学课程,成绩名列前茅。1923年升入徐汇大修院,攻读哲学、神学。1925年哲学毕业后,金文祺还曾在徐汇公学实习,管理教外的小学生。1929年,他在徐汇大修院攻读神学期间,利用课余之暇翻译了《八十年来之江南传教史》一书。此外,他的哲学、神学成绩优秀,深受修院教授晁伯英(Georges Payen)等的赞许。

金文祺于1931年在徐家汇晋铎,后续曾任职横沙、浦东张家楼、徐州丰县等地。1934年秋,他调任苏州太仓张泾任职,举办了育婴堂等慈善事业,并筹建了

刊登在《圣教杂志》1928年第1期的《八十年来之江南传教史》

一所附属于教堂的小学校类思小学（今已不存）。

然而，正是其在张泾的第三年，也即1937年，日本侵略者发动全面侵华战争，整个中华大地顿时战火连绵，金文祺神父亦惨遭日寇杀害。据史料记载，1937年11月14日至25日，太仓、昆山、吴江、苏州、常熟、沙洲相继沦陷。各地惨遭日寇铁蹄蹂躏，人民陷入深重苦难中。受此影响，张泾附近的天主教信众将财物寄存于天主堂内。虽有人以日寇暴行残酷，劝金文祺暂避他处，而他决定留在堂中照应。

11月18日，日军来到张泾天主堂，翻箱倒柜，任意搜罗。教会史料记载，日军来到教堂附属女校，兽性大发，金文祺为掩护躲藏在学校中的两位女士，愤然与日军交涉，最终被两名日军推进柴房用枪残忍射杀。金文祺惨死后，当地信众将其棺木停放于天主堂内。不料三天后，日军又纵火焚毁教堂女校和神父住院，他的遗体也惨遭殃及，只留几段焦骨于灰烬之中。

金文祺死后的纪念文章及头像
(《慈音》1938年第8期)

上海天主教界在得知此噩耗后,纷纷表达纪念之情,如另一名中国神父朱者赤曾发文回忆他与金文祺之间的交往:"金司铎对主,对人,对国家,对教区,对圣教会,从现代的意义评断起来,任一方面,都算得是为典型人物。惠济良主教接到金公致命消息以后,曾说:'教区内房屋之毁坏,还可修补,而金司铎之殉职,是我没有代价之损失。'这话绝对不是过分。"另据《慈音》记载,金神父胞妹亦发文悼念其"遭倭寇毒手"的兄长。

金文祺敢于直接对抗日军的暴行,除了他的职责外,也源于他内心拥有的强烈爱国心。1919年,在中国日益受到日本侵犯的历史背景下,他曾与徐汇公学校友等人组成"汇学救国十人团",并将其团体简章公布于《申报》之上。该团体主要宗旨为:"互相督促,一致与日本断绝各种关系""行为以不背国家法律及本校校规为限"。在以上宗旨下,进行下列活动:甲,宁死不买日货;乙,与日人断绝

《汇学救国十人团简章》
(《申报》1919年5月31日)

一切关系;丙,竭力提倡国货。

可见,在五四运动的浪潮中,作为徐汇公学学生的金文祺与其学友以切实行动,表达爱国热情。在抗日战争的国家危机和民族苦难中,金文祺为保全他人性命,亦因保存民族骨气而死于日寇枪下,以牺牲自己展现了自己的爱国心和责任心,是徐汇爱国主义教育历史中的典范之一。

马义谷

教画画的"马二神父"

张晓依

在土山湾画馆历史的早期,有一个名字常常被人提起,却又只有寥寥数语。他就是马义谷。他在江南教区度过了30年光阴,细品他的人生,油画竟是他最绚丽的绽放。

马义谷原名尼古拉·马萨(Nicola Massa)。1815年1月,他出生在意大利那不勒斯的一个没落贵族家庭。马萨(Massa)是19世纪中期天主教江南教区中赫赫有名的家庭:这个家庭育有五子四女,全部入教会修道,其中五个儿子又都进耶稣会并来到江南传教。马义谷是其中的老二,因此也被称为"马二神父"。

1833年,尼古拉加入耶稣会,当时的他担任辅理修士。根据规定,他必须学会一门技艺,他曾被派到那不勒斯美术学院(*Accademia di Belle Arti di Napoli*)跟随19世纪初意大利著名的画家朱塞佩·博洛尼斯(Giuseppe Bonolis)学习人物素描和油画。之后他还学习了简单的医药和外科知识,还会抽血。

结束初学之后,他在会长身边担任财务,但是他觉得无趣。反而他更喜欢在业余时间发挥他的爱好:他经常在纸上勾勒出花草和动物,并随心所欲地涂上色彩,他用这些画作为祭台、书架的装饰,还曾在教区的建筑中,业余做过雕塑和装饰的活计。

1846年,尼古拉到达中国,他根据其名字的沪语发音起了中文名字叫"马义谷",还根据自己次子的身份,给自己字号仲甫。

由于马义谷曾在那不勒斯管理教堂以及房产等事务,当时的意大利籍主教罗伯济让马义谷修士做自己的秘书,直至罗主教离开江南,马义谷和三弟马再新(Renato Massa)都是罗主教的左膀右臂。马义谷相继负责董家渡和徐家汇教堂和住院督造工作。在建筑徐家汇的住院(今徐家汇藏书楼主楼)期间,马义谷担任梅德尔神父的助手,他曾以一人之力抵挡了近百名试图阻止工程进行的本地势力。也正是这段经历,使得马修士为当时法国耶稣会的会士们所赞赏。之后,他的三弟马再新神父以"中国教会需要更多的传教人员为之牺牲"为由,为他争取到了破格晋铎的机会。

1849年起,由于中国传教事业的发展,对于油画和雕塑的需求也越来越大,加上他曾在那不勒斯美术学院进修的经历,长上便将正在徐家汇完成晋铎准备课程的马义谷调任"徐家汇美术学校"担任美术老师兼教区副账房,并让他和校长范廷佐(Juan Ferrer)分工合作:范廷佐专事雕塑,马义谷则负责油画,轮流为学徒们教学。所谓教学,两位早早入会,且并未受过完整专业训练的外国修士并不会太多复杂的土话,也不懂太多的课程。他们所做的就是:老师在前面画,学生在后面跟。不得不说,这样日复一日地临摹复杂的圣像,教学效果其实并不理想。但是,两人这样不理想的模式却开创了一个新的时代:第一次,有人在中国开始系统教授西式的油画和雕塑,他们的学徒们,包括之后成为徐家汇美术学校负责人的陆伯都,也成为最早一批接受西式油画和雕塑教育的中国人。所谓海派文化之源,也正源自马义谷和范廷佐两人的手中。所谓徐家汇的百年教育,也同样有两人的贡献。

在那两年里,江南地区所有的教堂,包括董家渡、徐家汇老堂在内,所有的油画作品都出自马义谷修士的手。那段时间也是马义谷最为快乐的时光,即使之后他离开了徐家汇,也依然在各个堂口绘制各种素描和油画用于传教。因此后来对于马义谷的评价中特别提到:"一点都不夸张地说,他的画作为中国教会的发展作出巨大贡献,并推动了许多人为教会献身"。

之后他便离开了徐家汇去江苏各地传教。太平军攻入徐家汇后,打开了范廷佐修士留下的画室和雕塑室,将藏于其中范修士留下的绘画和雕塑尽数捣毁,其中也包括马义谷的油画作品。加上在此期间,他的四个兄弟相继离世,这对于马义谷神父来说,又是一次致命的打击。

经历了这几次打击之后，1875年，他度过了60岁生日，自1840年耶稣会士重回江南起，他是第一个年过60的外国传教士。教会内为他隆重庆祝了生日，在当时，马义谷神父被认为是欧洲人适应上海气候的标志。

但好景不长，60岁生日过后不久，当时在扬州的马义谷神父突发高烧不退，病情迅速发展，人们赶紧把他转移到镇江，之后又与1876年初把他转移到徐家汇，但是依然没有效果。1876年6月30日，马义谷神父终于在天上与他的四个兄弟以及他的好友范廷佐修士团聚。

但是他和范廷佐修士开创的美术教育事业，却以另一种形式留存下来。

1902年，马氏兄弟像（根据翁寿祺照片绘制），其中马五神父即蔡家湾孤儿院（土山湾孤儿院前身之一）院长，后为保护孤儿被太平军杀害

19世纪60年代，年轻马义谷像

1904年绘制的老年马义谷像

徐咏青

土山湾里走出的水彩画家

张舒萌

民国初年的徐咏青像

由土山湾画馆培养的画家中,徐咏青是名声最响的一位。1905年,他离开画馆闯荡社会,以其出色的画艺很快享有盛名,成为被业界认可的著名水彩画家。徐咏青绘制的水彩画月份牌,风格鲜明,独树一帜。几十年间,在上海、中国香港、青岛相继开设了很多艺术学校,一生桃李满天下。

徐咏青本姓王,名永青,生于1880年,松江泗泾人。他自幼失去父母,由继母和祖母带大。徐咏青后被送入土山湾孤儿院,先在附设的小学读书,1893年正式进入土山湾画馆学画,当学徒时他使用的就是"王永青"这个本名。出道以后他改名徐咏青,即大家熟悉的名字。

1893年,13岁的徐咏青进入土山湾画馆学画。他天资聪慧又刻苦努力,是妥妥的"学霸"。在画馆的诸项科目考试中,如画真人稿(人物写生)、临石膏像、临五色花鸟画、花卉写生、书法等,他几乎每项都考第一,因而屡获奖励。画馆当时的主任是刘德斋,聪颖的徐咏青成为他执掌画馆30余年中最得意的门生。刘曾屡屡为他单独讲课。当时画馆的学制一般为五年,如加学油画,则再延长一年。徐咏青1893年正月入学,1898年正月满师,享受特例,提早毕业。出师后,徐咏青为画馆服务了七年,是画馆当时能对外承接最高难度油画订单的少数几名画师之一。1912年4月,老师刘德斋70岁生日,在社会上已有声誉的徐咏青特地以学生身份为老师祝寿,足见他对老师的尊重和对土山湾画馆的感情。

除了精湛的临摹技巧，有别于画馆其他学生的是，他还有出众的创作才能。因此，1905年徐咏青离开土山湾，开始正式闯荡社会。5月他加入商务印书馆，从事美术工作：为杂志画封面，为报刊画插画，为商行画月份牌，这便是他在商务印书馆的主要工作。

徐咏青在商务印书馆任职期间，大力提倡"美术与工商结合为工商服务"，同时该理念也是当时商务印书馆大胆的商业尝试。徐咏青为商务印书馆作的第二个贡献是培养了一大批美术人才。商务印书馆出于商业考虑，会分批招考图画生。1913年及以后的几届图画班，都有徐咏青的身影甚至直接由他主持教务。徐咏青主要教授素描和水彩画技法。商务印书馆图画班培养了不少日后的名家，可谓星光熠熠。如杭稚英、金雪尘、金梅生等，都和徐咏青一样成了月份牌绘画大家。

徐咏青绘杂志封面的作品
(《妇女时报》1912年9月第8期)

徐咏青最专注及拿手的即是水彩绘画——著名画家、雕塑家张充仁评价徐咏青绘画水平在当时世界一流，是"中国第一个自己的水彩画家"。除了绘画创作，徐咏青将很大的精力投身于中国艺术教育事业，特别是职业美术教育事业。1909年，徐咏青就在上海南门外设立技艺学堂，招收学生，教授铅笔画和水彩画。在商务印书馆的图画班，徐咏青培养了一批商业美术人才。同一时期，他又在上海组织绘人友（练习生）美术进修班和艺友社，并先后在爱国女学校美术专修科、上海女子美术图画专门学校、中华美术专门学校等处担任教导主任等要职。

早年在土山湾画馆接受职业美术教育"半工半读"的经历，对徐咏青的绘画理念、教育理念有很大影响。在他看来，美术不是"不食人间烟火"的虚空之物，

徐咏青为英商亚细亚火油公司绘
1925年月份牌：杭州灵隐寺

而是日常生活的延伸。美术的背后是一片广阔的原野，需要生活的原色，离不开大众的参与，一味强调风雅，远离世俗生活，其实是一条越走越窄的曲径小路。能用自己手中的画笔，在养家糊口之余给社会添姿加彩，让生活更惬意，享受美术带来的美好，这是人间最大的快乐。所以，一方面，他将自己精湛的绘画艺术融入工商业作品中——杂志封面、广告月份牌等；另一方面，他的学生也在各领域开枝散叶。

抗战爆发以后，徐咏青的生活也受到冲击。他在商务印书馆附近的寓所惨遭战事毁损，不得不举家搬迁。一路辗转，最终旅居至中国香港。旅居中国香港期间，徐咏青多次开办画展，设立咏青画院，在战火中仍为美术教育尽责尽力。1946年以后，老年徐咏青曾返沪短住，最终定居青岛。徐咏青在青岛创办咏青工作室，开班授徒，同时受聘于青岛的中国美术业余学校授课。他在青岛的弟子后来成为山东水彩画教育与传播的中坚力量。徐咏青的一生中，还编辑了《中学铅笔习画帖》《水彩画风景写生法》等绘画教材，为中国艺术教育事业添砖加瓦。

1953年夏，中国本土水彩画的先驱、一代水彩画大师徐咏青因高血压病逝于青岛，终年73岁。

刘德斋

中国近代杰出的"贫民"美术教育家

张舒萌

位于徐家汇南部的"土山湾"如今是一个历史地名,但是在近代文化史和中西文化交流史中它是个不平凡的地名。因为土山湾画馆的存在,使"土山湾"在文化史、美术史上留有痕迹。刘德斋,在土山湾画馆执教近50年,任职画馆主任多年,培养了众多美术人才,为中西文化交流作出了卓越贡献。

刘德斋,名必振,字德斋。1843年3月31日出生于常熟罟里村。常熟是明末天主教最早传入江南的地区之一,刘家在罟里村是一个大族。1859年,罟里村建造教堂,建堂费用即来自刘德

老年刘德斋像

斋祖母唐夫人生前所捐本洋一千元。1860年,太平军进军江南,当时百姓纷纷从苏、浙一带逃难上海,难民达数万人之多。刘德斋即随父亲刘南圃从常熟至上海避难,途中遇到太平军,父亲被掳走,生死未卜。抵达上海后,由于刘家的天主教背景,刘德斋直接来到当时上海的天主教中心之一——徐家汇。稍事休整后,刘德斋幸运地进入徐汇公学读书。因学业努力,两年后,刘德斋又进入徐家汇耶稣会初学院。

19世纪40年代以来,经过几批天主教(耶稣会)传教士的经营,已经在徐家汇地区先后修建起天主堂、大小修院、徐汇公学、藏书楼、圣母院、博物院、天文台等机构。其中,土山湾孤儿工艺院(其前身于1855年创办于青浦横塘),专收

6～10岁的教外孤儿,"衣之食之,教以工艺美术,其经费由中西教民捐助"。孤儿略大,能自食其力后,"或留堂工作,或出外谋生,悉听自便"。在土山湾孤儿工艺院中开设的众多部门中,图画部是名气最大、影响最为深远的一个部门,后人多习称为土山湾画馆。

大约在19世纪60年代中期,刘德斋即随土山湾画馆前任主任陆伯都学画,他先学中国画,后改学西画,以画水彩风景而知名。从画馆毕业后,刘德斋在土山湾孤儿院任画馆老师。后来,由于陆伯都体弱多病,刘德斋作为陆伯都的得意门生,逐渐代他管理画馆的工作。1880年6月,陆伯都罹患肺结核去世,刘德斋正式上任画馆主任,土山湾画馆进入刘德斋时期(1880—1912年)。

刘德斋执掌画馆期间,既亲自教学,又管理协调,做了大量开创性的工作,为画馆的稳定发展作出了很大贡献:如主持制定切实详尽的学习章程;按照各人的

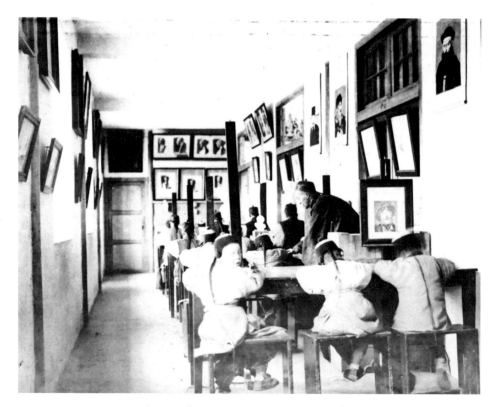

1903年,土山湾画馆主任刘必振和他的画馆学生合影

天赋条件和领悟能力因材施教;在承接对外订单时,也依照各人不同的水准和名声,定出不同价码。为提高学生水平,拓宽学生视野,他亲自带领学生到龙华、外滩等处写生。当时在上海西门外,刘德斋的同乡画家陈伽仙新创办了一所美术学堂,刘便还带着土山湾的学生们一同前去观摩。同时,他也尽可能为学生争取比较高的待遇,还为同事和学生的家事、婚事尽心尽力,排忧解难。此外,刘德斋还十分注意总结教学经验,主持编撰了不少著作。其中,1907年由土山湾印书馆出版的《绘事浅说》,即是土山湾画馆使用的绘画教材,也是中国现存较早的西洋画教材。

经过100余年的岁月磨洗,当年画馆师生的绘画作品现在已难得一见,只能根据零星记载和残留的少量历史照片、书籍插图来依稀回想他们辛勤创作的情景。1887年,土山湾慈母堂刊印出版《道原精萃》,全书共七卷八册,每卷均附有木版插图,共有图像300幅。当时类似《道原精萃》的书,还有1892年出版的《古

1912年4月,土山湾画馆掌门人刘必振修士和画馆新、老学生合影于龙华百步桥
中坐撑手杖着长衫者即为70寿翁刘必振,旁边拿帽者为安敬斋,
后排右一戴圆帽者为其得意门生徐咏青

史像解》及 1894 年出版的《新史像解》等著作，均为用图像讲解《圣经》的书籍，前者收图 107 幅，后者收图 103 幅。这些书，都是由刘德斋率领画馆学生绘制插图，刻版工匠也是由土山湾孤儿工艺院培养出来的美术人才。这些书中的插图，代表了土山湾画馆全盛时期的神采风貌，我们从中正可了解、欣赏刘德斋及其学生的绘画水平。

刘德斋在土山湾画馆门生众多，其中徐咏青是刘德斋最欣赏的学生，也是画馆诸生中成就最大者。在画馆的诸项科目考试中，写生、临摹、花鸟，徐咏青几乎每项都考第一。1898 年徐咏青满师后，因绘画水平高，成为画馆中有资格对外承接油画订单的少数几人之一。1905 年，徐咏青离开土山湾进入商务印书馆，从事美术工作，终成为一代海派名家。1912 年 4 月，刘德斋虚岁 70 岁生日，徐咏青以学生的身份特地赶来为老师祝寿，并留下了一张非常珍贵的祝寿合影。刘德斋和徐咏青堪称土山湾画馆中的师徒"双子星"：他们一个是画馆承前继后的关键人物，一个则是众多学生中声誉最隆的杰出代表。

在刘德斋主持画馆的 30 余年间至少有 150 余名学生毕业，他无愧于近代中国杰出的美术教育家这一称号。

张充仁

融贯中西的艺术家

潘致远

张充仁,享誉中外的画家、雕塑家,成长于上海徐家汇,留学比利时。曾为马相伯、巴金、法国总统密特朗(François Mitterrand)等中外名宿塑像,齐白石称赞其为"泥塑之神手也"。他是淮海中路复兴路街心花园中聂耳雕塑的作者,也是比利时《丁丁历险记》系列漫画中"张"的原型。在上海开办充仁画室30年,传授

20世纪90年代,张充仁在工作室中创作自塑像
左侧台面上摆放着年轻时照片
(蔡胜平摄)

1936年，张充仁归国欢迎会合影
前排右四、右五分别为张充仁和马相伯
(图片来源：《塑人塑己塑春秋：张充仁传》，陈耀王，学林出版社，2013年出版)

西方雕塑与绘画技法；在巴黎吉美国立亚洲艺术博物馆(Guimet Museum)讲解中国艺术，阅历和躬行融贯中西。

张充仁早年的艺术启蒙和培养与徐家汇土山湾密切相关。因其父母分别在土山湾木工工场和徐家汇圣母院刺绣工场工作，皆有一定的艺术基础，耳濡目染之下张充仁对绘画产生兴趣。自1864年选址土山湾起，孤儿院附设的工艺院授人以渔，培养男孩一技之长，开设画馆、木工、印刷(后附设照相)、五金等部。其中画馆系统传授油画技巧，为中国"西洋绘画之摇篮"。与之类似，圣母院亦为女孩开设刺绣、花边等工场。1914年，张充仁进入类思小学(汇师小学前身)。时任学校主管田中德(Joseph Dié/Tanaka)曾在画馆学习，特召集张充仁等几个美术成绩较好的学生，专门开办图画班，亲自教授。1921年毕业后，在照相制版部学习、工作至1927年。主管安敬斋(Henry Eu)与田中德均为画馆生徒，彼此熟识,安敬斋知道张充仁喜爱美术,每日早上便向他教授素描及法文。其间,他还为徐家汇博物院(上海自然博物馆前身之一)禽鸟照片修补底片,绘制徐家汇环境风景图。

在土山湾学习工作时期,马相伯亦寓居此处,对青年张充仁发展艺术志趣给予关照和提携。在其影响下,张充仁开始练习书法、阅读《庄子》等古典文学和经典。1931年,于《时报》任画刊编辑三年后,张充仁决心留学比利时专攻美术。为筹措留学费用,马相伯助其联络中比庚款委员会以咨询"中比庚款奖学金"事。10月,张充仁考入比利时布鲁塞尔皇家美术学院(Royal Academy of Fine Arts of Brussels)油画高级班,后转入雕塑系高级班。张充仁就读期间,曾凭借优异成绩连续四年获得全额庚款奖学金,又获比利时国王亚尔培金奖、布鲁塞尔市政府奖章及"中华民国"三育奖章。1934年,与"丁丁历险记"漫画作者埃尔热(Hergé,原名Georges Remi)相识,协助其创作以上海

1981年给出席张充仁与埃尔热重逢
活动人员的纪念卡片
图为漫画中的丁丁和张,
文字说明为"我们衷心感谢你们在
1981年3月我们重聚时对我们表示的
友好之情",末附两人签名

为背景的故事《蓝莲花》,由此结为挚友,埃尔热以张充仁为原型,为主角丁丁创造了一位中国朋友"张"(Tchang Tchong-jen)。

回沪后,由马相伯、蔡元培、比利时驻华公使纪佑穆(Jules Guillaume)、徐悲鸿、汪亚尘等发起,于1936年2月在上海法文协会(Alliance Français,原址今为上海科学会堂)举办"张充仁归国作品展览会",孙科、梅兰芳等社会名流亦莅临参观。同年,张充仁又开办充仁画室(今合肥路592弄25号),教授学生、承接各方雕刻绘画业务,开始为马相伯及各界名流塑像。画室常保持30个学生,按原有程度,学历1~5年不等,培养如水彩画家哈定、摄影家简庆福等日后知名艺术

家。兼任之江大学建筑工程系教授,教授水彩课。在教学同时,创作了一系列现实主义作品,如雕塑《恋爱与责任》(1945年)、油画《恻隐之心》(1939年)。

1949年后,张充仁任上海美术家协会会员及全国建筑雕塑委员会委员。1958年,上海市美术专科学校开办,张充仁任雕塑系教授;1965年,上海油画雕塑院成立,历任创作室干部、主任,1985年任名誉院长。此外,还曾任交通大学美术研究室主任。除专业的美术创作外,20世纪50年代起,张充仁在艺术院校任教并广泛讲学,曾为艺术学院学生、美术教师、美术爱好者等不同群体做讲解和示范,课题涵盖绘画、雕塑、艺用人体解剖等内容。

1981年,由于《丁丁历险记》的广泛流行,张充仁应埃尔热之邀重回比利时,相隔近半个世纪后再度与之重逢。1985年起,张充仁开始往返于中法之间,其间他曾赴法国讲学"中国的雕塑艺术"等主题;并受法国文化部邀约,为时任总统密特朗塑像。1992年,城市雕塑聂耳像《起来》于沪上落成。1998年,张充仁在巴黎近郊诺让(Nogent-sur-Marne)去世。

在其与艺界同仁的往来中,张充仁同土山湾画馆末任主管余凯始终保持亦师亦友的联系。1994年,88岁的张充仁最后一次回到上海时,为母校汇师小学(时称"徐汇区第二中心小学")题字:"愿母校腾飞,饮水思源"。

1992年,张充仁在聂耳诞辰80周年
铜像揭幕仪式上
居中者为张充仁
(蔡胜平摄)

震旦学院及震旦大学的校园生活
抵触与交融

张晓依

作为中国近代早期的最有代表性的私立大学,当时位于徐家汇的震旦学院校园生活无疑有很强的时代特点:在中国近代史"千年未有之变局"的时刻,无论是震旦学院本身还是学生,都面临着来自中西双方不同文化的冲击、观念的冲突。从中国传统的私塾、书院到近代化的学院、大学,校园生活的内容,也发生了极大的转变。

早在1903年马相伯于徐家汇天文台旧址创办震旦学院的时候,其性质是"编译学堂",他当时希望:"人们在那里向一群中国年轻文人教授欧洲科学;接着,他们翻译或改编供中国人使用的各类英、法文优秀书籍。"因此,当时震旦学院的教学设置也着眼于"补充"的作用。简而言之,由于当时震旦学院的学生学习的目标是编译书籍,因此此时的校园生活尚未完全成形。当时,无论是校方还是学生,都对这所年轻学校的校园生活充满希望,在法语期刊《中国通讯》(Relations de Chine)中曾提到,希望在两年时间内教授"法文、英文、德文、意大利文、俄文、击剑、舞蹈、钢琴……"因此,震旦多姿多彩的校园生活早在创立初期就已开始萌芽。

震旦的校园生活重大的转变其实出现在1905年复旦从震旦中分离并重新建校的风波之后。首先一点就是学校性质的变化,当时的学院,正式走上了向近代大学的进军之路。虽然同样是讲授来自欧洲的科学文化,但其目的已不再局限于"译书",而更多是为了学生自身的发展。因此,震旦学院的校园生活此时真正开始。

首先遇到的一个问题就是校园中的中西方文化冲突。每年阴历八月廿七或阳历9月28日是孔子诞辰日。至今,中国、韩国、日本等地都会在这一天举办相关纪念活动,最常见的就是在当地文庙内举行"祭孔典礼"。而在明末清初的老耶稣会时期,天主教会内部就曾因"是否允许教徒祭孔"之事发生过冲突。即使在百年后的20世纪初,这依然是一块"不可触碰"的敏感领域。在当时,每年的孔子诞辰日,在中国官办的学校中都会举行一些祭孔的仪式,但震旦校园中是否允许祭孔,又成了一个敏感的话题。最终,震旦校方采用了一种变通的变法:将每年"孔子诞辰日"作为假期,这样学生们可以在校园之外进行"祭孔典礼"。虽然在徐家汇的耶稣会士管宜穆(Jérôme Tobar)看来:人们应该允许张灯结彩和燃放烟花。但是为了避免触及敏感话题,采用放假的方式显得更为折中,也更为明智。

除了来自中西师生方面的文化冲突外,还有来自外界的误解:1906年4月,上海的欧洲妇女们发起了一场旨在赈灾的募捐活动。经校方同意,邀请徐家汇

20世纪初,震旦大学创办初期的足球队队员合影

20世纪20年代，震旦大学篮球队队员合影

的震旦学院和南洋公学学生参与义演，其中，震旦的学生上台用法语表演了两出非常著名的法国喜剧：《冒充的翻译》(l'Anglais tel qu'on le parle)和《双熊记》(l'Ours et le pacha)，在场的欧洲人无不啧啧称奇。这足以证明，在震旦早期，校园中就已经出现戏剧表演的学生社团。然而这一载入震旦史册的活动却因为一篇《中法新汇报》(l'Echo de Chine)的报道陷入了麻烦。

本次活动举办的地点在徐家汇附近，李鸿章的丁香花园（位于今华山路），当时花园内竖有李鸿章的雕像，还设有孔庙。当时的《中法新汇报》编辑在报道中，把震旦学生表演的地点误写作震旦学院的校园，之后还对李鸿章的雕像和孔庙做重点描写。当该文传到罗马，教廷方面大为震惊：一所天主教的教会学校，在校内放置"异教徒雕像"，并提供专门的"祭孔场所"。最终徐家汇的耶稣会会长神父不得不出面做出解释。

1907年，震旦校园内又发生了一场风波。那年孔子诞辰日，学生们带头在

20世纪20年代,震旦大学内的一场排球比赛照

20世纪20年代,震旦大学网球锦标赛后合影

宿舍里张灯结彩,几名学生挂起了一些带有颂扬孔子文字的灯笼。当时学校的总教习李问渔要求他们摘下灯笼。一部分学生便因此退出了震旦以表达不满。不巧的是,当时法国耶稣会的省会长来徐家汇访问,目睹了这场罢课行动,为此他对震旦学院并没有留下一个好印象。

除了几场文化冲突的事件外,震旦的校园生活更多的是中西方文化的交流与融合。除了前述的戏剧表演之外,《震旦大学廿五年小史》在所附照片中放上了三张合影:"本院最初之足球队""本院千九百廿年之足球队"和"本院千九百十九年之网球会"。证明震旦大学校园内当时有两个著名的学生社团:足球队和网球队。由此可见,当时的震旦学生并未排斥西方文化,这也是震旦学院以及之后的震旦大学教育的成果之一。

1908年,震旦学院迁至卢家湾。这一中西融合的校园生活有了更大的发展。1916年起,每月由在沪杰出的法国学者在学校礼堂举行科普讲座。工程师、医生、商人、法学家和外交官都会轮流来科普他们所擅长的领域。除科普讲座外,还仿效巴黎的文学沙龙在学生会议厅开办沙龙,经常有在沪的法国精英光

1926年,震旦大学校友会宴请院长及诸教授时于新新酒楼前合影

顾交流,始终保持着友好交谈气氛。

　　相比起传统的中式学校,震旦学院及之后的震旦大学的校园生活无疑是丰富而迥异的;而相比起欧洲的大学,震旦的校园生活又多了一些中式的和谐:在这里,中西方文化在冲突和融合中逐渐取长补短,并实现共生。

徐汇公学的校园生活
三育并重促多彩发展

杨明明

徐汇公学是近代上海的一所老牌新式学校,它的创立及发展,在上海近现代教育史上具有里程碑意义。徐汇公学不仅在办学模式上开风气之先,在学生管理和校园文化等方面同样具有先进性和特色性,是当时沪上其他学校的楷模。就读于这样一所优质学校,学生们的校园生活丰富充实,心灵和体魄也都得到滋养和锻炼。

徐汇公学在学生管理上,历来遵循严格的时间和纪律规范,力图培养学生严谨自律的态度和习惯。学生们住宿在校园内,从清晨起床到夜晚熄灯,每天的作息安排都固定且充实:早晨六点打起身钟,快速洗漱后到自修室自修,七点一刻到操场做早操,早饭后开始上课,课后到操场跑步踢球……学校还安排监学员,负责监管学生课堂和自修纪律,同时照顾学生的饮食起居,学生们需遵循排队入卧就餐、"食不言""寝不语"等规定。登于《徐汇校闻》第4期中的《徐汇生活》一文,曾表达出学子们对学校管理的心声:"徐汇的生活是军事式的,但又是家庭化的"。校方在学习和生活上对学生行为的管束,虽严格细致但充满关爱,使学子们身在学校,却能感到家庭的温暖。

同时,徐汇公学坚持走精英教育路线,要求学生潜心务学,全方位高质量发展。在学校的高要求下,学生们在校研习国文、外语、历史、地理、数理化、音乐、绘画、体育等丰富课程,各方面知识突飞猛进。公学对学生学业的重视,还体现在定期组织如周试、月试等一系列考试,考试优秀者会得到奖掖鼓励,而考试不利者则受到禁止返家或禁止参加学校旅行等惩戒,无疑给学子们的校园生活增添了紧张感,在此番动力和压力下,学生们倍加力求上进、突破自我。

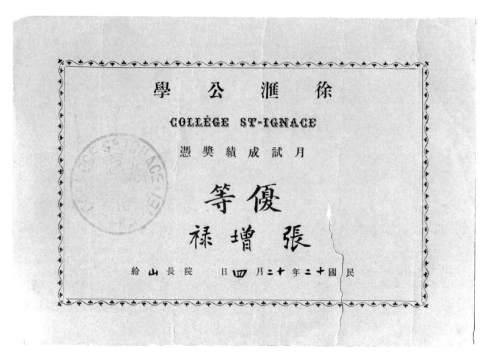

1923年12月4日，徐汇公学学生月试成绩奖凭

校园是净化心灵、锻造优良品行的最佳场所。徐汇公学极为重视学生德行的培养，教育理念中既宣扬传统儒家的修身文化，又融合了西方宗教的克己教理，使学生无时无刻不注重自己端正操行的养成。除课堂上向学生讲授修身养性的学问，公学还要求学生在膳堂每进午、晚两餐时，轮流讲念名人传记，以启迪思想、树立榜样。此外，学校每年还举行两次为期三天左右的避静活动，学生们通过诵经、拜苦路、默想与省察等活动，来磨炼意志、反省言行、抵制不良诱惑等。学校的谆谆训诲，引导着学子们崇德向善，为社会贡献自己积极的能量。

学习自律虽有益，但不免枯燥。校方也意识到，学生们在学业和修身的压力下，同样需要一些兴趣爱好来调剂心情。受西方近代体育思潮影响，徐汇公学倡导"三育并重"，率先对学生开展体育教育，希望学生们通过运动强身健体，消除脑力学习带来的疲惫。又因学生们都为男性，天性好动，因此体育活动在徐汇公学得到蓬勃发展。为促进体育在学生群体中的普及，公学开拓操场、购置体育用

20 世纪 20 年代,徐汇公学活动中军乐队表演

品,还一度采取集中时段管理方法,方便学生课后集中时间进行体育操练。每到休息时段,学生们个个神采飞扬地冲向操场,从众多体育项目中选择自己喜爱的进行训练,其中足球最受大家的欢迎。徐汇公学足球队成立时,是当时上海为数不多的几个球队之一,校队身影活跃,常参加校内外比赛,并多次在大型锦标赛中取得佳绩,使公学全体师生引以为豪。

除课余体育活动外,公学学生们还常利用节假日,发展个人兴趣,培养特长,充实校园生活。学生们组建的各类社团,五花八门,给徐汇公学校园增添了蓬勃的朝气。如西洋管弦乐队的出色表演,使徐汇公学的音乐教育声名远扬;话剧社排演的西洋话剧和中国戏剧,则引领了彼时上海演剧的风潮。在周末或平日短假时,学校或学生团体还常组织各类表演比赛及参观郊游活动,使学生们能够从中增进技能、培养友谊、开阔视野,郊游时欣赏自然美景,参观时体察社会民情,对学生的身心全面发展具有深刻的影响。

徐汇公学的学生群体中,有相当一部分是教友,他们在生活作息和日常活动上,与教外学生多有区别。教内学生除每天早晚行祈祷等宗教礼仪外,在一些宗教性节庆日,还会举办隆重多样的庆典活动,如圣体大会、圣类思瞻礼、圣诞节游艺会及佘山朝圣等。学校虽具有浓厚的宗教氛围,但并不强迫学生入教,而是实行分院制,将教内外学生分开管理,尽量使双方互不干扰,体现了徐汇公学的包容性与大义性。

徐汇公学的校园,严肃与活泼并存,校内铜钟的每次敲响,交错编织着学生们多彩的校园生活。无论是在理化实验室内研学,还是在汇学操场上驰骋,学生们的可爱身影,都为徐汇公学在中国近现代教育史上的卓越成绩添光加彩。

大事记与沿革

徐家汇百年教育大事记(1850—1949年)

1848年：耶稣会开始尝试在徐家汇创办神学院

1850年：徐汇公学在徐家汇镇南创立，为中国最早的教会学校

1851年：马相伯进入徐汇公学，为徐汇公学首届学生

1855年：徐汇公学自编法文教材《法兰文字》

1862年：耶稣会在徐家汇会院内创办初学院

1864年：耶稣会在徐家汇会院内设立文学院

土山湾孤儿院建成，内设慈母堂小学和半工半读的工场，为中国最早的职业学校

1867年：徐家汇圣母院落成，经言小学由徐家汇王家堂迁至此，称圣母院寄宿学校，为天主教内最早的女子学校

教区在徐汇公学内附设小修院

1870年：徐家汇会院在徐家汇老堂前创立经言小学(外学堂)，收教内男女儿童

拯亡会在徐家汇圣母院中创立初学院(后搬离并辗转各处)

1872年：马相伯担任徐汇公学监学

1877年：教区大修院迁定徐家汇，设于徐汇公学修士室(原址位于今徐汇中学东南侧)

1879年：晁德莅撰写对外汉语及中国文化课程教材，《中国文化教程》出版

1883年：应儒望撰写法汉对应方言教材，《松江方言练习课本》出版

1884年：范世熙撰写土山湾画馆教材，《土山湾版画集》(*Mélanges sur la Chine*)出版

1893年：徐家汇圣母院正式设立聋哑学堂

1894年：拯亡会初学院迁回徐家汇

1895年：徐家汇圣母院正式设立女工工场

　　　　清邮传部大臣盛宣怀在徐家汇筹办南洋公学

1897年：徐家汇圣母院内的寄宿学校根据培养目标分为大小两部

　　　　南洋公学正式开学

　　　　中国早期台风预报手册《报风要则》在徐家汇天文台出版

　　　　中国人最早自编小学教科书《蒙学课本》出版

1898年：圣母院寄宿学校小部更名为崇德女校

1899年：大修院迁至徐汇公学附近的八间头

1901年：南洋公学开办高等小学堂

1902年：南洋公学爆发"墨水瓶事件"引发大规模学潮，蔡元培因袒护学生辞职

　　　　出走的一部分学生汇聚于马相伯门下，请求从学，马相伯应允

　　　　曾担任徐汇公学监学的马相伯借徐家汇老天文台为校舍，创办震旦学院

1903年：清廷颁布清末"新学制"

　　　　马相伯编写《拉丁文通》用于震旦学院教学

　　　　叶肇昌与张秉衡共同编写中国早期的器乐教育教材《方言西乐问答》

1904年：徐汇公学开设下院

　　　　徐家汇圣母院另设启明女校，专收教外女生

1905年：因为学生事务与当时主管教务的南从周神父不合，马相伯带领一众学生与中方教师脱离震旦，在吴淞另立复旦

1906年：南洋公学更名为邮传部上海高等实业学堂，附属学校一并改名为邮传部高等实业学堂附属学校

　　　　商务印书馆出版《中学铅笔习画帖》，土山湾画馆学生徐咏青编撰

1907年：清廷颁布《女子小学堂章程》，赋予女子接受教育的权利

　　　　土山湾画馆绘画教材《绘事浅说》及《铅笔习画帖》出版，与《中学铅笔习画帖》并称中国人编写最早的西画教材

《乐歌教本》出版，为沪上各校音乐课程的蓝本之一

光华大学创始人王丰镐在当时法华二十八保的一户民宅内开设塘子泾小学堂

1908年：土山湾印书馆出版小学音乐教材《风琴小谱》

1909年：清学部奏准变通中学堂课程为文、实两科。学部奏准变通初等小学课程

李问渔编《古文拾级》出版，为徐汇中学教材"汇学课本"代表

1910年：清学部颁发《改良私塾章程》二十二条。奏复普及教育最要及次要办法

南洋公学校长唐文治在徐家汇开设兴业小学堂

1911年：邮传部上海高等实业学堂更名为南洋大学堂，附属学校一并改名为南洋大学堂附属学校

1912年：教育部公布《学校系统令》《小学校令》《中学校令》。徐家汇各校按照教育部新政，将学制改编为初级小学四年、高级小学三年和中学四年

南洋大学堂更名为交通部上海工业专门学校，附属学校一并改名为交通部上海工业专门学校附属学校

1913年：圣母院寄宿学校大部成立圣诞女校，即献堂会初学院

徐联科在徐家汇西宅创办汇西初级小学

1914年：震旦学院教材，马德赉撰《气学通诠》(*Manuel Elémentaire de Météorologie*)出版

耶稣会神学院关闭

1915年：教育部颁布《预备学校令》

1917年：启明女校新校舍（即今上海市第四中学启明楼）落成

1918年：徐汇公学新校舍（即今徐汇中学崇思楼）落成

徐家汇天文台和大修院之间的小修院新校舍落成

1921年：北洋政府交通部将所属三所高校（上海、北京及唐山）统一更名为交通大学，将原交通部上海工业专门学校定名为交通大学上海学校，附属学校一并改名

拯亡会接手宋家老夫人捐赠的"宋氏山庄"（位于旧汇南街）之后，将初学院迁入，正式定名为"圣若瑟院"，并在院内开设两所经言小学

耶稣会在徐家汇开办类思师范学校

1922年：交通大学上海学校更名为交通南洋大学，附属学校一并改名

1923年：崇德女校中学部新教学楼落成（原址今为尊园）

徐联科在徐家汇的张家祠堂内开设汇西小学分校

1924年：外学堂改由类思师范学校管理，并更名为类思小学

崇德女校小学部新教学楼落成（原址今为中金大厦）

1926年：类思师范学校更名为徐汇师范学校，类思小学改名为徐汇师范学校附属小学

南洋大学附小校长沈叔逵在海格路（今华山路）家中设立培真学校

1927年：教育部再立新章，改为小学六年制，中学三三制。徐家汇各校都进行学制改编

原附属于南洋大学的中小学更名为南洋模范中小学

1929年：大修院新校舍（今徐汇区政府2号楼）落成

1930年：耶稣会在徐家汇恢复开办神学院，并向教廷申请升格成为大学院

培真学校定名为培真小学

1931年：国民政府禁止开设私立师范学校，徐汇师范学校改组为汇师中学，原徐汇师范附属小学改称汇师中学附属小学

启明女校中学部向教育局备案，更名为启明女子中学

耶稣会总院大楼翻修，四层为初学院

1932年：徐汇公学向教育部备案，更名为徐汇中学，原下院更名为徐汇中学小学部

1933年：汇师中学附属小学以汇师中学附属第一小学的校名正式登记立案

启明女校小学部向教育局备案，更名为启明女子小学

善牧会在贝当路910号（今国际和平妇幼保健院）开设会院，院内设"汇光女校"和"慈光特殊学校"

张思树在徐镇路开设新业小学

中华职业教育社黄炎培和旅日爱国华侨领袖叶鸿英所办农学团在土山湾设立平民学校

1934年：因备案时与广东浸信会开办的崇德女中（今七一中学）重名，崇德女校

中学部和小学部分别更名为徐汇女子中学和徐汇女子小学，以纪念徐光启

教育局要求"私立中学之附属小学应采用专有名称"，汇师中学附属第一小学以汇师小学的名称修正备案

大中华橡胶厂在附属的职工子弟小学附设工人业余学校

1938年：中共上海市文化工作委员会成员陈少卿（梅益）在海格路开设滋德小学

毕业于东南大学教育科的盛朗西、王生昌在徐家汇三角地西开设汇南小学

1939年：沈尚孝在徐家汇沈家宅路开设正本小学

曹兴棣在徐家汇西塘子泾开设丽荫小学

1940年：汇师中学合并至徐汇中学，徐汇中学小学部合并至汇师小学

唐岳、张静英两人在天钥桥路（马家宅）开设培才小学

1941年：土山湾孤儿院内的慈母堂小学正式定名为慈云小学

1942年：丽荫小学停办

1943年：交通大学复办附属交通小学

1944年：包大用在海格路亲仁里开设大用小学

1946年：国民政府在虹桥路349号开办上海市八区中心国民学校

交通大学附属交通小学改为公立，更名为交通国民学校

启明女子小学停办

丽荫小学在徐虹路复办，改为市立，更名光济国民小学

交通大学成立民众夜校

1947年：徐家汇小修生在震旦大学中文系注册，可获文学学士学位

翁丽生在贝当路孝友里74号（原址后曾为太平洋百货）建立汇文小学

许云桂和张敬训在同仁街上分别开办健行小学与式训小学

建文小学停办

震旦大学在徐家汇开办震汇义校

徐汇中学圣母会针对徐家汇地区的工人开办工友义务夜校

1949年：交通大学工会另办职工子弟小学

安徽省立含山中学校长叶伟珍在天钥桥路启明新村开设达仁小学

吴育莲在赵巷开设恩光小学

顾观涛在姚主教路179弄开设育莘小学

王绮兰在虹桥路234号开设笠夫小学

徐家汇的耶稣会文学院停办

史伟明在徐家汇殷家角开设群伟小学，不久即停办

近代徐家汇学校沿革表

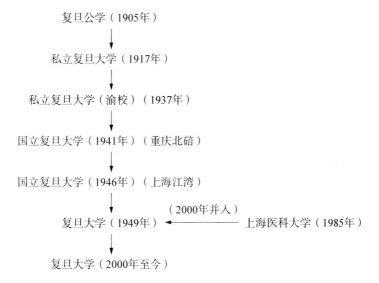

南洋公学(交通大学)校名沿革

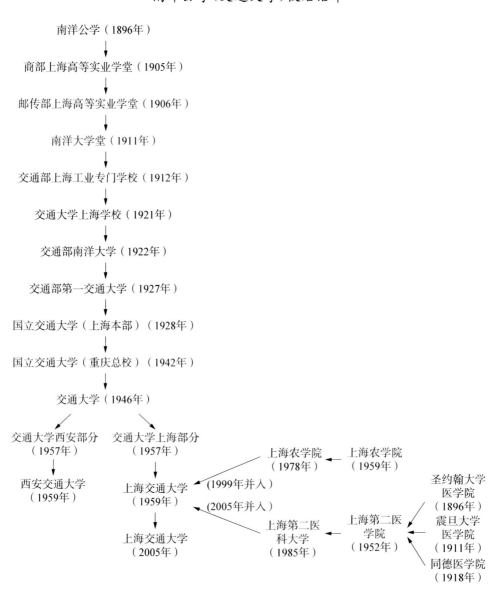

徐汇公学校名沿革

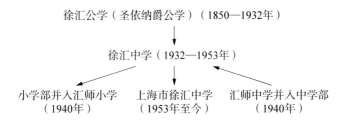

徐汇公学（圣依纳爵公学）（1850—1932年）

↓

徐汇中学（1932—1953年）

↙　↓　↘

小学部并入汇师小学（1940年）　上海市徐汇中学（1953年至今）　汇师中学并入中学部（1940年）

上海市南洋模范中学校名沿革

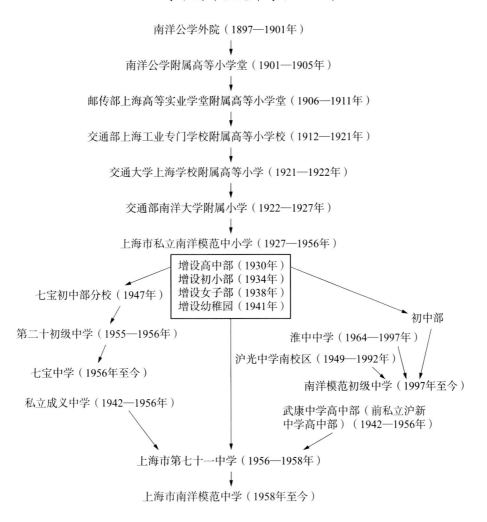

南洋公学外院（1897—1901年）

↓

南洋公学附属高等小学堂（1901—1905年）

↓

邮传部上海高等实业学堂附属高等小学堂（1906—1911年）

↓

交通部上海工业专门学校附属高等小学校（1912—1921年）

↓

交通大学上海学校附属高等小学（1921—1922年）

↓

交通部南洋大学附属小学（1922—1927年）

↓

上海市私立南洋模范中小学（1927—1956年）

增设高中部（1930年）
增设初小部（1934年）
增设女子部（1938年）
增设幼稚园（1941年）

七宝初中部分校（1947年）

第二十初级中学（1955—1956年）

七宝中学（1956年至今）

私立成义中学（1942—1956年）

淮中中学（1964—1997年）

沪光中学南校区（1949—1992年）

初中部

南洋模范初级中学（1997年至今）

武康中学高中部（前私立沪新中学高中部）（1942—1956年）

上海市第七十一中学（1956—1958年）

↓

上海市南洋模范中学（1958年至今）

上海市第四中学校名沿革

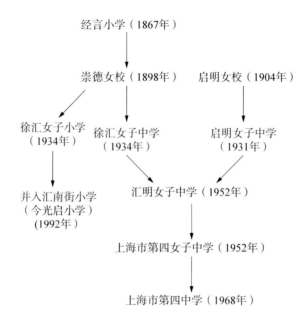

光启小学校名沿革

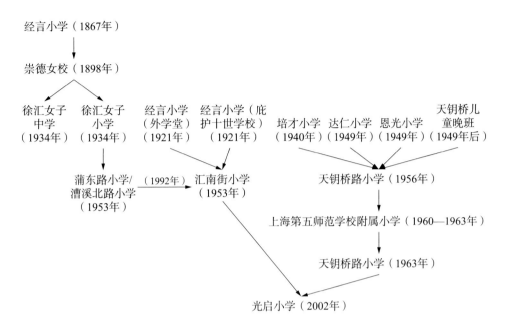

汇师小学校名沿革

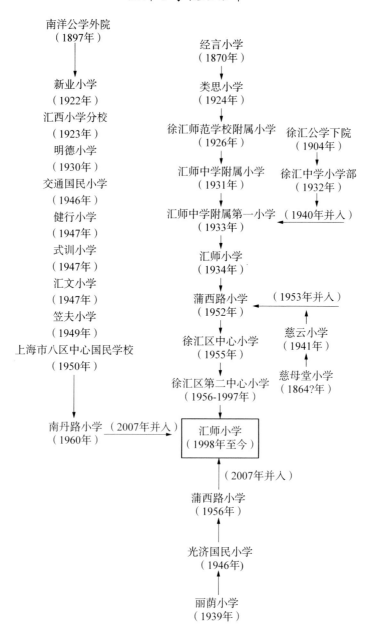

上海交通大学附属小学校名沿革

南洋公学外院（1897—1901年）
↓
南洋公学附属高等小学堂（1901—1905年）
↓
邮传部上海高等实业学堂附属高等小学堂（1906—1911年）
↓
交通部上海工业专门学校附属高等小学校（1912—1921年）
↓
交通大学上海学校附属高等小学（1921—1922年）
↓
交通部南洋大学附属小学（1922—1927年）
↓
交通大学附属交通小学（1943—1946年）
↓
交通国民小学（1946—1949年）
↓
上海交通大学职工子弟小学（1949—1969年）
↓
徐镇路第三小学（1969—1978年）
↓
上海交通大学职工子弟小学（1978—2008年）
↓
上海交通大学附属小学（2008年至今）

徐家汇地区小学沿革表

		经言小学(1870年)	丽荫小学(1939年)								南洋公学附属高等小学堂(1901年)
	徐汇公学下院(1904年)	类思小学(1924年)		笠夫小学(1949年)	汇西小学分校(1923年)	新业小学(1933年)	健行小学(1947年)	式训小学(1947年)			邮传部上海高等实业学堂附属高等小学校(1906年)
		徐汇师范学校附属小学(1926年)									交通部上海工业专门学校附属高等小学校(1912年)
慈母堂小学(1864年)		汇师中学附属小学(1931年)	中断(1942)	华山路儿童晚班	南丹路小学(1960年)				明豫小学(1930年)	汇文小学(1947年)	上海市八区中心国民学校(1946年)	交通大学上海学校附属高等小学校(1921年)
	徐汇中学小学部(1932年)	汇师中学附属第一小学(1933年)									交通部南洋大学附属小学(1922年)
											中断(1927年)
				塘子泾小学(1953年)	徐镇路第一小学(1956年)		徐镇路第二小学(1956年)		私立汇明小学(1951年)	徐汇区中心小学(1951年)	交通国民小学(1946年)	交通大学附属交通小学(1943年)
		汇师小学(1934年)							衡山路小学(1956年)	虹桥路小学(1954年)	华山路小学(1951年)	上海交通大学职工子弟小学(1949年)
										华山路小学(1958年)		
慈云小学(1941年)	汇师小学(1940)		光济国民小学(1946年)	南丹路小学(1979年)	徐镇路第二小学(1977年)			华山路小学(1976年)			徐镇路第三小学(1969年)	
蒲西路小学(1952年)			徐虹路小学(1951年)								上海交通大学职工子弟小学(1978年)	
蒲西路小学(1953年)					华山路小学(1993年)							
徐汇区中心小学(1955年)			蒲西路小学(1956年)									
徐汇区第二中心小学(1956年)				南丹路小学(1995年)								
汇师小学(1998年)												
汇师小学(2001年)												
汇师小学(2007年)											上海交通大学附属小学(2008年)	

（创办日期截至 1949 年）

...真学校 (1926年)	合群小学 (1950年)	滋德小学 (1938年)	修明义务小学 (1942年)	复华小学 (1937年)	育莘小学 (1949年)	大用小学 (1944年)	淑英小学 (1936年)	汇南小学 (1938年)	正本小学 (1939年)	经言小学 (1867年)	经言小学 (外学堂) (1921年)	经言小学 (庇护十世学校) (1921年)	培才小学 (1940年)	达仁小学 (1949年)	恩光小学 (1949年)
											崇德女校 (1898年)				
											徐汇女子小学 (1934年)				
培真小学 1930年	虹桥路第二小学 (1956年)			私立莘华小学 (1950年)	自明小学 (1951年)			汇南街第二小学 (1956年)	蒲东路小学 (1953年)		汇南街小学 (1953年)		天钥桥路小学 (1956年)		
				私立自明小学 (1954年)			陈家宅小学 (1956年)	漕溪北路小学 (1956)					上海第五师范学校附属小学 (1960—1963年)		
广元路小学 (1956年)	天平路第三小学 (1956年)						天平路第二小学 (1956年)	漕溪北路小学 (1959)					天钥桥路小学 (1963年)		
天平路第三小学 (1964年)															
天平路第三小学 (1991年)								汇南街小学 (1992年)							
天平路第三小学 (1994年)								光启小学 (2002年)							
并入高安路第一小学 (2001年)															

近代徐家汇学校沿革表

诗歌

日晷的觉醒

傅 亮

终于来了,终于来了,
新世纪的洪流不可阻挡!
是时候了,是时候了,
全民族的觉醒号音响亮!

摒弃了浑浑噩噩,不甘于遍体鳞伤,
挺身在破冰路上,要立志后来居上。
斑驳沧桑的日晷,从此不再徘徊彷徨,
天籁炫音唤新声,灿烂诗章迎曙光。

穹顶凝聚的星光,追寻百年积淀的梦想,
致知开辟的蓝天,回荡东西合璧的交响。
文定的记忆贯穿血脉,书声琅琅,
光启的历史拓展视界,百川荡荡。

巍巍学府,催生着全新的海上波浪,
代代先驱,策动着勇敢的睿智起航。
马相伯来了,爱国明志、毁家办学、深情激荡,
蔡元培来了,破旧立新、知人善任、独具眼光。

新式教育、实干救国、发奋自强，
生活底气、学做真人、声动八方。
交相辉映的理想啊，宣告了撕开夜幕的千年破荒，
顺应潮流的开创啊，书写了飞越千年的诗与远方！

迎马列，读宣言，赤霞相闻丹青，
争民主，爱科学，进步携手文明。
每一道印记，深深铭刻求索征途生死掩映的传奇，
每一泓泉溪，沥沥浸润育人路上悲喜传递的梦境。

上海，层出不穷的星光让新思想汩汩充盈，
黎明的丛林早已是一片百鸟争鸣，
上海，此起彼伏的畅想让新课堂朗朗动听，
交汇的清新这一刻已然芳草菁菁！

百年前觉醒的日晷啊，
先行的身影伴你神思掩映、振臂引领。
新世纪迎来的光明啊，
教育的殿堂共你智慧随行、大树成荫！

记下了，东方都市，艰难中有你三尺讲台的耕耘，
记下了，巨变时代，逆行中有你八千里路的奋进。
开天辟地的史册，蜿蜒着你含情脉脉开拓的路径，
奋起直追的巨浪，汹涌着你信誓旦旦激发的豪情。

以格物的名义，让传世的眺望炯炯有神，
以坤舆的名义，让不绝的光芒栩栩如生，
展开博厚胸怀，这一刻拥有朗朗乾坤，

绽放深邃慧眼,这一刻尽收泱泱星辰……

这里有如约而来的春暖花开,
用盎然诗意为你呈现一个崇思的阳台。
这里有破窗而出的书香情怀,
用光的盒子为你投射一方灵魂的承载。

这里有历久弥坚的深耕地基,
用环绕的理想之翼与南来北往接轨。
这里有时空相连的最美厅堂,
用敞开的光启之门把各方精英荟萃。

沐光而生啊,百年光影丰厚的滋养,
就像不熄的灯塔与我们紧紧依傍,
向光而行啊,咫尺铺展博大的典藏,
恰似无垠的连廊伴我们神采飞扬。

先贤有书融为径,
最美的宏篇在徐汇把高风传递,
时尚无涯汇作舟,
最新的巨著在海上把秀色举起。

又是一次召唤,又是一个故事的开端,
让求真求知的畅想灵光闪动,层层聚集!
又是一次同行,又是一段史诗的华章,
让豪情智慧的相遇南呼北应,滔滔不息!

《日暮的觉醒》
配乐朗诵

后　　记

　　本书是由徐家汇街道及徐家汇源景区组织编写的"海派之源"系列文献丛书的一种，前已有《徐家汇源》《近代巡礼》《人文记忆》《红色基因》《星火赵巷》五种出版。编写这套丛书的目的是展现上海首个都市开放型景区徐家汇源包含的文化遗产，让一般游客，乃至深入阅读的读者、学者都能从中获得准确信息，留下印象。自1847年法国耶稣会士入驻本地区后，百多年间的徐家汇是上海和中国新式教育的重要发源地，许多现代初、中、高等教育机构如徐汇中学、南洋公学、震旦学院、复旦公学在此创建，一大批知名教育家如晁德莅、马相伯、福开森、蔡元培等在此活动。鉴于这样的重要性，徐家汇街道决定从事这项文献编撰工作，并委托徐家汇历史文化研究会组织编写《海派之源·教育渊薮》一书。

　　徐汇区文化局原副局长宋浩杰老师和我负责徐家汇历史文化研究会的运行，应徐家汇街道邀请负责这项工作。自2003年徐汇区从事徐家汇地区文物修复、博物馆创建和文化遗产申报以来，二十年如一日，日积月累，在文化设施和文献资料建设中取得了不小成果。徐家汇源景区成为City walk、"城市考古"和"建筑可阅读"等推广项目的胜地，就是一个例证。更重要的是，数十年的工作聚集了一批文史人才，大家发掘本地区丰富的文献资料，把原来模糊的历史一一整理出来，引起国内外的关注。尤其可喜的是，如今的年轻人才接续了上一辈的工作，精益求精，做得更加出色。参加本书编写者都是年轻学者，受过专业训练，有博士、硕士学位，从事本行研究，熟悉中外文史和多种西文。宋老师和我只是负责了召集和研讨，拟定了分类和条目，最后审定了全稿。全书的编撰，由各位作者独立完成，不敢掠美。我们既然做了一些审读，当然也愿意承担相应的文字责任。

徐家汇街道相关领导统筹了项目、经费和人员，对此项目给予全力支持。在他们的敦促之下，本书才能在疫情之中坚持编写，如今顺利出版。徐家汇源景区也做了很多台后的协调工作，为此项目接待人员、安排会务，还有诸多朋友和师友提供各种方便，在此一并表示感谢。另外，复旦大学出版社的编辑贺琦、顾潜先生为本书所作的校勘、美工等工作，为本书增色，当作铭记。

李天纲

2023 年 12 月 10 日

图书在版编目(CIP)数据

海派之源·教育渊薮/徐家汇源景区编.—上海：复旦大学出版社,2024.7
ISBN 978-7-309-17213-3

Ⅰ.①海… Ⅱ.①徐… Ⅲ.①地方教育-教育史-上海 Ⅳ.①G527.51

中国国家版本馆 CIP 数据核字(2024)第 023443 号

海派之源·教育渊薮
徐家汇源景区　编
责任编辑/贺　琦

复旦大学出版社有限公司出版发行
上海市国权路 579 号　邮编：200433
网址：fupnet@fudanpress.com　http://www.fudanpress.com
门市零售：86-21-65102580　　团体订购：86-21-65104505
出版部电话：86-21-65642845
上海盛通时代印刷有限公司

开本 787 毫米×1092 毫米　1/16　印张 23.5　字数 358 千字
2024 年 7 月第 1 版
2024 年 7 月第 1 版第 1 次印刷

ISBN 978-7-309-17213-3/G·2568
定价：128.00 元

如有印装质量问题,请向复旦大学出版社有限公司出版部调换。
版权所有　侵权必究